六合文稿 长城·聚落丛书

张玉坤 主编

明清长三角地区海防体系与军事聚落

苏锰 张玉坤 谭立峰 著

中国建筑工业出版社

图书在版编目（CIP）数据

明清长三角地区海防体系与军事聚落 / 苏锰, 张玉坤, 谭立峰著. —北京：中国建筑工业出版社, 2021.12
（六合文稿：长城·聚落丛书 / 张玉坤主编）
ISBN 978-7-112-26927-3

Ⅰ.①明… Ⅱ.①苏…②张…③谭… Ⅲ.①海防－军事史－研究－华东地区－明清时代 Ⅳ.①E294.8

中国版本图书馆CIP数据核字（2021）第253884号

长三角地区地跨江浙，位居我国海岸线的中部，是明清海防的重点区域。这一地区在明清时期为了抵御倭寇等海上敌对势力的入侵，曾经建设了规模宏大的海防聚落体系。本书以整体性视角对明清时期长三角地区的海防建置沿革、海防聚落体系的组成特点和构成方式及其空间分布规律、时空演化历程进行了探究，并考证了海防堤墙的军事作用，探讨了海防建设对江南城镇的影响。

本书适合于建筑史、城乡规划、遗产保护等相关专业的专家学者，以及明清历史、军事史、建筑史等方面的爱好者阅读参考。

责任编辑：杨　晓　唐　旭
文字编辑：陈　畅
责任校对：赵　菲

六合文稿　长城·聚落丛书
张玉坤　主编

明清长三角地区海防体系与军事聚落
苏锰　张玉坤　谭立峰　著

*

中国建筑工业出版社出版、发行（北京海淀三里河路9号）
各地新华书店、建筑书店经销
北京锋尚制版有限公司制版
北京中科印刷有限公司印刷

*

开本：787毫米×1092毫米　1/16　印张：18¾　插页：1　字数：387千字
2021年12月第一版　2021年12月第一次印刷
定价：**88.00元**
ISBN 978-7-112-26927-3
（38625）

版权所有　翻印必究
如有印装质量问题，可寄本社图书出版中心退换
（邮政编码100037）

编者按

长城作为中华民族的伟大象征，具有其他世界文化遗产所难以比拟的时空跨度。早在两千多年前的春秋战国之际，为抵御北方游牧民族的侵扰和诸侯国之间的兼并扩张，齐、楚、燕、韩、赵、魏、秦等诸侯国就已在自己的边境地带修筑长城。秦始皇统一中国，将位于北部边境的燕、赵和秦昭王长城加以补修和扩展，形成了史上著名的"万里长城"。汉承秦制，除了沿用已有的秦长城，又向西北边陲大力增修扩张。此后历代多有修建，偏于一隅的金王朝也修筑了万里有余的长城防御工事。明代元起，为防北方蒙古鞑靼，修筑了东起辽宁虎山、西至甘肃嘉峪关的边墙，全长八千八百多千米，是迄今保存最为完整的长城遗址。

国内外有关长城的研究由来已久，早期如明末清初顾炎武（1613.07—1682.02）从历史、地理角度对历代长城的分布走向进行考证。清末民初，王国维（1877.12—1927.06）对金长城进行了专题考察，著有《金界壕考》；美国人W·E·盖洛对明长城遗址进行徒步考察，著有《中国长城》（The Great Wall of China，1909）；以及英国人斯坦因运用考古学田野调查的方法对河西走廊的汉代长城进行考察等。国内学者张相文的《长城考》（1914）、李有力的《历代兴筑长城之始末》（1936）、张鸿翔的《长城关堡录》（1936）、王国良的《中国长城沿革考》（1939）、寿鹏飞的《历代长城考》（1941）等均属民国时期的开先之作。改革开放之后，长城研究再度兴盛，成果卓著，如张维华《中国长城建制考》（1979）、董鉴泓和阮仪三《雁北长城调查简报》（1980）、罗哲文《长城》（1982）、华夏子《明长城考实》（1988）、刘谦《明辽东镇及防御考》（1989）、史念海《论西北地区诸长城的分布及其历史军事地理》（1994）、董耀会《瓦合集——长城研究文论》（2004）、景爱《中国长城史》（2006）等。同时，国家、地方有关部门和中国长城学会进行了多次长城资源调查，为长城研究提供了可靠的资料支持。概而言之，早期研究多集中在历代长城墙体、关隘的修建历史、布局走向及其地理与文化环境，近年来逐步从历史文献考证向文献与田野调查相结合，历史、地理、考古、保护实践等多学科相融合的方向发展，长城防御体系的整体性概念逐渐形成。丰富的研究成果和学术进步，对长城研究与保护贡献良多，也为进一步深化和拓展长城研究打下坚实基础。

聚落变迁一直是天津大学建筑学院六合建筑工作室的主导研究方向。2003年，工作室师生赴西北地区进行北方堡寨聚落的田野调查，在明长城沿线发现大量堡寨式的防御性聚落，且尚未引起学界的广泛关注。自此，工作室便在以往聚落变迁研究的基础上，开启了"长城军事聚落"这一新分支，同时也改变了以单个聚落为主的建筑学研究方法。在研究过程中，课题组坚持整体性、层次性、系统性的研究思路和原则，将长城防御体系与军事聚落视作一个巨大时空跨度的统一整体来考虑，在这一整体内部还存在不同的规模层次或不同的子系统，共同构成一个整体的复杂系统。面对巨大的复杂系统，课题组采用空间分析（Spatial Analysis）的研究方法，以边疆军事防御体系和军事制度为线索，以遗址现场调查、古今文献整理为依托，对长城军事聚落整体时空布局和层次体系进行研究，以期深化对长城的整体性、层次性和系统性的认识，进一步拓展长城文化遗产构成，充实其完整性、真实性的遗产保护内涵。基于空间分析方法的技术需求，课题组自主研发了"无人机空—地协同"信息技术平台，引进了"历史空间信息分析"技术，以及虚拟现实、地理定位系统等技术手段。围绕长城防御体系和海防军事聚落、建筑遗产空—地协同和历史空间信息技术，工作室课题组成员承担了十几项国家自然科学基金项目和科技支撑计划课题，先后指导40余名博士生、硕士生撰写了学位论文，科学研究与人才培养相结合为长城·聚落系列研究的顺利开展提供了有力支撑和保障。

"六合文稿　长城·聚落丛书"的出版，是六合建筑工作室中国长城防御体系和传统聚落研究的一次阶段性总结汇报。先期出版的几本文稿，主要以明长城研究为主，包括明长城九边重镇全线和辽东镇、蓟镇、宣府镇、甘肃镇，以及金长城的防御体系与军事聚落和河北传统堡寨聚落演进机制的研究；后期计划出版有关明长城防御体系规划布局机制、军事防御聚落体系宏观系统关系、清代长城北侧城镇聚落变迁、明代海防军事聚落体系，以及中国传统聚落空间层次结构、社区结构的传统聚落形态和社会结构表征与聚落形态关系的分析等项研究内容。这些文稿作为一套丛书，是在诸多博士学位论文的基础上改写而成，编排顺序大体遵循从宏观到微观、从整体到局部的原则，研究思路、方法亦大致趋同。但随时间的演进，对研究对象的认识不断深化，使用的分析技术不断更新，不同作者对相近的研究对象也有些许不同的看法，因而未能实现也未强求在写作体例和学术观点上整齐划一，而是尽量忠实原作，维持原貌。博士生导师作为作者之一，在学位论文写作之初，负责整体论文题目、研究思路和写作框架的制定，写作期间进行了部分文字修改工作；此次文稿形成过程中，又进行局部修改和文字审核，但对属于原学位论文作者的个人学术观点则予以保留，未加干预。

在此丛书付梓之际，面对长城这一名声古今、享誉内外的宏观巨制，虽已各尽其力，却仍惴惴不安。一些问题仍在探索，研究仍在继续，某些结论需要进一步斟酌，瑕疵、纰漏之处在所难免。是故，谓之"文稿"，希冀得到读者的关注、批评和教正。

在六合建筑工作室成员进行现场调研、资料搜集、文稿写作和计划出版期间，得到了多方的支持和帮助。感谢国家自然科学基金的大力支持，"中国北方堡寨聚落基础性研究"（2003—2005）项目的批准和实施，促使工作室启动了长城军事聚落研究，其后十几个基金项目的批准保障了长城军事聚落基础性、整体性研究的顺利开展；感谢中国长城学会和长城沿线各省市地区文保部门专家在现场调研和资料搜集过程中所给予的无私帮助和明确指引；感谢中国建筑工业出版社对本套丛书编辑出版的高度信任和耐心鼓励；感谢天津大学领导和建筑学院、研究生院、社科处等有关部门领导所给予的人力物力保障和学校"985"工程、"211"工程和"双一流"建设资金的大力支持。向所有对六合建筑工作室的研究工作提供帮助、支持和批评建议的专家学者、同仁朋友表示衷心感谢。

目 录

编者按

绪 论 1
 一、研究背景 1
 二、研究意义 3
 三、研究对象与数据来源 5
 四、研究现状综述 12
 五、研究的主要问题 17

第一章 长三角地区海防体系历史背景与建置 19
 第一节 海防建设的历史背景 19
  一、明代以前长三角地区海防建设历史沿革 19
  二、明清海防历史背景 21
  三、明清长三角地区海防建设的目的 24
 第二节 海防军事制度变迁与建置沿革 26
  一、明洪武—正德年间长三角地区海防建置 27
  二、明嘉靖—崇祯年间长三角地区海防建置 30
  三、清顺治—道光年间长三角地区海防建置 32
  四、三种军制的关系 35
 第三节 军事聚落驻城职官体系 38
  一、文臣监军职官体系 38
  二、武臣职官体系 39
  三、明嘉靖年间长三角地区军事聚落职官体系 40
 第四节 军事聚落兵力组成与功能 43
  一、军事聚落兵力组成 43
  二、军事聚落功能研究 48

第二章 长三角地区海防聚落体系构成 57
 第一节 海防聚落体系构成概述 58
 第二节 海防堤墙—墩堡防线 59
  一、海防堤墙 63
  二、水口防御设施 70
  三、墩堡、塘铺 74
 第三节 腹地海防聚落体系 77
  一、卫所城 79
  二、营堡寨城 81
  三、巡检司聚落 81

四、烽楼（汛） 82
　　五、盐场聚落 82
　第四节　驿传体系 88
　　一、驿站 89
　　二、递运所 93
　　三、急递铺 94

第三章　长三角地区海防聚落体系空间格局 100
　第一节　长三角地区海防聚落空间分布 100
　　一、海防聚落分区、分路、按驻防线驻防概况 ... 100
　　二、沿海驻防线 102
　　三、沿江驻防线 125
　　四、沿运河驻防线 135
　　五、苏州防御圈 138
　第二节　长三角地区海防聚落体系的空间结构 144
　　一、海岸、江、河交织的总体"井"字形防御架构 . 144
　　二、沿海岸"分区防守"的横向结构 146
　　三、"分层防守、前后联系"的纵向结构 149
　　四、"众星拱月"的半树型、半网络内部结构 ... 149
　第三节　海防聚落分布的影响因素 153
　　一、政治、军事因素 153
　　二、经济因素 156
　　三、地理气候因素 158

第四章　长三角地区海防聚落体系演化 165
　第一节　海防聚落体系演化历程 165
　　一、发展——长三角地区海防聚落建设的强化 ... 165
　　二、演化——长三角地区海防军事聚落的转化 ... 201
　第二节　基于GIS的海防聚落体系时空演进分析 ... 210
　　一、分布——江南地区海防聚落空间分布分析 ... 210
　　二、动因——长三角地区海防聚落演化的内外机制 . 214
　第三节　明清江南地区海防聚落演进转化的影响 ... 217
　　一、海防建设对江南地区及上海周边城镇体系格局的影响 ... 218
　　二、长三角驿传体系的建设和转化带动了江南交通运输体系的完善 ... 223
　　三、海防军事聚落的部署影响了江南重要市镇的空间分布 ... 224
　　四、基层海防军事聚落的防区，划分出江南镇域空间 ... 225

第五章　长三角地区海防聚落及设施的防御性特征 .. 229
　第一节　卫所府县城 229
　　一、卫所府县城外部形态特征分析 229
　　二、卫所城方格网模数化平面格局 236
　　三、卫所府县城内部功能构成要素 237
　第二节　基层海防聚落 248
　　一、巡检司聚落 248

            二、关城（敌楼）……………………………………………………… 252
            三、驿站、急递铺……………………………………………………… 254
            四、烽墩、炮台………………………………………………………… 256
        第三节　堤墙、水闸等防御设施…………………………………………… 259
            一、海防堤墙…………………………………………………………… 259
            二、水闸和水栅………………………………………………………… 262

附　录……………………………………………………………………………… 266
    附录一　明清纪年表………………………………………………………… 266
    附录二　东台（中十场）防区军事聚落表………………………………… 268
    附录三　长三角地区各府急递铺一览表…………………………………… 270

参考文献…………………………………………………………………………… 280

后　记……………………………………………………………………………… 292

绪 论

自唐宋以来,长三角地区一直是中国的经济、文化中心,在人们心目中是经济繁荣、诗意隽永、令人向往的江南之地,与北部边疆曾经的金戈铁马、战事不绝形成鲜明对照。然而,这一地区在明清时期为了抵御倭寇等海上敌对势力的入侵,曾经建设了规模宏大的海防聚落体系(图0-1)。在长三角地区形成了以卫所堡寨等大中型军事聚落为支撑,以海防堤墙和墩堡为警戒屏障,以驿传体系为联系网络的海防聚落系统。这些海防聚落的建设不仅对当时东南沿海的防御起到了积极的作用,还是明代造城运动的重要组成部分,其发展和演化对明清江南地区城镇的分布和发展也产生了深远的影响。[①]

一、研究背景

中国历史上面临的外敌入侵威胁,在明清之前主要来自北方边境。为抵御北方游牧民族不断地南下侵略,中国在北部边境建设了规模宏大的长城军事防御工程体系。而从元末明初开始,一直到清代,随着大航海时代的来临,中国的东南沿海地区遭受了日益加剧的来自海上的安全威胁。明、清两代从辽东到广东的沿海地区建立了由卫

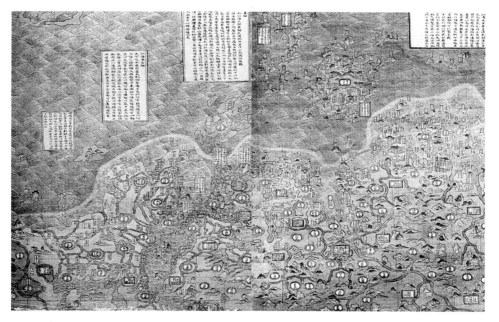

图0-1 明代长三角地区海防聚落分布图
(资料来源:选自(明)《乾坤一统海防全图》)

---

① 王贵祥. 明代城池的规模与等级制度探讨. 建筑史,2009. 1:86-104.

所城、营堡、关寨、炮台、墩汛、驿站等组成的海防军事聚落体系。

明代沈懋孝曾说："惟天下有三大防，疆国之吏守在边防，转漕之吏守在河防，东南之吏守在海防，此三防者天子之守也"。又有"塘之捍海，其备甚于边墙"。[①] 而长三角地区作为国之腹心之地，是明清海防的重心，同时又是漕运的重要区段，在这一地区加强海防建设就成为必然。

长三角地区在地理和经济、文化上是一个整体，在海防布署上也同样是紧密联系在一起的。江浙交界地带曾是海寇盘踞和进攻最为集中的地区，海寇经常在两省间流窜，政府军队须跨省联防。但因明清时期长三角地区在行政区划上分属南直隶（清为江苏）和浙江，近年来的海防研究多以行政区划为界限，分省区来研究。这虽然带来研究上的便利，但难免存在缺失，难以厘清这一地区敌人进攻的完整路径和防御部署的全貌。正如郑若曾在《江南经略》中所指出的："**倭奴航海而来，自东而西，其犯直隶也，南自钱塘，北抵大江，冲突焚劫千里相共。杭嘉湖苏松本当合为一书。**"

长三角一带从明清到现在都是中国经济最繁荣的地区，学界更多地关注于这一地区的经济文化等方面的发展。关于长三角地区城镇聚落及其体系的研究一直以来很受重视，但少有学者关注这里城镇聚落的建设和布局与海防的联系。再加上这一地区海防聚落遗迹多数已经被毁坏湮没，而福建和浙江南部等地区因为多山地势、交通不便，海防军事聚落遗迹保存得较好。因此，学界以前更关注福建、浙南地区的海防军事聚落及其体系的研究，而对包括江苏中南部和浙江北部的长三角地区海防军事聚落的关注反而较少。但事实上，这一地区曾经是遭受来自海上侵略最严重、布防也最严密的地区。

清末民初以来，关于明清海防的研究在很多领域都逐渐展开，如历史、地理、政治、军事、经济等方面，近年来随着民众海洋意识的觉醒和提高，相关研究在深度和广度上都有所提升，取得了比较丰硕的成果。然而，在作为明清海防聚落实体的理论支撑——建筑学和规划领域，长三角地区海防聚落体系研究尚未得到足够的重视，针对这一复杂聚落体系的整体性、系统性研究还很有限。而与此同时，这一地区的海防聚落相关遗产保护现状堪忧，亟待抢救性研究和保护。就已掌握的情况来看，已发现的明清长三角地区海防聚落遗址，其保存状况也非常令人担忧，只有少量的聚落遗址得到了相对妥善的保护和较为适度的利用，而相当多的遗址正在因人为因素和自然灾害遭到破坏。近年来长三角地区城乡建设与遗产保护之间的矛盾十分尖锐。例如，浙江绍兴以北的三江所城在2015年被整体拆迁，所城军事聚落格局遭到严重破坏，大量具有历史价值的传统建筑被损毁，损失难以挽回，令人痛惜（图0-2）。严峻的现状也提醒相关领域的研究者和从业人员，长三角地区海防聚落的研究和保护已经刻不容缓。

---

① （清）方观承. 两浙海塘通志 [M]. 杭州：浙江古籍出版社，2012：11.

  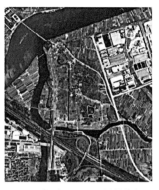

1969年（美国锁眼卫星拍摄）　　2014年（Google卫星照片）　　2019年（Google卫星照片）

图0-2　三江所城各时期卫星照片

二、研究意义

（一）学科意义——弥补聚落研究中的缺环

"聚落"是人类聚居和生活的场所，是人类各种形式的聚居地的总称，一般分为城市聚落和乡村聚落。在建筑、规划学科以及地理学、考古学和历史学领域均从各自的角度对聚落相关问题进行了研究。

建筑、规划学科领域很早就展开了对于民居和村镇等传统聚落的研究。近些年来对于聚落体系的研究正在不断地拓展和深化。目前，对于防御性聚落、明长城防御体系以及沿海聚落都已在本学科内有了较为深入的研究。而对同为明清边疆防御体系的海防军事聚落的探索在近几年也取得了明显进展，但尚不完善；长三角地区海防聚落体系作为明清海防聚落体系的重要组成部分有待更为深入地研究，特别是对于**明清时期长三角地区数量众多的墩、汛、急递铺等基层军事聚落的空间分布位置和分布规律等方面的深入研究将弥补聚落研究的缺环**，完善对于海防聚落体系的认识。长三角地区是我国明清城镇体系和市镇体系研究的重点区域之一，之前的研究较多地偏重于经济、社会、政治等因素对聚落体系发展及构成的影响方面。本研究从明清海防的视角出发，进一步深入探索海防建设对长三角地区聚落分布和发展的影响，由此，**将拓展本学科对长三角地区城镇体系研究的视野，拓宽建筑、规划学科在传统聚落方面的研究领域**。

（二）史学意义——为其他学科研究提供素材

明清海防聚落体系作为一个庞大而复杂的聚落系统，具有自身的发展规律和特征，承载着丰富的历史信息，对其进行研究可为多个学科相关研究的发展和完善提供资料和数据。做好明清长三角地区海防军事聚落及其体系的研究，也可对明清史、军事史、历史地理等领域的相关研究有所推动，为其他如人类学、移民史、语言史以及民俗学等非物质文化遗产的学者们提供了绝佳的样本。①

对于**历史学的意义**主要体现在：虽然历史学界基于历史文献对于明清海防已有了丰硕的研究成果，但因为以文字为主的研究和表达方式使得对于涉及空间方面的研究往往有所局限。本研究通过考证，绘制了长三角海防聚落体系分布图并通过HGIS等手段的运用和分析，可以明确相关史实的空间位置关系和演变过程，并对相关历史记载进行核对勘误，从而推动相关领域的历史研究。

对于**军事史的意义**更为显著，相关的海防军事聚落地理信息库的建立，对于研究历史上军事行动的布署、态势、运动过程，以及绘制相关军事历史地图均提供了基础和条件。

对于**经济史的意义**主要反映在海防堤墙、各级运河、驿路、城堡等工程设施的完善，也对长三角地区经济的发展起到了很大的促进作用。这些设施的兴建促进了交通运输的发展、沿江海地区棉花的种植、纺织的发展和商业的繁荣；海防聚落在战时是军事防御的堡垒，在和平年代甚至战争的间隙有的又成为对外贸易的口岸。

对于**考古领域**，海防聚落体系的研究可为相关地区的聚落遗址考古提供线索，并和相关考古发现进行相互印证，推动与海防聚落相关的考古领域研究。例如，作者在2019年3月17日与绍兴文物局工作人员和多位文史专家共同对三江所城的调研中，就曾根据古文献和20世纪60年代卫星地图比对得到的信息以及本研究分析的结果，在原先划定的城址范围西侧现场新发现了一段明城墙（图0-3）。

图0-3　明代三江所城城墙遗址
（资料来源：作者摄于2019年3月17日）

（三）社会意义——为长三角地区海防遗存保护提供理论基础

文化遗产是我们的祖先智慧的结晶，它直观地反映了人类社会发展的重要过程，具有历史、社会、技术、经济和审美价值，是社会发展不可缺少的物证。因

---

① 尹泽凯. 明代海防聚落体系研究［D］. 天津：天津大学，2016.

此，加强对明清海防遗产的认识和保护具有重要的意义。长三角地区经济发达，聚落变迁更迭频繁，遗址遗存现状复杂。完善的理论研究，可以为后续的长三角地区海防聚落遗址的历史认知、保护和展示提供理论支持。国家"一带一路"战略的提出促进了国人海洋意识的提高，随着对海上丝绸之路的研究，海防遗存的保护和研究更加得到重视，近年在考古工作者的努力下，长三角地区又有部分海防遗存被发现，但仍有大量的遗址被湮没。这些遗址在经济建设快速发展的江浙沪地区随时面临被毁坏的境地。所以建立长三角地区海防军事聚落历史地理数据库，对于抢救性保护文化遗产具有重要意义，还可对相关的遗址保护规划的制定起到参考作用。[①]

与海防聚落密切相关的海塘作为全国重点文保单位已列入《中国世界文化遗产预备名单》，正在为申报世界遗产作准备，对海防堤墙的研究也将提升对于海塘的遗产价值的认识，从而更好地保护遗产，对海塘申遗起到促进作用。

三、研究对象与数据来源

（一）研究对象

1. 海防聚落体系

聚落是人类聚居和生活的场所，是人类各种形式的聚居地的总称。它不单是房屋建筑的集合体，还包括与居住直接有关的其他生活设施和生产设施。[②]一般分为城市聚落和乡村聚落。聚落体系是由聚落、聚落间联系廊道和聚落间联系流等要素按一定层级规律组合而成的有机整体（图0-4）。

军事聚落是指以军事为目的兴建的军队驻防地。海防聚落就是指以对海防御为主要目的兴建的军队驻防聚落单元。历史上，有很多城乡聚落是由最初的军事聚落转化而成。

海防聚落体系是为了防御从海上进犯之敌，由海防聚落、海防堤墙、海防聚落间的联系廊道（又可称为"基础设施束"，包括与海防聚落关系密切的运河、驿路和水闸等），聚落间联系流（信息、物资、人员流动）等要素按一定层级规律组合而成的有机整体。卫所城堡等防御聚落、海防堤墙、运河等联系廊道及控制联系流的水闸、水栅等水口工事等也可以统称防御工事（fortifications）。它们是以一定的内在组织结构形成的有纵深、分层次，点、线结合的复杂体系。

---

① 周润垦，高伟，王清爽，孙亮，邬俊，张敏，骆琳. 江苏明清海防遗存调查报告[J]. 东南文化，2017（06）：39-49.
② 闫庆武. 地理学基础教程[M]. 徐州：中国矿业大学出版社，2017：235.

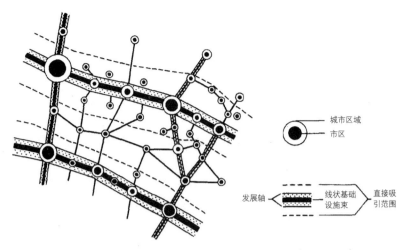

图0-4 聚落体系结构图
（资料来源：选自陆大道《区域发展及其空间结构》）

2．长三角地区（空间范围）

从明清海防的历史和地理来看，江苏中南部和浙江北部，即"长三角地区"，是其海防体系为一个整体。江浙交界地带曾是海寇盘踞和进攻最为集中的地区，海寇经常在两省间流窜。**明代为了统一海防，设有镇守浙直地方总兵官和直浙总督，以统一指挥，跨省协同防御。**长三角地区的空间范围从不同的领域来看，往往有所不同。例如，按自然地理、经济地理、行政区划乃至文化区域来划分，其范围都有所不同。明代负责海防诸多事务的淮扬海防道、苏松常镇兵备道、杭嘉湖分守道、宁绍海防道的辖区基本圈定了长三角地区海防体系的主要地理空间范围。

基于海防区域的重要性和全面性考虑，本书研究的空间范围由大到小分为三个层次（表0-1）。

长三角地区海防聚落研究空间范围表　　　　　　　　　　表0-1

	明代	清代	现代
广域范围	南直隶东部、浙江	江苏省、浙江省	江苏省、浙江省、上海市
主要范围	淮扬海防道（管扬州、高邮、仪征等卫，泰州、盐城、通州等所）；苏松常镇兵备道（管苏州、松江、常州、镇江）、杭嘉湖分守道（管嘉兴、杭州、湖州一带）；宁绍海防道（巡海，兼理宁绍兵备，经营沿海卫所）	淮扬道（辖扬州一府及淮安府属盐城等县地方）；常镇通海道（辖镇江、常州、通州和海门厅）；苏松太道（辖苏州、松江、太仓一带）；杭嘉湖道（湖州、嘉兴府、杭州）、宁绍台道（辖绍兴、宁波一带地方）	大致在今上海市、杭州市，镇江市、扬州市、泰州市、南通市、苏州市、无锡市、常州市、嘉兴市、湖州市、宁波市、绍兴市、盐城市及舟山市
核心范围	苏松常镇兵备道、杭嘉湖兵备道（嘉兴湖州部分）的主要防区	淮扬道、常镇通海道、苏松太道、杭嘉湖道（嘉湖湖州部分）的主要辖区	大致在今上海市、镇江市、常州市、无锡市、苏州市、嘉兴市、湖州市

绪 论

广域范围的研究区域：明清的江苏省（明南直隶东部）和浙江省。

主要范围的研究区域（图0-5）：明代的淮扬海防道（管扬州、高邮、仪征

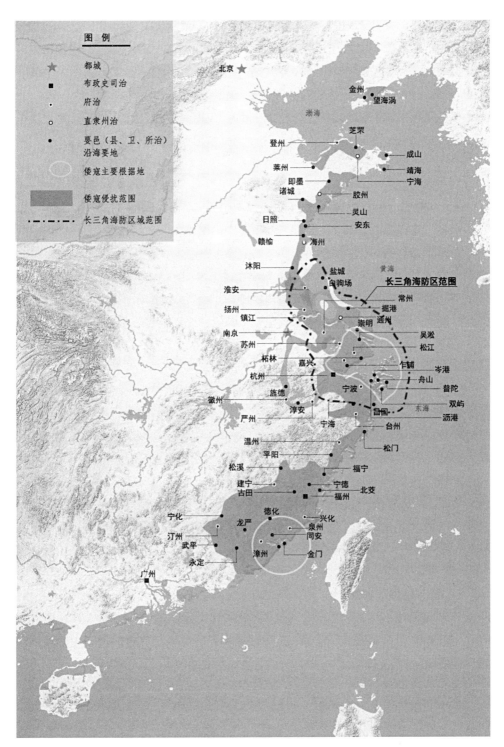

图0-5 长三角海防区空间范围（底图来源：天地图，审图号：GS（2021）3715号）

等卫，泰州、盐城、通州等所）、苏松常镇兵备道（管苏州、松江、常州、镇江）、杭嘉湖分守道（管嘉兴、杭州、湖州一带）、宁绍海防道（巡海，兼理宁绍兵备，经营沿海卫所）的防区。陆地面积大约85600平方公里。这一区域是明清时期中国经济最发达的地区，遭到倭寇侵犯最为严重，防守亦最严密。该区域最北部的盐城和最南侧的象山一带虽不是严格自然地理意义上的长三角地区，但因其分别设置有盐城守御千户所（隶属淮扬海防道防区）和昌国卫等卫所（隶属宁绍海防道防区）防御这一地区的侧翼，故须纳入研究范围。

核心范围的研究区域：明清的江南地带，主要是苏松常镇兵备道、嘉湖兵备道防区。这里是长三角地区防守核心区，也是江南市镇最密集的地区。

3. 明清时期（时间范围）

本研究的时间范围是整个**明代**和**清代前中期**。元末明初，明朝在长三角地区首次建立了较完备的海防和海防军事聚落体系；明嘉靖年间倭寇大举入侵，明廷大力加强了海防建设，海防聚落体系更加完善；清初为防御海上敌对力量的反攻，清廷在继承了明代的海防聚落体系的基础上进一步加强海防；清代中期，长三角地区海防军事聚落逐渐归州并县，海防体系日趋落后；1840年第一次鸦片战争爆发后，整个海防的形式发生了巨大变化，中国历史进入新的时期——近代史范畴。

因此本研究的时间范围主要限定在：元末明初到清代鸦片战争之前。

（二）数据来源

本研究涉及的聚落数量近两千个，各个聚落又拥有各自不同的空间位置、属性和特征，需要通过合适的方法采集和分析相关信息，从而得到科学的研究结果。因此，各项数据和信息的获得是科学分析和研究的基础。

本研究的基础数据包括两大类别：海防聚落及海防堤墙属性信息和基础空间地理数据。将海防聚落的属性数据中的位置信息与基础地理数据相结合后，就得到了长三角地区海防聚落空间地理数据。将所有聚落的属性数据与空间地理数据整合，就构成了"明清长三角地区海防聚落体系数据库"。

1. 聚落属性信息源

"海防聚落及廊道属性数据"包括明清海防聚落及廊道的空间位置、建置时间、内部构成、军事级别、从属关系、聚落周长与面积、驻军规模等。聚落属性信息主要从相关历史文献中取得，其次是通过田野考察和现场调研来验证和补充。

（1）正史典籍

正史典籍包括：明、清和民国各个时期政府编撰的历史总志，虽然其中不免有统治者修饰的成分，但因其史料详实、记录系统、涵盖范围广的特点，仍是聚落属性信息的重要来源。其中，比较重要的有《明史》《明实录》《明会典》《大明一统志》《清史稿》《重修大清一统志（嘉庆朝）》等。这些正史典籍为明清长三角海防聚落体系研究提供时间和空间的坐标与历史背景信息。

（2）地方志

地方志，也称方志，是按一定体例编撰的，有关地方区域的政治、经济、军事、文化、天文、地理、科技、社会等方面内容的资料性兼记述性书籍文献。这些志书是本研究中最基础、最重要，也是数量最大的一类史料来源。

地方志多有相对固定的体例，江浙明清时期地方志一般按照"图说—疆域—建置沿革—风俗—城池—水利—户口—田赋—公署—学校—军制—乡都—古迹—寺观—职官—人物—艺文"的大致顺序，具体略有调整。其中的建置、城池、公署、军制、水利、乡都、职官等是本研究中聚落相关信息的主要来源。

（3）其他历史地理著作

除了官修史书、志书之外，还有一些民间人士撰写的史地著作也非常重要。如《读史方舆纪要》《天下郡国利病书》等。《读史方舆纪要》为明末清初顾祖禹撰写，是一部以军事为视角的地理巨著。对各地的山川险要、卫所、府州县城池、巡检司城、关隘的方位、沿革等都有详细地记述。《天下郡国利病书》为明末清初顾炎武撰写，重点收录了军事、经济、水利三方面的内容。于本研究来说，除了各级军事聚落的信息外，其较丰富的水利、漕运、屯垦等资料也提供了许多有价值的信息。

（4）江海防著作

明清时期出现了一批江海防典籍，重要的有郑若曾所著的《筹海图编》和《江南经略》、范涞的《两浙海防类考续编》、采九德的《倭变事略》、施琅的《靖海记事》等。《筹海图编》是明代海防最重要的著作，书中对明代海防的历史、地理、军事、聚落分布、武器装备、战略战术等都有详细的论述和记载。《江南经略》是《筹海图编》的姊妹篇，作者同为郑若曾。该书是一部抗倭兵书、图籍，按照倭寇进犯的路线，重点介绍了长三角核心地带江南地区的江海防，故名《江南经略》。

（5）外国使者记录

明清时期虽有较严格的海禁，但与海外的交往仍很频繁。周边国家来华使者对于中国的情况也都非常关注，并对在华旅行途中的见闻做了较详细的记录。如《燕行录》《入明记》《漂海录》等，这些外国使者作为旁观者，他们的记录往往更加鲜活和客观。

如《燕行录》中的《重峯先生东还封事》就记录了戚继光在东南沿海筑墙备倭的情况。① 《入明记》是日本使者策彦周良和尚随勘合贸易使团从宁波登陆，沿

---

① 《重峯先生东还封事》中记载："闻戚继光之备倭于南方也，沿海筑墙，间设烟台……而守备甚固，倭寇以此不敢下陆云。"

大运河北上，出使中国的记录。文中对途径的巡检司、闸铺和运河全线的驿站做了详细的记录。

（6）舆地图集

长三角地区是明清时期海防的重点地带，留下了数量不少的舆图。这些舆图多数因军事和政治需要绘制，为了解明清海防布署、军事聚落分布、海防堤墙位置提供了非常重要的空间位置信息。这些舆图可分为舆地专图和志书或海防专著附图两类。志书或海防专著附图有《筹海图编》《江南经略》和各地方志所附地图，这类书通常有十几幅到几十幅甚至百余幅附图，图中所绘与书中文字内容相对应。专图往往是一幅到数幅，且图幅不受书籍装帧的限制，一般图幅较大，描绘更详细，在图中通常有少量文字说明或标注。

2. 基础地理数据

基础地理信息主要是指具有通用性，共享需求大，为与地理信息有关的各方采用作为统一的空间定位和进行空间分析的基础地理单元。基础地理信息的承载形式也是多样化的，本研究采用了各种类型的基础地理数据，具体有：数字高程模型（Digital Elevation Model）、1∶400万河流（一至五级河流）、行政区划（省级至县级）、各级城市居住点、卫星像片、航空像片、各种比例尺地图等。[1]

行政区划、河流、各级城市居住点等地理数据的主要来源为"中国国家基础地理信息中心（NGCC）"[2]；数字高程模型DEM数据主要可通过"地理空间数据云"下载由日本METI和美国NASA联合研制并免费面向公众的ASTER GDEM V2全球数字高程数据，ASTER GDEM V3数据发布网站为NASA EARTH DATA[3]；明清时期省、道、府、县行政区划等矢量数据主要来源于复旦大学历史地理研究中心的"中国历史地理信息系统（CHGISV4.0）"[4]。20世纪80年代至今的卫星图片来源，主要是Google earth的卫星影像。[5]20世纪60、70年代的高清卫星图像主要来自于美国地质勘探局（USGS）提供的美国锁眼间谍卫星拍摄的图像[6]。

在电子数据地图普及之前，纸质地图是主要的基础地理数据源，不同时期的纸质地图可提供许多被时代淹没的地理信息。本研究利用的纸质地图主要有：谭其骧的《中国历史地图集》[7]、侵华日军的大比例尺实测图（《中国大陆二万五千分の一地图集成》以及《中国大陆五万分の一地图集成》等）、民国

---

[1] 张昊雁. 清代长城北侧城镇研究［D］. 天津大学，2016.
[2] 中国国家基础地理信息中心（NGCC），http://www.ngcc.cn/。
[3] NASA EARTH DATA，https://earthdata.nasa.gov/。
[4] 中国历史地理信息系统（CHGIS），复旦大学历史地理研究中心网站。
[5] https://blog.csdn.net/mrib/java/article/details/78541334。
[6] 美国地质勘探局（USGS），https://earthexplorer.usgs.gov。
[7] 谭其骧. 中国历史地图集 第7册 元·明时期［M］. 北京：中国地图出版社，1982；谭其骧. 中国历史地图集 第8册 清时期［M］. 北京：中国地图出版社，1987.

绪 论

时期军用地图等。侵华日军军用地图等资料主要来源于日本"亚洲历史资料中心"①。

3. 海防聚落空间地理数据

明清长三角地区海防聚落空间位置信息和数据的确定需要结合上述聚落属性信息和基础地理数据。具体取得方式主要是：通过古代舆图、地方志的记载和日军和国民党军抗战时期军事地图、20世纪70年代美军间谍卫星图片，以及现今卫星地图及各种电子或纸质地图比对等方法来确定。部分聚落还经过田野考察和现场勘查来核实。其中有些聚落点可以直接以经纬度定位，例如《乾隆盛湖志》卷一②就标明了盛泽镇的经纬度，《光绪吴江县续志》也在卷一中就标出了吴江各汛的经纬度表，由此可见最迟在清中期西方的地理科学已经得到中国政府的认可和应用（图0-6）。取得了海防聚落的位置信息后，就可以在Google Earth等基础地理信息平台上标定位置，并按类型分层管理，根据需要输入相应聚落属性信息，建立长三角地区海防军事聚落地理信息数据库。

长三角地区海防军事聚落地理信息数据库建立后，就可通过ArcGIS等平台进行聚落分布的空间分析等研究。在数据库的空间位置数据中，墩堡、炮台、小汛

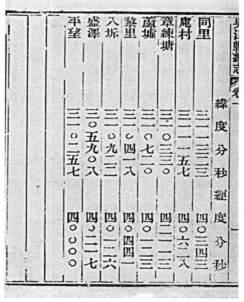

图0-6 清代地方志中聚落经纬坐标
（资料来源：左图《吴江县续志》、右图《盛湖志》）

---

① 亚洲历史资料中心（Japan Center for Asian Historical Records）.
② （清）仲廷机纂.（乾隆）盛湖志（十四卷本）. 卷1. 分星. 民国14年（1925年）刻本.

等小型聚落的空间位置数据为点数据；海防堤墙、运河、驿路的空间矢量数据为线数据；卫所州县等大、中型聚落空间数据既有显示聚落中心位置的点数据，又有显示聚落城池轮廓的面数据。

四、研究现状综述

长三角地区海防聚落体系的研究涉及较多领域，涵盖军事、地理、历史、规划、建筑等多个学科。根据与本课题研究的相关性，可将关于聚落及其体系的研究分为几个依次递进的层次，即聚落体系研究、海防聚落体系研究、长三角地区海防聚落体系研究。下面将与明清海防聚落体系研究相关的研究背景和研究现状，作一简要的回顾和介绍。

（一）明清聚落体系研究

聚落体系是由相互联系的大小聚落按一定层级规律组合而成的有机整体。与本研究关系密切的是我国明清时期聚落体系。因为聚落分为城镇聚落和乡村聚落，对于聚落体系的研究也通常分为城镇体系和乡村聚落体系。

美国学者施坚雅主编的《中华帝国晚期的城市》[1]（1977）论文集，对中国明清时期城镇体系的内在结构及其发展历程作了深入的分析，并提出了施坚雅模式。他在文集中的《城市与地方体系层级》《十九世纪中国的地区城市化》《清代中国的城市社会结构》等论文中的开创性研究及其研究方法都影响深远。

顾朝林在《中国城镇体系——历史·现状·展望》[2]的第一部分对中国各历史时期城镇聚落体系的发展和构成作了全景式的梳理，金其铭、陆玉麒发表了《聚落服务范围与县级聚落体系》[3]，王贵祥主持了"明代建城运动与古代城市等级、规制及城市主要建筑类型、规模与布局研究"，并著有《明代城市与建筑：环列分布、纲维布置与制度重建》等著作。其他相关研究还有：朱一荣、章墨的《海商活动影响下传统聚落体系特征研究——以明清时期即墨金口地区为例》[4]，张萍、杨蕊的《制度与空间：明清西北城镇体系的多元建构与经济中心的成长——以西安、三原、泾阳为中心的考察》[5]，徐俊辉的《明清时期汉水中游城

---

[1] 施坚雅. 中华帝国晚期的城市 [M]. 中华书局, 2000.
[2] 顾朝林. 中国城镇体系——历史·现状·展望 [M]. 北京：商务印书馆, 1992.
[3] 金其铭, 陆玉麒. 聚落服务范围与县级聚落体系 [J]. 南京师大学报（社会科学版）, 1984（02）: 87-94.
[4] 朱一荣, 章墨. 海商活动影响下传统聚落体系特征研究——以明清时期即墨金口地区为例 [J]. 建筑学报, 2020（05）: 108-115.
[5] 张萍, 杨蕊. 制度与空间：明清西北城镇体系的多元建构与经济中心的成长——以西安、三原、泾阳为中心的考察 [J]. 人文杂志, 2013（08）: 70-81.

镇体系的等级结构与空间结构——以襄阳府为例》①等。

（二）军事聚落体系研究

防御性聚落研究与聚落体系研究的结合形成了军事聚落体系研究领域。

我国对于明代军事防御体系的研究最初是从政治、军事领域开始的，许多学者对明代军镇体制形成的过程、原因、演变进行了深入分析与考证，如20世纪30年代已有研究从明朝兵制、军事机构演变、九边形成时间、军力等各个角度进行探讨，具体有谭其骧的《释明代都司卫所制度》②（1935）、张维华著《明代辽东卫所建置考略》③（1934）等。改革开放后对明代军制及军事聚落体系领域的研究再次成为热点，有罗东阳著《明代军镇镇守体制初探》④（1994）、靳润成著《明朝总督巡抚辖区研究》⑤等。在建筑规划领域对军事聚落体系的研究开始得较晚，但已经取得了很多有价值的成果。天津大学一批博硕论文主要对长城沿线的军事聚落体系作了整体和分区域的研究，揭示了长城防御体系是一个由点—线—面相结合构成的地理尺度的空间实体和文化遗存，厘清了由上千个军事聚落与明长城构成的军事防御体系及其空间分布和历史演变。构建了基于GIS平台的明长城基础空间数据库，实现了从聚落单体研究到防御体系整体性研究的突破。如《明长城九边重镇防御体系与军事聚落》⑥、《明长城甘肃镇防御体系与军事聚落》⑦、《明长城辽东镇防御体系与军事聚落》⑧等⑨。另外，王绚通过对各种防御性聚落的分析比较，建立"传统防御性聚落"的类型框架；东南大学汪涛在实地调研和GPS数据采集的基础上，运用MapSource、Google earth、GIS等软件，以数学分析的方法解释明代大同镇长城及其军堡与自然地理环境之间的关系。这进一步扩展了防御性聚落的研究领域。

（三）海防聚落体系相关研究

目前中国大陆学者对于明代海防及其聚落体系的研究主要是在历史学、军事学、地理学和文化遗产保护等领域展开，同时也涉及政治、经济、文化等诸方面。

---

① 徐俊辉. 明清时期汉水中游城镇体系的等级结构与空间结构——以襄阳府为例[J]. 设计艺术研究, 2013, 3(03): 87-91.
② 谭其骧. 释明代都司卫所制度[J]. 禹贡半月刊, 1935(10).
③ 张维华. 明代辽东卫所建置考略[J]. 禹贡, 1934(7).
④ 罗东阳. 明代军镇镇守体制初探[M]. 东北师范大学出版社, 1994.
⑤ 靳润成. 明朝总督巡抚辖区研究[M]. 天津古籍出版社, 1996.
⑥ 李严, 张玉坤, 解丹. 明长城九边重镇防御体系与军事聚落[M]. 北京：中国建筑工业出版社, 2018.
⑦ 刘建军, 张玉坤, 谭立峰. 明长城甘肃镇防御体系与军事聚落[M]. 北京：中国建筑工业出版社, 2018.
⑧ 魏琰琰, 张玉坤, 王琳峰. 明长城辽东镇防御体系与军事聚落[M]. 北京：中国建筑工业出版社, 2018.
⑨ 金长城防御体系与军事聚落[M]. 北京：中国建筑工业出版社, 2020.

历史学界对明代海防的研究较早，成果丰富且研究较为深入，内容从全景式的海防史到宏观政策再到具体海防事件的考证皆有涉及，如范中义、仝晰纲的《明代倭寇史略》①，刘昌龙、张晓林等的《明清时期海防的历史嬗变及启示》②，等等；白斌的博士论文《明代朱纨海禁举措研究》③则从政策角度研究海禁与海防的关系。国外学者Brook T.在《南海的贸易和冲突：葡萄牙和中国，1514-1523》(Trade and Conflict in the South China Sea: Portugal and China, 1514-1523)一文中，详细分析了明中后期海防斗争的深层原因。④

军事学界对于明代海防的研究也比较关注，特别是20世纪90年代后期以来，随着对外开放、海权意识的提升，马汉的《海权论》⑤、《海权对历史的影响》⑥等著作对中国军事学界的影响持续发酵，学者们也开始关注中国古代海防的研究，如史明星的《中国历代海防发展概览》⑦、高新生《海防的起源和海防概念研究述评》⑧等，特别是中国军事科学院战略部研究员范中义和海洋发展战略研究所研究员杨金森对于中国的海防战略发展史做了重要的研究工作，完成了《中国海防史》⑨等一系列著作并编撰《中国海洋战略研究文集》⑩等相关论文，奠定了明代海防军事研究的基础。

地理学界关注海防研究相对较晚，但地理学视角的研究提升了明代海防研究的深度，如北京大学李辉的《明代基层海防战区地理研究》⑪（2012），鲁延召的《明清时期伶仃洋区域海防地理特征研究——基于海防对象的多样性与海防重心的阶段性》⑫等。另外，近年来气候因素对中国古代战争的影响也引起了一些学者的关注，如《人类生态学》(Human Ecology)杂志2007年发表的《近一千年来中国东部气候变化和战争爆发的频次》一文通过对气候资料和历史文献的对比探索了气候因素与中国东部发生战争之间的关系。

建筑学界以现存海防聚落的空间及保护与更新实践为主要研究对象进行探讨，如罗一南的《明代海防蒲壮所城军事聚落的整体性保护研究》，林怡琳、李

---

① 范中义，仝晰纲. 明代倭寇史略 [M]. 中华书局，2004.
② 刘昌龙，张晓林，黄培荣. 明清时期海防的历史嬗变及启示 [J]. 军事历史研究，2012，000 (002)：76-86.
③ 白斌. 明代朱纨海禁举措研究 [D]. 宁波大学，2009.
④ Brook T.Trade and Conflict in the South China Sea: Portugal and China, 1514–23[M]//A Global History of Trade and Conflict since 1500. Palgrave Macmillan, London, 2013: 20-37.
⑤ 马汉. 海权论 [M]. 同心出版社，2012.
⑥ 马汉. 海权对历史的影响 [M]. 解放军出版社，2006.
⑦ 史明星. 中国历代海防发展概览 [J]. 军事历史研究（4期）：103-112.
⑧ 高新生. 海防的起源和海防概念研究述评 [J]. 中国海洋大学学报（社会科学版），2010，2010（2）：22-28.
⑨ 杨金森，范中义. 中国海防史 [M]. 海洋出版社，2005.
⑩ 杨金森. 中国海洋战略研究文集 [M]. 海洋出版社，2006.
⑪ 李辉. 明代基层海防战区地理研究 [D]. 北京大学，2012.
⑫ 鲁延召. 明清时期伶仃洋区域海防地理特征研究——基于海防对象的多样性与海防重心的阶段性 [J]. 暨南学报：哲学社会科学版，2013，35（9）：93-100.

伟的《试析岭南海防所城形态的空间表达》(2007)，李国华、贾亭立的《大鹏所城典型民居改造》[①]（2007）。近年来，明代海防聚落体系受到了多位研究者的关注，谭立峰开展了对于明代海防军事防御体系的整体性研究，发表了《明代沿海防御体系研究》[②]等论文。尹泽凯的博士论文《明代海防聚落体系研究》[③]对各地区海防聚落进行了系统的整理归纳，从宏观角度对海防聚落的空间布局、发展脉络等进行了梳理。王珍珍、陆琦等的《明代广东海防卫所规划方法与特征研究》[④]，毕建业的《威海地区明海防军事聚落体系与空间分析》[⑤]则对某一区域的海防聚落体系展开研究。对于海防聚落单体的研究也取得了不少成果，有高宜生的《明代海防重镇大鹏所城》(2009)等。

（四）长三角地区海防聚落体系相关研究

目前，针对长三角地区海防聚落体系的研究还很有限，重要的相关研究主要有以下几个方面：

1. 长三角地区海防历史研究

历史上对于长三角地区海防的论述主要存在于几部重要专著和明清各地的地方志书中。明代郑若曾所著《筹海图编》共13卷，系明嘉靖年间为防御倭寇收集海防有关资料编辑而成的一部最重要的明代海防沿海军事图籍和军事著作。长三角地区是书中所述的重点区域之一。郑若曾后又著《江南经略》，是专门针对长三角核心地区——江南地带的江海防专著，和《筹海图编》是姊妹篇。该书重点对长江下游太湖流域地区的防御作了较详细的介绍。

当代学者的相关研究主要有：王刚的博士论文《清代前中期江南军事驻防研究（1645-1853）》[⑥]、谢茂发的《清前期江苏江海防体系考略》[⑦]等。林为楷的《明代的江海联防》《明代的江防体制》（由吴智和教授领导的"明史研究小组"印行）对明代长三角地区的江海联防历史及其运作机制作了专题研究，侧重于体制及官僚机构的管理机制。美国圣路易斯华盛顿大学历史学系博士陈博翼的《隆庆以后南直隶之营兵与江海防》着重研究了明代后期南直隶的兵制与江海防的关系。日本学者太田出的《清代绿营的管辖区域与区域社会——以江南三角洲为中

[①] 李国华，贾亭立. 大鹏所城典型民居改造[J]. 建筑学报，2007(12): 78-81.
[②] 谭立峰. 明代沿海防御体系研究[J]. 南京林业大学学报（人文社会科学版），2012，12(01): 100-106.
[③] 尹泽凯. 明代海防聚落体系研究[D]. 天津大学，2016.
[④] 王珍珍，陆琦，刘国维. 明代广东海防卫所规划方法与特征研究[J]. 建筑学报，2020(S1): 147-153.
[⑤] 毕建业. 威海地区明海防军事聚落体系与空间分析[D]. 天津大学，2012.
[⑥] 王刚. 清代前中期江南军事驻防研究（1645-1853）[D]. 南京大学，2014.
[⑦] 谢茂发. 清前期江苏江海防体系考略[J]. 军事历史，2015(05): 61-65.

心》①则注意到清代长三角地区存在绿营官兵在基层行使行政管理职能的现象。

2. 长三角地区聚落及其体系的相关研究

对于长三角地区聚落及其体系的研究一直为中外学者所重视。明清以来，长江三角洲始终是中国经济发展的核心地区。其中，江南发达的市镇以及市镇网络的存在，既是长三角地区经济繁荣的重要表现，又是长三角地区持续发展的关键因素，因此对江南市镇及其体系的研究更是学界关注的热点。

对于长三角地区聚落体系或城镇体系的研究可追溯到20世纪中期。费孝通在其著作《乡土重建》②（1948）中对江南的传统乡村、市镇、都会的深层次社会组织结构作了开创性的研究；中华人民共和国成立后，傅衣凌的《明清时代江南市镇经济的分析》（1964）对明清江南市镇经济特点做了进一步的探索③，这两部著作对后来的长三角地区聚落体系研究产生了深远影响。

20世纪80年代后，随着中国改革开放和长三角地区经济再次蓬勃发展，对长三角传统聚落及江南市镇的研究更趋活跃。刘石吉的《明清时代江南市镇研究》④对明清时期江南市镇的变迁、市镇的分布及数量和规模作了深入分析；复旦大学樊树志的《明清江南市镇探微》⑤和《江南市镇——传统的变革》⑥等研究对江南市镇进行了全方位研究，奠定了江南市镇研究的基础，系统研究了江南市镇的分布格局、经济结构、文化传统和社会风尚等方面。其他还有满志敏主编的《上海地区城市、聚落和水网空间结构演变》⑦、李立的《乡村聚落：形态、类型与演变——以江南地区为例》⑧等相关研究。

日本学者对我国江南市镇的研究一直比较重视。森正夫编的《江南三角洲市镇研究》⑨汇集了六位史地学者在对江南市镇多次实地调研的基础上结合文献资料从不同角度入手取得的研究成果。韩国学者金钟博的《明末清初江南市镇的构造及其特性——以苏州府吴江县为例》⑩则聚焦于明清时期江南市镇的结构特征。

---

① 太田出. 清代绿营的管辖区域与区域社会——以江南三角洲为中心[J]. 清史研究，1997（02）：36-44.
② 费孝通. 乡土重建[M]. 长沙：岳麓书社，2012.
③ 傅衣凌. 明清时代江南市镇经济的分析[J]. 历史教学，1964（05）：9-13.
④ 刘石吉. 明清时代江南市镇研究[M]. 北京：中国社会科学出版社，1987.
⑤ 樊树志. 明清江南市镇探微[M]. 上海：复旦大学出版社，1990.
⑥ 樊树志. 江南市镇——传统的变革[M]. 上海：复旦大学出版社，2005.
⑦ 满志敏. 上海地区城市、聚落和水网空间结构演变[M]. 上海：上海辞书出版社，2013.
⑧ 李立. 乡村聚落：形态、类型与演变——以江南地区为例[M]. 南京：东南大学出版社，2007.
⑨ （日）森正夫. 江南三角洲市镇研究[M]. 南京：江苏人民出版社，2018.
⑩ （韩）金钟博. 明末清初江南市镇的构造及其特性——以苏州府吴江县为例[C]. 中国明史学会、东北师范大学、吉林大学、吉林师范学院、通化师范学院、吉林省社会科学院. 第七届明史国际学术讨论会论文集. 中国明史学会、东北师范大学、吉林大学、吉林师范学院、通化师范学院、吉林省社会科学院：中国明史.

3. 与海塘相关的研究

海防堤墙是长三角地区海防聚落体系的重要组成部分，海岸驻防线的军事聚落基本上都沿海防堤墙分布，由堤墙连为一线，明清时期海防堤墙也多由各级武官和士兵驻防管辖，其主体为海塘。人们通常将海塘视为水利设施，而忽视了其海防功能。

与海防堤墙相关的历史文献其内容主要与海塘工程的建设和军事布置有关。如清代方观承纂修的《两浙海塘通志·兵志》[①]、蒋师辙撰的《江苏海塘新志》[②]、清代瞿均廉编撰的《海塘录》[③]等，还有英国人韦更斯在清咸丰年间撰写的《海塘辑要》[④]、《钦定大清会典事例·卷920-928·工部·海塘》[⑤]。另外还有台北故宫博物院藏的大量相关舆图和军机档附图，这些绘有海防堤墙的地图上很多都详细标注了海防卫所、营汛、墩堡、炮台的布署情况。

与海防堤墙相关的当代研究主要关注于海塘的历史、工程、政治、经济等方面。如朱偰的《江浙海塘建筑史》[⑥]（1955）、汪家伦编著的《古代海塘工程》[⑦]（1988）、张文彩的《中国海塘工程简史》[⑧]（1990）等著作对海塘工程的历史做了全景式的梳理；凌申的《历史时期江苏古海塘的修筑及演变》[⑨]、方欣的《雍正朝江浙海塘研究》[⑩]等论文侧重于对某一地区或特定历史时期的海塘作专门研究；陈吉余的《海塘：中国海岸变迁和海塘工程》[⑪]研究了海塘建设与地理变迁和环境的关系；胡仲恺的《清代钱塘江海塘的修筑与低地开发》[⑫]、马湘泳的《江浙海塘与太湖地区经济发展》[⑬]研究了海塘建设与经济的关系；研究海塘与政治关系的有王大学的《政令、时令与江南海塘北段工程》[⑭]等学术论文。

五、研究的主要问题

（一）证实以海塘为主体的海防堤墙具有军事防御和防潮双重功能，是长三角地区海防聚落体系的重要组成部分。

以往关于明代海防聚落体系的研究并未关注到海防堤墙的存在。水利工程史

---

① （清）方观承. 两浙海塘通志[M]. 杭州：浙江古籍出版社，2012.
② 故宫博物院. 敕修两浙海塘通志·江苏海塘新志[M]. 海口：海南出版社，2001.06.
③ （清）瞿均廉. 海塘录[M]. 商务印书馆，1934.
④ （英）韦更斯. 海塘辑要[M]. 宝善斋，1901.
⑤ 钦定大清会典事例·卷920-928·工部·海塘·水利[M]. 北京：商务印书馆，1908.
⑥ 朱偰. 江浙海塘建筑史[M]. 北京：学习生活出版社，1955.
⑦ 汪家伦. 古代海塘工程[M]. 北京：水利电力出版社，1988.
⑧ 张文彩. 中国海塘工程简史[M]. 北京：科学出版社，1990.
⑨ 凌申. 历史时期江苏古海塘的修筑及演变[J]. 中国历史地理论丛，2002（12）：45-54.
⑩ 方欣. 雍正朝江浙海塘研究[D]. 苏州大学，2015.
⑪ 陈吉余. 海塘：中国海岸变迁和海塘工程[M]. 北京：人民出版社，2000.10.
⑫ 胡仲恺. 清代钱塘江海塘的修筑与低地开发[D]. 暨南大学，2013.
⑬ 马湘泳. 江浙海塘与太湖地区经济发展[J]. 中国农史，1987（03）：38-44.
⑭ 王大学. 政令、时令与江南海塘北段工程[J]. 史林，2008（05）：58-69，186-187.

邻域的研究认为，沿海堤墙主要是一种防潮水利工程设施。本研究通过对大量历史文献、古舆图的分析和现场勘察，充分证实了海防堤墙是一种兼具对海防御与防潮功能的工程设施，是明清海防体系的重要组成部分。

在长三角地区，因其独特的地理条件和重要战略地位以及面临的海防压力，明清两朝修建并完善了以海塘为主体的海防堤墙。沿海岸构筑的海防堤墙长达一千二百多公里，具有桩栅、堑壕、吊桥、塘铺等抗击敌方登陆的防御设施，是长三角海防体系中的前沿屏障。海防堤墙将沿海墩堡联系起来，构成海岸警戒防线，并与各级海防聚落共同构建了完整的海防聚落体系。

（二）揭示长三角海防聚落体系"井"字形空间架构和三线分布的半树型半网络化布局，确定长三角地区上千处墩（烽墩）、汛（汛台）、急递铺等基层海防聚落空间的分布位置。

本研究通过古地名搜寻、溯源，古今地名对照，古今地图对比，聚落遗址田野考察，空间关系辨析等方式逆向复原，**确定了长三角地区上千处基层海防聚落的位置（其中大量烽墩、急递铺、汛的位置是首次确定）**，明确了千里海防堤墙、**驿道和主要塘路的位置和走向**；再凭借GIS平台，基于基础地理数据和聚落属性数据，建立了"长三角地区海防聚落空间数据库"。在此基础上，结合google卫星地图和明清历史地图作为底图，绘制完整的"明清长三角地区海防聚落空间分布图"和"各防区海防聚落空间分布详图"，并附有"各防区海防聚落构成表"，为后续研究提供了重要基础。

以海防聚落体系数据库为基础，结合ARCGIS空间分析功能对长三角地区海防聚落的进行空间分析和量化解析，在海防聚落空间分布图的基础上，从整体性角度解析海防聚落体系的空间结构，揭示了长三角地区海防聚落沿海防堤墙、长江、钱塘江、大运河分布的"井"字形架构，以海岸防线、策应防线、运河防线排列成的三线梯次部署，以及由各级运河、塘路连接成的半树型半网络化布局。

（三）提出明清海防建设促进了江南城镇体系重心东移，影响了上海周边城镇体系格局的基本观点。

上海近代以来迅速发展为国际化大都市。其实在1843年开埠之前，上海就已由元末的海滨小县城逐渐发展为长三角地区举足轻重的"东南都会"。本书通过分析上海周边海防聚落建设、发展的历史，通过GIS的空间解析功能，以中心地理论、施坚雅模式和点轴理论为基础进行分析，研究表明：从元末到清中期，随着卫所城堡的建设及这些海防聚落转化为州县，江南一带城镇体系的中心和重心存在由苏州向上海一带转移的趋势，并影响了上海周边城镇体系的格局。

第一章　长三角地区海防体系历史背景与建置

长三角地区海防聚落体系的发展建设与当时的历史背景，以及采取的军事制度，以及职官体系和兵力构成等都密切相关。这些因素影响到海防聚落的产生、发展、内部组织及空间分布与形态。因此，厘清这些问题是研究长三角地区海防聚落体系的基础。

长江三角洲位于中国大陆东部沿海，是长江入海之前形成的冲积平原。长三角地区有着悠久的文化历史，丰饶的土地，加之发达的农业、手工业，使其在中国封建社会中期的唐代以后逐渐成为全国的经济和文化中心。而随着15～16世纪大航海时代的到来，伴随着新航路的开辟，东西方之间的贸易交流大量增加，长三角地区成为中国、日本、西方国家之间的贸易中心和商品生产基地。但同时，大航海时代的贸易和扩张与传统农业帝国自给自足、闭关自守之间的矛盾难以调和。又由于朝代更替、对日关系等复杂因素使得从前相对安宁的东南海疆面临日益加剧的海上安全威胁，而明清二代长三角地区海防形势格外严峻、战事不断。明清政府为了加强对东南海疆的防御及对江南腹心之地的控制，在长三角地区建设了完备的海防体系，在军制上根据情况的变化在明代由"卫所制"发展到"营兵制"，清代在继承明制基础上发展为"八旗绿营制"。

第一节　海防建设的历史背景

一、明代以前长三角地区海防建设历史沿革

（一）春秋战国、秦汉

长三角地区沿海设防可追溯到春秋战国时期的吴国和越国。春秋时期吴国曾经于公元前505年在东洲岛沙抗击东夷的入侵，据《太仓州志》记载："周吴阖闾十年，东夷侵吴。王亲征，夷人不敢敌，收军入海，据东洲沙上。吴亦入海逐之，据沙上相守一月……遂送降款。"越国为了防御从海上来袭的敌军，在都城会稽以北筑城，在会稽以北40里沿海筑石塘和防坞以固守海岸，又在今萧山建西城布署兵船以机动应援。

汉代，在会稽郡海上设楼船防御，汉阳嘉元年（132年），曾旌在浙江海岛起义，率水军连寇会稽，并杀死县令，于是朝廷诏沿海各屯兵卫戍。《海盐县图经》载："海上之戍。盖自汉始也。"

（二）三国魏晋南北朝

三国时期，吴国水军力量最强。吴国水军曾远航到夷州（今台湾），孙吴政

权水军除在长江与魏军抗衡外,还派军船远航到辽东联络公孙渊,以牵制曹魏。东晋末年,孙恩以翁州岛(今浙江舟山群岛)为基地,多次进攻长三角沿海地区,朝廷命刘牢之在上虞、刘裕在句章(今浙江宁波)、袁崧在今上海青浦等地沿海筑垒加强防御。

(三)隋唐、五代

隋唐时期,军力强大,水军的主要任务为远征高丽、琉球等地,长三角地区在这一时期沿海的安全威胁比较小,因此有关海防建设的记载也比较少见。五代十国时期,长三角地区的吴国和吴越国均濒临大海,两国水军多次交战,并都在沿海设镇驻兵防御,海防堤墙的雏形也在吴越国沿海出现。

(四)宋、元

北宋时期,为防备辽国从海上进攻,并镇压沿海地区的农民起义和海盗袭扰,沿海要地有军队驻防。南宋朝廷偏安临安(杭州),背海立国,面对北方金、元的威胁,也大力加强了沿海的防御,设立了沿海制置司管理沿海防务,建立了初具规模的海防力量。除了防御北方政权的进攻,宋代还要防御海寇袭扰长三角地区。据《太仓州志》记载:"宋嘉定十年,郡并大海盗出没,莫可踪,知府赵彦櫹奏分昆山之半置嘉定县屯兵以守。"[①]为了应对海上威胁,宋朝沿江海修筑了三路烽燧,并在险要处设寨。

元初(1281年),范文虎统帅以江南降军为主组成的江南水军随征日本,因台风等原因惨败。元朝二征日本均以失败告终,之后倭寇开始不时侵扰长三角地区。《元史》载:"至元二十九年(1292年)……日本舟至四明,求互市,舟中甲仗皆具,恐有异图,诏立都元帅府,令哈喇带将之,以防海道。"[②] "武宗至大二年(1309年)枢密院臣言:去年日本商船焚劫庆元(今宁波),官军不能敌。"[③]元朝末年倭寇的侵略更加猖獗。为了应对倭寇威胁,元朝相应地加强了海防布署,例如,至元十八年(1281年)十一月,元朝命令:"征日本回军后至者分戍沿海。"[④]大德八年(1304年)元朝为加强宁波一带海防,调汉军200人,新附军300人守庆元,增蒙古军300人守定海。

---

① 《太仓州志·卷十三·兵防中·纪兵》(民国)王祖畲等撰. 民国8年(1919年)刊本. 台北:成文出版社有限公司,1975.
② 《元史》卷17《世祖本纪十四》。
③ 《元史》卷99《兵二·镇戍》。
④ 《元史》卷15《世祖本纪十二》。

二、明清海防历史背景

长三角地区完整的海防体系是为了应对日益增长的来自海上的安全威胁在明代建立起来,并在清代有所发展。海防建设的目的是防御倭寇等海上敌对势力对东南沿海地区的侵扰,在明清二朝各时期的侧重点有所不同。明初的海防主要是为了防御逃至沿海岛屿勾结倭寇伺机入侵的张士诚、方国珍残部;明中后期,特别是明嘉靖年间"争贡事件"后,朝廷重行严厉的海禁政策,海防则主要是防御和打击以沿海岛屿和日本为基地的汪直等武装走私集团。这些势力强大的武装走私集团亦商亦盗,时常从海上进攻长三角各地,对长三角地区造成了前所未有的安全威胁;清初海防除了防御海盗外,还侧重于防御郑氏集团从海上对长三角地区发动的反攻。明清二代的海防总体来看则主要与应对"倭寇"问题和海禁政策的实行密切相关(图1-1)。

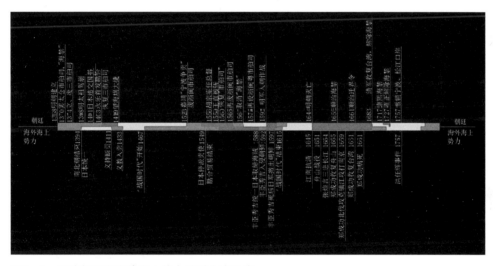

图1-1 明清朝廷和海外海上势力关系大事件表

(一)倭寇问题与明清武装海商集团

倭寇是指14~16世纪侵扰劫掠中国和朝鲜沿海地区的海盗海商集团,其除沿海劫掠以外还从事中日及西方国家间的走私贸易。倭寇主要分为元末明初、明朝中后期的前后两期。前期(元初至明初)倭寇以日本的本国人为主,目的是报复征日的蒙朝联军的侵略和女真海盗的掳掠,主要是以日本军队的军事报复为主;中后期(明正德至万历)的倭寇基本上是中日混编,原因主要为明朝的闭关锁国(海禁)政策和日本国内分裂动荡。以中国沿海地区武装海商和沿海居民为主,日本浪人主要作为雇佣军,巨大的经济利益和丰硕的物质回报促使中日两国的冒险者铤而走险(图1-2)。

总结上述倭寇的情况,日本学者田中健夫将倭寇分为"14~15世纪倭寇"

图1-2 明代画家仇英的《倭寇图卷》
（资料来源：东京大学史料编纂所）

与"16世纪倭寇"两类。他认为前者产生的原因来自于东亚各国内部，主要成分是日本人，目的是掠夺粮食和人口；后者产生的原因是明代生产力的发展和海禁政策的僵化，主要成分是中国人，目的是进行走私贸易。这时倭寇的头目较多来自南直隶、浙江一带，中下级成员很多是福建一带的渔民，还有就是作为雇佣军的日本人。[①]明嘉靖年间，实行严格的海禁政策，按例十年才能有一次入贡，贡船3艘。嘉靖二十六年（1547年）使臣周良等驾船4艘入贡，因为十年期限未到，被责令在外海停泊了一年，期满后，才准许入贡。[②]严苛的勘合贸易制度与日本、荷兰等国及我国沿海民众强烈的通商需求形成了难以调和的矛盾。丝绸等的价格在日本达到了中国的十倍以上，于是沿海地区走私开始盛行。明政府则加强缉私，走私海商又加强武装予以对抗。武装走私集团的涌现使得明政府施行更严厉的海禁政策，甚至连出海捕鱼都不准许。随着矛盾进一步激化，一方面造成了日本等国丝绸棉布等商品奇缺，另一方面中国沿海居民也断了生计。在难以生存的困境和巨大利益的诱惑下，大批沿海居民纷纷加入海盗的阵营。王直等海盗头目与沿海地方的富商、官员甚至卫所官兵相勾结，雇佣日本的武士为打手，招募了大量福建、浙江南部沿海的渔民、逃兵、破产商人等，组建了势力强大的海上武装走私集团。王直甚至在日本建立了"宋国"，自称"徽王"。

（二）明清海防与海禁

严行海禁起始于明朝之初，是明代前、中期和清初的一项国策。明清海防

[①]（日）田中健夫. 倭寇：海上历史. 武汉：武汉大学出版社，1987：5-6.
[②]（明）张实彻撰修.（嘉靖）宁波府志. 卷22. 海防. 嘉靖三十九年（1560年）刻本.

与海禁政策的实行密切相关：海禁最初的目的本来是加强海防，但消极的海禁政策却往往使得海防的局势进一步恶化。明清两朝均有相当长的一些时段出于海上封锁的考虑厉行海禁，严禁私人出海贸易，甚至连渔民下海捕鱼也不允许。

明初，为了打击退守海上的张士诚、方国珍残余势力，朱元璋采取有力的禁海措施，除朝廷准许的对外交流，民间则片板不许下海，诏令极严。到了明中期的嘉靖二年（1523年），日本两个朝贡使团在宁波为入贡资格问题爆发了"争贡之役"，使很多无辜的中国军民被杀或被掳。此后，明朝统治者认为"倭患起于市舶，遂罢之"，并对日本"闭绝贡路"，实行更加严厉的海禁政策。朝廷封锁了沿海各港口，销毁出海船只，断绝了海上交通。清初，在顺治、康熙朝前期的二十多年时间里，为对台湾郑氏集团进行经济封锁，隔绝反清力量与内地的联系，实行海禁，并在沿海地带实行迁海政策，要求浙江等地沿海地区居民背井离乡，迁离海岸三十里到四五十里不等，使沿海地区成为一个无人区。在短短28年（1656～1683年）中，清廷先后重申海禁五次，下达迁界令三次，使"滨海数千里，无复人烟"。

实行海禁是对宋元以来海外贸易蓬勃发展的倒退。沿海人民从事渔业和贸易，以海为生，海禁政策断绝了他们的生路。于是沿海居民很多铤而走险下海组成亦商亦盗的武装海商集团。清代的蓝鼎元在《论南洋事宜书》中写道："南洋未禁之先，闽广家给人足，游手无赖亦为欲富所驱，尽入番岛，鲜有在家饥寒窍劫为非之患。既禁之后，百货不通，民生日蹙……使沿海居民，富者贫，贫者困，驱工商为游手，驱游手为盗贼。"正如明代思想家王夫之所说："武帝乘其实而为民利，国虽虚，民以生，边害以纾，可不谓术之两利而无害乎？"郡县安南后，朱棣、郑和采取以海养海的政策致贫民致富，国用充足，余钱更可反哺国库。所以朱棣才会说："安南黎贼悉已就擒，南海之地廓然肃清。"在永乐大帝死后，朝中无数大臣以各种理由开始向明仁宗进谏，要求废船队，绝海洋。郑和曾说："欲国家富强，不可置海洋于不顾。财富取之于海，危险亦来自于海……一旦他国之君夺得南洋，华夏危矣。我国船队战无不胜，可用之扩大经商，制伏异域，使其不敢觊觎南洋也。"可惜郑和的远见卓识并没有被认可，下西洋的壮举被叫停。后来实行的严厉海禁政策反而使倭寇问题加剧，出现了海禁严，海商转而为盗的情况。嘉靖年间著名的倭寇头领汪直，其诉求主要是要求朝廷放弃不合时宜的海禁政策，使海上贸易合法化。而禁止海外贸易的消极保守政策，使得中国航海和科技发展远远落后于西方，最终导致了近代以来中国落后挨打的局面。

（三）海上势力根据地及进攻路线

明清海上势力的根据地包括日本的平户、博多一带，壹岐、平户岛、五岛列岛等岛屿，以及中国沿海的舟山诸岛和台湾岛。长三角东面的陈钱、舟山诸岛距离日本最近，又靠近江南一带的经济中心，因此明前、中期海上贸易集团主要以舟山一带的双屿港为中转交易基地。双屿港位于北仑梅山盐场外的佛渡岛与六横岛之间，是进出宁波甬江的必经航道，是宁波的贸易大门。双屿港经过多年的经营，逐渐成为一个走私贸易根据地，当时士大夫称为"根抵窟穴"。在双屿港居住的外国人，除葡萄牙人外，至少还有日本等十多个国家的商人，多时达3000人左右。双屿诸港前后有近万人参与走私活动。双屿岛被捣毁后，福建的月港才取代其地位。

倭寇进攻的路线，在元末明初时以朝鲜半岛和山东等北部沿海为主；明中后期，主要是从日本五岛到航路最近的长三角地区以东的陈钱、舟山诸岛，再由此为中转基地转略沿海各地；清初郑氏集团的进攻路线则主要是由金门、厦门一带先进攻舟山岛作为前进基地，然后进入长江口进击镇江、南京等地。

三、明清长三角地区海防建设的目的

（一）防御和打击倭寇等国内外敌对势力

明初，被朱元璋政权击败的张士诚、方国珍残部为了生存，继续逃至沿海岛屿抵抗明朝，甚至勾结倭寇，图谋反攻。史载，"元末群雄争起，割据沿海郡县者……其部曲托身舟舶狎习风涛者……勾引倭寇"[1]，"沿海之地患之"[2]。地方势力联合倭寇，其袭扰范围极大，"焚居民，掠货财，北自辽海、山东，南抵闽、浙、东粤，滨海之区，无岁不被其害"[3]，成为沿海地区的不安定因素，甚至威胁到初生的政权，明朝只得对之进行军事上的打击。洪武年间明朝与日本交往始终不顺畅，倭寇更加有恃无恐。明太祖终于决定建设系统的海防体系，并在永乐朝基本成型。最终通过明中后期的改扩建，海防体系得到逐步完善和加强。清初，海防的重点是防御郑氏集团的反攻。其海防重点主要在长三角地区和福建一带。

（二）保卫留都和江南赋税重地

明朝最初定都于南京，清代南京（江宁）也是重要城市。因此朱元璋命汤和经略海防，在长三角沿海修筑海防堤墙和卫所城堡等军事聚落进行防御，保卫京畿地区。虽然后来朱棣迁都北京，但南京始终作为留都保留了整套的政府系统和朱元璋的陵寝。因而有必要在江浙沿海、长江下游加强防御以拱卫南京。

中唐以后长三角地区一直是中国的经济中心，明清时期江南地区更是国家的财富之地。唐中期韩愈说："赋出天下而江南居十九"，到明中期，经济名臣丘睿

---

[1] 陈懋恒. 明代倭寇考略 [M]. 北京：人民出版社，1957：6-7.
[2] 谷应泰. 明史纪事本末·卷五五·沿海倭乱.
[3] 谷应泰. 明史纪事本末·卷之五十五·沿海倭乱.

则说:"以今观之,浙东西又居江南十九,而苏松常嘉湖五府又居两浙十九也"。嘉靖年间,礼部尚书顾鼎臣也说:"苏、松、常、镇、嘉、湖、杭七府,财赋甲天下。"可见其时江南税额更高,地位更加重要。康熙初年的江苏巡抚韩世琦也说:"然财赋之重,首称江南,而江南之中,惟苏松为最"。清代视江南如"家之有府库,人之有胸腹",因此为了防止被盗贼劫掠需要严加防守。①

(三)保卫漕运安全

明初,由于漠北蒙古势力的存在,于北边、北平等地大量驻军。明太祖沿袭元朝旧制,选择以海运为主,运军粮至辽东。直至洪武三十年(1397年)的《太祖实录》提到:"辽东海运,连岁不绝,近闻彼处军饷,颇有赢余。今后不须转运,止令本处军人,屯田自给。"②"靖难之役"后,中国出现了政治中心和经济中心明显严重分离的情况,京城巨大的物资消费量、北方战争以及长期驻防带来的军需压力,使北方地区一时根本无法独立承担。此时,京杭运河尚未完全贯通,只能延续前朝惯例,由海运从江南地区向首都及边防地区运粮。但是,迁都使这一时期南粮北运的性质发生了根本性的变化,运输量远超洪武时期,单纯海运已经不能满足需求。于是,永乐朝开始了海运和陆运相结合的时期,③直至永乐九年会通河重新开通;永乐十三年(1415年),由于海运的安全性较低且容易遭到倭寇劫掠,故停止海运,改为专由京杭运河运粮,海运线路才被放弃。从此,明代由运河进行南粮北运成了定制。运河运粮极大地缓解了北方的经济形势,也带动了沿岸地区经济的繁荣。④

漕运作为帝国首都及北方边境和江南经济中心之间的大动脉,运河和漕运的安全无疑是极为重要的,需要严加防守。后来的鸦片战争中,英军就是占领了镇江掐断漕运命脉,迫使清政府求和。而从地理上看,与海岸线平行的大运河有的区段离海岸并不远,较远的区段也可通过江河、水道快速到达,因此存在被海寇攻击的可能(图1-3);而历史上,确实发生过很多海寇劫掠运河沿线城市,抢夺漕运物资,对漕运造成重大威胁的情况。因此,明清政府专门设立了权力非常大的漕运总督以保证漕运的安全。

---

① 范金民. 明清江南重赋问题述论 [J]. 中国经济史研究, 1996 (03): 110-125.
② 明太祖实录. 卷二五五.
③ 樊铧. 明初南北转运重建的真相:永乐十三年停罢海运考. 历史地理, 2008, 00: 190.
④ 尹泽凯. 明代海防聚落体系研究 [D]. 天津:天津大学, 2016.

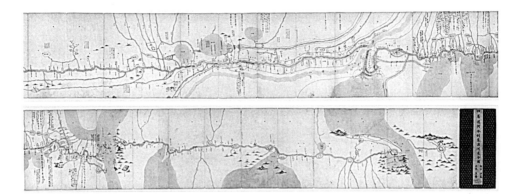

图1-3 四省运河水利泉源河道全图
(资料来源：美国国会图书馆)

第二节 海防军事制度变迁与建置沿革

明清长三角地区海防军事聚落的形成和分布受了到外部地理条件和历史背景的影响，而聚落体系的建置和构成从内在来说是由当时的军政制度决定的。军事制度的改变是海防军事聚落变迁的内因。明清海防军事制度经历了一个变化的过程，从明中前期、中后期到清代中前期，经历了卫所制、镇戍制、绿营制的演变。因此，要厘清明清海防，须了解三个时期海防军事制度的几个方面，如表1-1所示。

明清各时期海防军事制度比较简表　　　表1-1

内容/时期	明前中期	明中后期	清前中期
军事制度形式	都司卫所制	省镇营兵制（镇戍制）	八旗绿营制
军队编制体制	卫所制	营哨制	营汛制
军队组织形式	屯兵制	营兵制	绿营兵制
征兵方式	世兵制	募兵制	募兵制（初期）
			世兵制（中期）

建立阶段：1368~1521年，**明前中期**，历经洪武直到正德共十一朝，以卫所制为主。为防御张士诚、方国珍残部和倭寇，洪武帝命汤和经略海防。又命方鸣谦为金山卫筑城指挥使，总管测地选址筑城工作，命两浙筑城建关都巡察司指挥使仇成在小官镇设置分司（总司署杭州，分别在宁波、延平、金山等地共设8个分司）。这一时期在长三角地区将原来海塘连接加筑，初步修建完成了海防堤墙体系，修筑沿海卫所城堡及沿岸烽堠；永乐年间和正德年间长三角地区的海防又有所建设。

加强阶段：1522~1644年，**明中后期**，历经嘉靖、隆庆、万历、泰昌、天启、崇祯等六个时期。这一时期前期的嘉靖朝,主要是防御因严厉海禁政策激发的武装海商海盗集团进攻狂潮。长三角地区大力加强了城防设施,扬州卫、通州所加筑新城,原来未筑城墙的上海、象山等县城均在这一期新修筑了城池,并增设堡寨加以防御。军制方面,以镇戍制逐渐替代了不合时宜的卫所制,最终取得了抗倭斗争的胜利。后期的万历朝,主要是为应对万历援朝战争,在长三角沿海要地,如庙湾、掘港、崇明等地都大量增兵并增筑城堡加以防备。

发展转化阶段：1645~1840年,**清前中期**,历经顺治、康熙、雍正、乾隆、嘉庆、道光共六朝。这一时期前期的顺治、康熙朝主要是防御郑氏集团等反清力量的海上反攻和压制江南人民的反抗;嘉庆至道光朝以防御海盗袭扰和应对开始显现的西方列强的海上威胁为主。这时期清廷主要在长三角地区主要加强了海口、岛屿要地的驻防,崇明、杭州等地均布署重兵,并大大增加了沿海防堤墙的烽墩数量。军制上实行营汛制,在长三角腹地兵力趋于分散布署,加强了对江南地方的管控。明代设立的卫所城在这一时期逐渐转化,松江沿海的金山、南汇、吴淞等卫所城设县,浙东的临山、观海等卫所迁海后多数都归并附近州县管辖。

一、明洪武—正德年间长三角地区海防建置

(一) 军事制度——都司卫所制

明初的军事制度为都司卫所制,简称卫所制。明代以都指挥使司、布政使司、按察使司并称三司,分别为掌管军事、政治、司法职能的权力机构,使得地方权力不过分集中并相互制衡。都司就是掌管军事的都指挥使司的简称。

朱元璋在洪武十三年（1380年),设中、左、右、前、后五军都督府。在京在外各都司、卫所分统于五军都督府,构成了五军都督府—都司、行都司—卫—千户所—百户所—总旗—小旗这样一个以卫所为单元,由上而下的军事体制系统。承平以后,卫所逐步由战时军事建制向驻防屯种体制转化。卫所的基本机能也以驻防为主,且耕且守,还兼顾漕运。卫所军士世居一地,凡是有战事,均命将充总兵官,调卫所精锐军从征。

明政府在东南沿海各省共设山东、扬州、金山、浙江、福建、广东六个总督备倭都司,统称为备倭都司。其中长三角地区作为海防的重点区域,为扬州、金山、浙江三个备倭都司管辖。备倭都司是为防御倭寇而设立的,地位高于卫所的军事机构。根据明胡宗宪《筹海图编》等史籍,可将长三角地区各都司所辖卫所情况,列表如表1-2。与卫所制度的等级体系相对应,海防聚落体系也相应地分为多个层次。明初海防制度常被称为"卫所制",很大程度上在于卫城、所城两个层次的军事聚落构成了海防体系的骨架。所城分为千户所城和百户所城两种。其中,洪武二十六年定天下都司卫所,共计都司十有七,留守司一,内外卫

三百二十九,守御千户所六十五。卫所城,特别是所城经历了一个逐步增加的过程。例如,明初浙江都司设16卫4所,明后期为16卫35所。

长三角地区都司驻地与辖区　　　　表1-2

都司	驻扎地	下辖卫城(长三角地区)
扬州总督备倭都司	驻扬州	扬州卫、高邮卫、仪真卫、大河卫、淮安卫
金山总督备倭都司	驻金山	金山卫、太仓卫、镇海卫
浙江总督备倭都司	驻定海	定海卫、观海卫、临山卫、绍兴卫、昌国卫

1. 实土卫所、半实土卫所

明代卫所在行政区划意义上可分为实土、准实土、非实土三类。形成行政区划的充分必要条件分为两方面,"必要条件:一个行政区划必须有一定的地域范围,有一定数量人口,存在一个行政机构;充分条件:这个行政区划一般都处于一定的层级之中,有相对明确的边界,有一个行政中心。"①

根据上述条件:1)长三角地区的金山卫、观海卫等几个卫城基本符合。它们因海防需要兴建于滨海荒芜地带,卫署行使行政权力,并统治军户,管辖一定的海滨区域。因此可以认为这些实土卫所是比较纯粹的海防军事聚落。2)扬州、高邮②、仪征等卫驻有重兵,军籍占的比例很高,屯田及马场面积较大。其中仪征卫军户数超过民户,可以认为是准实土卫所,是海防军事聚落和民治聚落的复合体。《高邮州志》记载:"邑人隶卫籍者十之二三",扬州情况也类似,因此也具有一定准实土卫所的性质。另有一些府县城,并无卫所等军政机构驻扎,属于民治聚落,如明代的常州府城及很多长三角腹地的县城。

2. 守御千户所、备御千户所

千户所城又分为守御千户所城和备御千户所城,两者均位于沿海或卫城之间的军事要地,起到弥补由于卫城间距过大而引起的防守时效问题。在等级上,前者不隶属于卫城而直接归都司管辖,后者归卫城管理。其中,守御千户所城直属于都司,与周边卫城同级,辖区重要且相对独立。例如通州、盐城、泰州等守御千户所城,一般与卫城内的左、右、中、前、后五个千户所不同,是独立于卫城之外的存在;备御千户所城归卫城管理,很多是由卫城分派一个或两个千户所驻扎,也位于较为重要的军事节点。如南汇、青村等所由金山卫管辖,

---

① 周振鹤. 行政区划史研究的基本概念与学术用语刍议[J]. 复旦学报(社会科学版),2001,3:32.
② 高邮州志卷7,863页。

第一章 长三角地区海防体系历史背景与建置

军队由金山卫派驻。无论何种千户所城,均有责任协防邻近的卫城,共同完成海防职能。与千户所城类似,百户所城(有时称"堡"或"寨")也分为备御百户所城和守御百户所城两类,前者归千户所城管理,后者直属于卫城。堡、寨是更低一级的海防聚落,多位于卫所间的要地。有的所城在设立之初级别较低,也以"堡"的形式出现,如松江的柘林堡、太仓的浏河堡,随着海防形势的发展而升级为柘林千户所城、浏河堡千户所城。墩台、烽堠及其附属建筑是最低一级的海防聚落,可隶属于卫城、千户所城、百户所城、巡检司及盐场等比其高等级的聚落。府、州、县城是明代海防的最后屏障,但并不属于军事体系。巡检司城和关隘隶属于各地方政府,建造的目的是维护沿海地区的治安,稽查可疑之人,也是明代海防聚落体系中不可缺少的一环。有的巡检司设在海防所城、堡、寨附近甚至聚落内部,属于民政、盐政、军政两套体系管辖。类似的还有具备海防职能的驿传系统,担负海防体系中的物资和信息传递的重任,属于兵部管辖但不在都司卫所体系的直接管辖之下(图1-4)。明代海防聚落等级体系如图1-5所示。

(二)都司卫所制下的长三角地区海防聚落层级体系

在明代海防卫所制的等级基础上,长三角地区海防聚落以海防卫城、守御千户所城、备御千户所城等各层次聚落体系的等级关系展开。都司卫所间的直属关系在层级体系图中以实线表示,兼辖关系则用虚线表示。

五军都督府是中央的最高领导机构。长三角地区海防归中军、左军都督府下辖的扬州备倭都司、金山备倭都司、浙江备倭都司管辖。长江以北的高邮卫、扬州卫、仪征卫和兴化守御千户所、盐城守御千户所、泰州守御千户所、通州守御

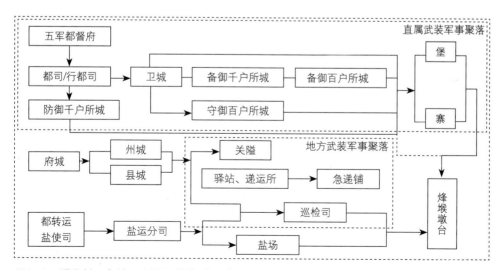

图1-4 明代长三角地区海防聚落体系组成关系图
(资料来源:作者改绘)

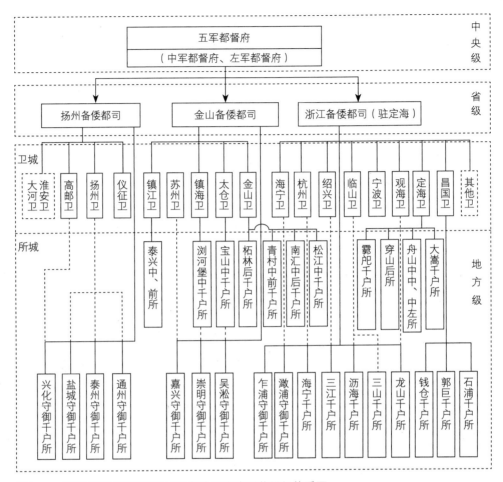

图1-5 都司卫所制度下明代长三角地区海防聚落层级体系图

千户所归扬州备倭都司管辖；江南的镇江卫、苏州卫、镇海卫、太仓卫、金山卫和长江口的崇明守御千户所、吴淞守御千户所及浙江的嘉兴守御千户所归金山备倭都司管辖；浙北的海宁卫、杭州卫、绍兴卫、临山卫、宁波卫、观海卫、定海卫和乍浦守御千户所、澉浦守御千户所归定海的浙江备倭都司管辖。

在杭州湾两翼的金山卫和定海卫还分别下辖了多达四处千户所城；其他卫城通常下辖一到两座千户所城。值得注意的是，镇江卫下辖的中、前千户所驻扎在江北的泰兴城；原来由苏州卫分兵驻防的嘉兴守御千户所则位于浙江境内。

二、明嘉靖—崇祯年间长三角地区海防建置

（一）军事制度——省镇营兵制（镇戍制）

进入明中叶以后，屯田制度遭到严重破坏，"举数十屯兼并于豪右比比而是"。这进一步导致海防卫所军户大量逃亡，缺额严重，"十去其五六，屯田有名

无实。"在卫所制度下，南直隶、浙江等防区划分战区，进行整体协防，取得了一定的效果。但是，卫所制仍不可避免地走向衰落，面对倭寇的进攻，卫所兵不胜为用，甚至出现了72名倭寇在长三角地区流窜三个月，行军数千里，杀戮中国军民4000余人的骇人听闻事件。明当局于是开始从民间招募训练军士，著名的有戚继光招募的浙江义乌兵及江苏盐徒等。与卫所军不同的是，募兵不世袭，虽然为兵，但从属于民籍。募兵的食粮补给，军饷来自国家和地方财政收入，不必自己屯田所获，并且饷银也比卫所军和民壮要高。明代海防开始向镇戍制转变。

镇戍制也称省镇营兵制，是指明代中期后以省、镇总兵镇戍区中以镇戍等为主要任务，以营为核心编制的军事制度（明代以一省或一镇为一位总兵的镇戍区，清代一般以镇为总兵镇戍区[①]）。由于"卫所制"造成的兵将互不相识、"屯兵制"造成的战斗力低下、"世兵制"造成的军户逃亡等后果，在嘉靖年间倭寇的巨大压力之下，彻底暴露出来。这一时期，领兵作战的总兵从临时的将领变为常设职务，巡抚也变成了常驻。为了联合作战，甚至产生了总督这一统领数省、数镇军政大权的职务，拥有皇帝给予的"便宜行事"的巨大权力。造成这一重大改变的原因是，备战状态的"卫所制"—"屯兵制"已经不能适应巨大的军事压力，临战体制下的"镇戍制"变为常态。在此制度下，"屯兵制"变为"营兵制"，军饷由中央提供；士兵招募方式改为"募兵制"，代替先前的"世兵制"，兵源主要来自清勾、抽选、招募三种方法。

在"镇戍制"下，总督负责沿海地区总体军政，下分统兵文臣和统兵武将两个系统。一省统兵文臣之首为巡抚，之下为兵备、府同知、通判等。统兵武将包括总兵、副总兵、参将、游击、守备、千总、把总等，统属关系为总兵统参将，参将统守备，游击听命于总兵和巡抚。总督、巡抚、总兵直辖的兵马为"标兵"，副总兵、参将、游击统领的为"营兵"。在这两个并行体系中，前者负责筑城、粮饷等后勤工作，后者负责军事。二者理论上平级，但实际上巡抚地位高于总兵。此外，还有监军系统，作为朝廷耳目或随军记功。

从明代中期到清前期，卫所军和营军长期共存。明中前期，卫所军主要担任驻守，治安，锻炼新兵和屯田。而营哨军则次要担任灵活作战。因而，卫所军成了正兵，而营哨则是灵活的奇兵；到了嘉靖年间，为应对倭寇的严重威胁，作战的主力逐步转变为营兵，卫所军若想参战，则必须编入营哨建制。到了清代，江南地区除了部分八旗军，以归附的明军为主组建了绿营军。

（二）省镇营兵制下的长三角地区海防聚落层级体系

《明史·职官志》对于省镇营兵制的官阶和职守有清楚的说明："总镇一方者为镇守，独镇一路者为分守，各守一城一堡者为守备，与主将同守一城者为

[①] 肖立军. 明代省镇营兵制与地方秩序[M]. 天津：天津古籍出版社，2010.9：28.

协守。又有提督、提调、巡视、备御、领班、备倭等名。"镇戍制形成了"总兵+巡抚—参将+兵备道—守备、把总"的新体制,中间增加了一个路级,以联几卫、几所为一防区,使兵力更为集中,便于统一指挥、协同作战。改变了"都司—卫、所"制中一都司统辖过多卫所,卫所分散在较大地域难以管控的问题。明代营为营哨制,按营—总—哨—队—什的编制,但营以下只是军队编制,并没有与之相对应的下一级的军事聚落。

根据《筹海图编》等文献记载,在嘉靖年间为了突破行政区划的限制,协调江浙两省与防御相关的诸多事务,统筹长三角地区的海防,设有作为总镇的镇守浙直地方总兵。浙直总兵下辖狼山副总兵(驻通州)、金山副总兵(驻通州)、浙江总兵(驻定海)三分镇;每分镇以下在长三角地区各有二路,共分为六路,由各参将分守,分别是盐城参将、扬州参将、常镇参将、苏松参将、杭嘉湖参将、宁绍参将;各分镇又分别设有一游击将军,其中狼山和金山分镇在长江口崇明北、南的营前沙、竹箔沙还分设有北洋游兵都司和南洋游兵都司;在各路之下的营堡和要地又设有守备和把总负责防守,其中浙江的海宁、临观、定海、昌国等把总作为级别较低的军官防守的是原来的卫城,所以"以都指挥体统行事"。由此形成了层级分明、效率较高的海防聚落层级体系(图1-6)。

三、清顺治—道光年间长三角地区海防建置

(一)军事制度——八旗绿营制

清代军制由八旗制和绿营制两部分组成。在长三角地区绿营兵是江海防的主力,驻防八旗作为江海防的精锐力量,同时也起到监视和控制绿营兵的作用。

清政权建立后,八旗兵分为禁旅八旗和驻防八旗。禁旅八旗负责保卫皇帝和拱卫京师,驻防八旗则分驻于全国各地。长三角地区的八旗军为驻防八旗。驻防的原则以重点驻防和集中机动相结合。主要部署在京口、杭州、乍浦三个江海防要地。虽然八旗兵数量有限,但在清代前期起到了控制战略要地和监控数量庞大的绿营军的作用。清前期以后,随着八旗军逐渐贪图安逸享乐以及人口的增加等因素,八旗兵的战斗力日趋下降。

绿营兵制较完整地继承了明代中后期的营兵制,在各省"随都邑大小远近,列汛分营,立之将帅,授以节制,与滨江、滨海又各设水师营以守之"[①]。具体来说,绿营兵是参照明朝军制改编和新招的汉兵。以绿旗为标志,以营为建制单位,因而得名。有马兵(亦称骑兵)、步兵、守兵之分。马兵、步兵亦称战兵。沿江、海设有水师。绿营兵籍,皆注于册,由兵部管理。"骑兵拔于步战兵,步战兵拔于守兵,守兵拔于余丁,无余丁乃募于民"(《乾隆大清会典》卷

---

① 清朝文献通考. 卷182. 铅印本 [M]. 上海:商务印书馆,1936:6426.

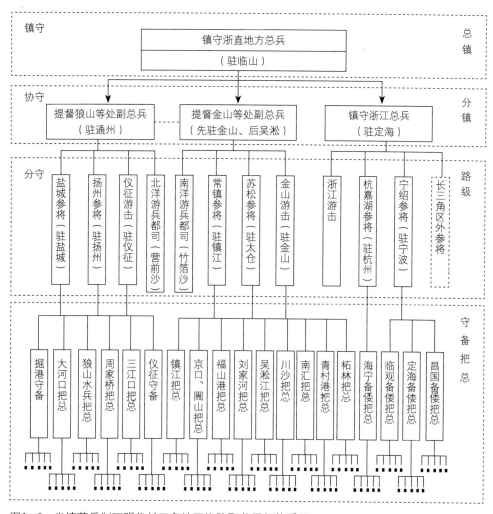

图1-6　省镇营兵制下明代长三角地区海防聚落层级体系图

六十七）。

绿营在地方上的最高军事长官是总督，共设有直隶、两江、闽浙、两湖、陕甘、四川、两广、云贵、东三省九个总督外加负责漕运安全等事务的跨省区的漕运总督，总共为十个总督，均为封疆大吏。长三角地区的海防主要由两江总督、浙闽总督、漕运总督协调共管。没有总督之省则是巡抚，操练和征战由提督和总兵负责。

镇戍体制在明代具有临时性色彩，而清政府则将绿营经制化。八旗、绿营都是一种世兵制度，兵皆世业，军士当兵吃粮，一家多口要靠俸饷度日，绿营分陆营和水师两个兵种，陆营有马兵、步兵、守兵三类。绿营兵的拔补原则和程序是"骑（马）兵拔于步战兵，步战兵拔于守兵，守兵拔于余丁，无余丁乃拔于民。"

驻军组织有标、协、营、汛四级，总兵以上的官员率领的绿营兵叫标兵，标有督标（总督统辖）、巡标（巡抚统辖）、提标（提督统辖）、镇标（总兵统辖）、河标（河道总督统辖）和漕标（漕运总督管辖）。后三标与前一标（督标）相并列，标兵是绿营的精锐；标下是协，由副将统领。协下是营，由参将、游击、都司、守备分别统领，营兵是绿营的主力；营下为汛，由千总、把总分别统领。总督除管督标各营外，还管本区内巡标、提标、镇标诸标，而巡抚没有管辖提标、提标诸标权。标辖二至五营，分称中、左、右、前、后营，居中镇守，以备征调。绿营以营建制，各标均以营为基本单位，营的统领是参将、游击、都司和守备，地位与州县官相当（表1-3）。

清代营汛统及统领官员级别对照表　　　　　　　　　　　　　　　　表1-3

	统领官员	驻军单位级别	
1	总督、巡抚	省级：都标（含：漕标）、抚标	标营
2	提督、总兵	镇级：提标、镇标	
3	副将	协营	
4	参将、游击、都司、守备	营	
5	千总、把总、外委	汛	

清代还设有水师，长三角地区为南洋水师驻防区域。长三角地区在清代设吴淞、江阴、舟山三大军港，雍正时，沿海总督、巡抚要定期出洋巡视海疆。

（二）八旗绿营兵制下的长三角地区海防聚落层级体系

清代绿营兵制基本继承了明代的营兵制并有所发展完善。清代长三角地区海防由江南水陆提督（驻松江）、浙江水陆提督统辖（驻宁波）；又分为狼山（驻通州）、苏松（驻吴淞）、定海（驻舟山）三镇总兵分镇江北、江南、浙北地方，京口镇水师、苏州镇水师则分段巡防长江水域；各分镇以下又设有营这一绿营制最重要的军事单位，营根据隶属关系分为督标、提标、镇标等标营和派驻各城堡的营；营根据官阶又分为两级，高级别的以参将、游击为主官的参游级营和以守备为主官守备级营，参游级营往往兼辖守备营。例如，常州营就兼辖右军宜兴、中军常州、左军无锡三个守备营；营以下设汛，汛又分为两级：即由千总、把总驻防的大汛和由兵士驻守的小汛，例如，左军无锡营分设：分防东南千总、分防西北把总二大汛，其下各分设四五个小汛（图1-7）。

从层级图上可以看到，清代军事聚落体系的层级比明代更多，分得也更细。清代军事聚落体系在明代基础上**增加了大汛和小汛两个层级**，并有与之相对应的基层军事聚落，兵设有千总、把总等基层武官，形成了对广大地域层层管控、处处设防的防御系统。这一体系加强了对基层的管控，却使兵力趋于分散。过多的层级反而使得军事指挥和政令传达的效率降低；处处设防使得兵力分散，虽然对

第一章 长三角地区海防体系历史背景与建置

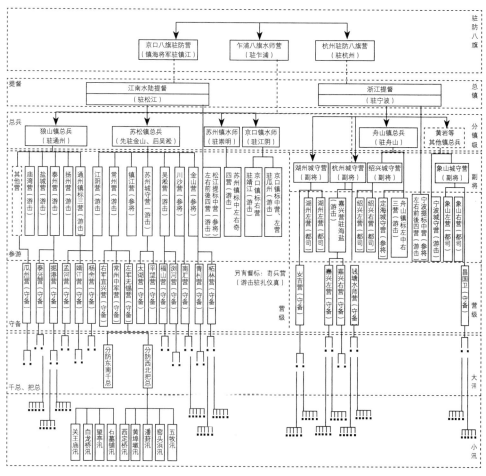

图1-7 八旗绿营制下清代长三角地区海防聚落层级体系图

于压制地方反抗势力起到一定作用，但不利于在面对强敌时集中优势兵力；地方武装化的绿营军在某种程度上可以说走上了卫所军的老路：绿营军虽然能较好地融入当地社会，但不愿意离开本乡本土迎击敌人，使得军队跨地域作战的机动性、战斗意志、训练水平都逐渐下滑。

四、三种军制的关系

从明代到清前中期经历了由卫所制、镇戍制（省镇营兵制）到八旗绿营制的发展过程。三种军制中，明初的军事制度以都司卫所为主，到明中后期逐渐式微，但到清代也并没消失，在长三角地区继续发挥着漕运和屯田等功能；营兵制（镇戍制）在明前期就已出现，到嘉靖年间逐渐占据了主导地位；清代在继承明代营兵制的基础上发展出了绿营兵制与八旗制，共同构成了清代前中期的主要军事制度（图1-8）。

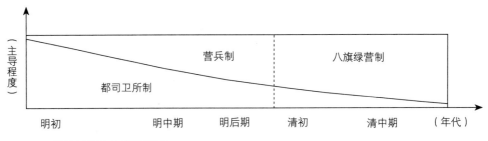

图1-8 明清军制演变关系系图

（一）征兵方式：世兵制—募兵制—世兵制

卫所制从征兵方式上实行的是世兵制，也就是军户世代为兵。明代民户分为三类，《明史·食货志》载："凡户三等：曰民，曰军，曰匠。"并规定世代不得脱籍。明中前期的海防卫所军士均为世袭"军籍"，并不得随意脱籍，经都司由五军都督府统管，称为"世兵制"。而省镇营兵制是由民籍或军籍中招募的军士，保证了兵源的素质。当战事结束或军士年长后原则上都要退役还籍。而绿营军在清初时曾与明代营兵制一样主要为募兵，后来很快转为世兵制，士兵世代为军。与卫所军制不同的是，卫所军往往是举家背井离乡去异地的卫所城服役，而绿营军通常是征召本地土著成为世代军籍。

明清各时期海防军事制度比较详表　　　　表1-4

内容/时期	明前期	明中后期	清前中期
海防制度形式	都司卫所制	省镇营兵制（镇戍制）	八旗绿营制
军队编制体制	卫所制	营哨制	营汛制
军队组织形式	屯兵制	营兵制	绿营兵制
征兵方式	世兵制	募兵制	募兵制（初期）世兵制（中期）
兵源籍贯	外地移民为主	外地本地均有	本地土著为主
是否军籍	军籍	民籍	军籍
兵力数量	国家经制、人数变化小	根据需要扩编或缩编	国家经制、人数变化小
薪饷来源	屯田所获	国家财政	国家财政
薪饷数额	较低	较高	较低
部署特点	总体分散、聚落层级较少	较集中、聚落层级较少	分散、聚落层级较多
军队主要构成	旗军、屯军	标兵、营兵、守城兵	标兵、营兵、守城兵、汛兵

（二）组织形式：屯兵制—营兵制—营汛制

明清海防军事组织形式为"屯兵制""营兵制""营汛制"三种。"屯兵制"存在于整个明代和清初，但在明中期以后地位逐渐衰弱；"营兵制"在明代中后期成为海防军事力量的主要组织形式；到清代"营兵制"又转化为"营汛制"。

屯兵制是为了减轻中央的财政负担，明初在海防卫所实行"战时打仗，平时耕屯"的屯田制度。卫所军及官世袭，卫所军及官属军籍，携带家属，世居一地，并代代相传，基本上不再变动。每一卫所的驻地固定，军士数额固定，将官设置亦有定例。

营兵制就其组织而言，兵属营，由什长、队长、哨官、把总、守备、都司、游击、参将、副总兵、总兵统属，直属兵部。兵一般不世袭，但由卫所军转为兵者例外。兵无户籍的规定，兵服役期限不长，一般不终身服役，多战时创设，事毕汰兵撤营，但在重要的军事防御卫则常川戍守。营兵不随家属，更接近现代兵制。营伍官无品级，无定员，不世袭。营兵与营将相习，战时不需要朝廷任命，直接由总副参游统带出征。

营汛制是清代继承明代营兵制发展而来，以营为基本单位进行组建，以绿旗为标志。营主要是步兵，分为战兵和守兵两种。此外还有少许马兵（骑兵）和水师。其营制分标、协、营、汛四种。总督、巡抚、提督、总兵所属称标，副将所属称协，参将、游击、都司、守备所属称营，千总、把总、外委所属称汛。标、协管辖一至五营不等，营以下分若干汛。每营的人数少则二三百人，多则六七百人。按道里远近，计水陆冲缓，分汛布防。

（三）分工和军事布署特点方面

总体上讲，卫所制的特点可归结为八个字："家属共守，寓兵于农"。事实上，屯田确实为卫所自给自足，减轻了中央的财政负担，但也极大地削弱了海防军队的战斗力。卫所军和营哨军、营汛军后来实际上形成了一种分工关系：明代中期以后，卫所军主要负责驻守、治安、训练新兵和屯田漕运，而营哨军则主要负责机动作战；清代，卫所军专门负责漕运、屯田、提供部分兵源，营汛兵负责作战和地方治安。在清代长三角地区营汛军除了具有明代营哨兵的作战职能外，还承担了较多的弹压江南地区人民，维护地方治安的职责。

在军事布署方面，卫所军在长三角地区沿海及内地各要地均屯兵驻防；营哨军主要是在军事要地重点布防；而绿营制下的营汛军除了几个战略要地，更多地是化整为散，分散布署于长三角各州县市镇。军事聚落的分布由卫所军的分布式驻防到营哨军的重点镇戍，再演变为绿营军的多层级分散分布。从卫所制到镇戍制再到绿营制，长三角地区海防聚落由外地世兵到募兵再到本地世兵，聚落层级也进一步增加，使得长三角地区海防聚落形成多层级的半树型半网状的结构体系。

第三节　军事聚落驻城职官体系

长三角地区军事聚落分为不同的层级。而驻扎在这些聚落的军官级别往往决定着这些聚落的层级。通过对驻城职官体系的梳理可以了解长三角地区的海防聚落是如何被组织成一个复杂而有序的系统的。

明代以都指挥使司、布政使司、按察使司并称三司，分别为掌管军事、政治、司法职能的权力机构，使得地方权力不过分集中并相互制衡。之后因为担心官员营私舞弊，派御史、按察使司的官员巡视各府、州、县，考察官吏和军务。又于按察使司下设立按察分司，而后又改为道。

根据《明史》《筹海图编》《江南经略》等文献，我们可以看到，明清长三角地区军官由文职和武职两大体系构成，实行文武相制的政策。明初以后，武官地位开始逐渐由高转低，逐渐实行以文统武的政策。在地方上，仁、宣以后临时派驻的巡抚、总督逐渐成为各地军事、民政、监察等最高权力的代表，都司只能屈居其次。另一方面，明代中后期因嘉靖、万历朝抗倭战争的需要，设立了参将、守备等官职，但这些镇戍官职在明代并无品级，也无定员。总镇一方者为镇守，独镇一路者为分守，各守一城一堡者为守备，与主将同守一城者为协守。

清代继承了明代中后期的职官体系，并将这些文武职官体系完善，临时派驻的职官多成为定职。由此，明代镇戍官的位阶也可参考清代相应官职的品级。

一、文臣监军职官体系

明代实行以文制武的文臣监军制度。文臣监军系统共分四个层次：总督、巡抚、巡按、兵备道。其中，中央层级的监军主官主要有总督、巡抚、巡按等；地方专职的监军主要为兵备道（兵备使或兵备副使）、分巡道、海防道官员兼任（表1-5）；另外，在府、州内还有分管军防事务同知等官职。对于总督、提督、巡抚这三者，按现今的情况类比：总督相当于现在的几省省长兼大军区司令，巡抚是省长或副省长，提督类似省军分区司令。

长三角地区明代兵备道及驻地、设官表　　　　　表1-5

	名称	兼理	驻地	辖地
1	淮扬兵备道	海防道	泰州	扬州、仪征、高邮等卫，泰州、盐城、通州等所。管理各卫所京操官军
2	苏松常镇兵备道		太仓	苏州、松江、常州、镇江四府
3	嘉湖兵备道	兼分巡道	嘉兴	分巡嘉兴、湖州二府，兼管兵备
4	杭严兵备道	兼分巡道	杭州	分巡杭州、严州二府，兼管兵备及前后二卫军兵、各府县民壮团练，督捕水陆盗贼
5	宁绍兵备道	兼浙江海道	宁波	巡海，兼理宁波、绍兴二府兵备，经营沿海卫所，管理水陆兵粮

监军官员主要为监察系统的御史、按察使等官员担任。明朝时期，专设行使监督职权的机构——都察院，都御史即为都察院的长官。明朝都察院的长官为左右都御史（正二品），下设副都御史（正三品）、佥都御史（正四品），下设的十二道监察御史为正七品。例如：为加强江防，明都察院置提督操江一人即操江都御史，主管上下江防，以副佥都御史充任，为从四品；又设有巡江监察御史，为正七品。清朝时沿袭明制，但品级等略有不同，如都御史清代为从一品。

二、武臣职官体系

明代中后期的总兵、参将等武职并不是常设型官职，到了清代则固定下来成为定职并有了明确的官阶。武官到明中期后实际权力不如同级文官。

（1）提督

提督为武职官名，全称为提督军务总兵官。明朝的"提督军务"到了清朝就成为正式的"提督"一职，品级为从一品，通常为清朝各省绿营最高主管官。在品级上要高于巡抚，但受总督辖制，明代经常有巡抚提督军务的情况。清朝共在中国各地设置12名陆路提督、2名水陆提督、3名水师提督。长三角地区在清代由2名水陆提督（江南水陆提督、浙江水陆提督）管辖。

（2）总兵

总兵的全称是镇守总兵官，在明代是镇守地方的最高军事长官，但无品级。遇有战事，总兵佩将印出战，结束缴还，后渐成常驻武官。总兵在清代为正二品，受总督、巡抚和提督辖制，掌理本镇军务，又称"总镇"。总兵直接统辖的绿营兵称"镇标"。明代长三角地区设镇守浙直地方总兵（俞大猷等，驻临山）、协守浙直地方副总兵（卢镗等，驻金山）、狼山等处地方副总兵（邓城等，驻通州）。

（3）参将

参将位于总兵、副总兵之下，在明朝为分守一路的地方统兵官。长三角地区嘉靖时期共六位参将，分守盐城、扬州、常镇、苏松、杭嘉湖、宁绍各路。

（4）游击将军

游击将军是担任总督、巡抚或总兵之下的各标兵营以及调入长三角地区客兵营的军士长官，位在参将之下，率游兵往来防御。如果说参将可看作有固定防区的师级官职，游击将军可看作是防区相对灵活机动的旅级官职。明代长三角地区曾在崇明、仪征各路交界处的防守要地设游击将军。

（5）都司

都司为官阶在守备、把总之上，游击之下的官职。嘉靖三十九年，巡抚翁大立奏设都司一员，移圌山把总驻营前沙，吴淞游兵把总驻竺泊沙，往来会哨。"外洋南至洋山，浙直会哨于此，为苏属七总水师南巡汛地"。这就是长三角地区在长江南江北设立过的游兵都司，江南以竹箔沙为基地的称南洋游兵都司，江北以营前沙为基地的称北洋游兵都司。

（6）守备

守备一般指专门守卫某座城堡的军事长官，即"各守一城一堡者为守备"。明代长三角地区的仪征、掘港均为重要军事城堡，故设守备守御。

（7）把总

把总是明代及清代前中期陆军基层军官名，在明代属京营、边军系统，秩比正七品，次于军中统率千名战兵之千总（守备），麾下约有战兵四五百人。如长江北的周家桥、长江南的南汇等把总。

但有些把总地位较重要，下辖一到数个卫所城，故位阶随之较高，须"以都指挥体统行事"。长三角地区带"以都指挥体统行事"的有浙江沿海的定海、临观、昌国、海宁四个备倭把总及苏松的刘家河把总共五个把总。由此可见，虽然均为把总，但其中也有明显差异（表1-6）。

明清军事聚落驻城官员品级对照表　　　　表1-6

	卫所制	省镇营兵制	绿营兵制	文官监军
1				总督（正二品）
2		提督	提督（从一品）	巡抚（从二品）
3	都指挥使（正二品）	总兵官	总兵官（正二品）	巡按（正三品）
4	都指挥同知（从二品）	副总兵	副将（从二品）	
5	卫指挥使（正三品）	参将	参将（正三品）	兵备副使（从四品）
6	卫指挥同知（从三品）	游击将军	游击将军（从三品）	府同知（正五品）
7		都司	都司（正四品）	
8	所正千户（正五品）	守备	守备（正五品）	
9	百户（正六品）	把总	千总（正六品）	监察御史（正七品）
10			把总（正七品）	
11	巡检（从九品）		外委千总（正八品）	
12			外委把总（正九品）	

三、明嘉靖年间长三角地区军事聚落职官体系

长三角地区军事聚落体系具有内在的层级结构。各个层级间和各层级的军事聚落间彼此联系，互相支援，形成了组织有序的防御网络。

第一章 长三角地区海防体系历史背景与建置

军事聚落体系的层级与聚落在军制体系中的层级相关,可由驻城官员的官阶级别判断。因为较高官阶的官员所驻城在军事上地位更重要,一般对应着较多的统兵数量和聚落规模。在明清时期,长三角地区先后出现了都司卫所制、总兵镇守制、绿营制三种军制体系。其中,都司卫所制在明初建立起来,明代中后期逐渐式微,到清代卫所主要为军队提供后勤和兵员;明中后期总兵镇守制逐渐取得了主导地位,清代的绿营制继承了镇戍制并趋于完善。因明嘉靖年间长三角地区的职官体系较具代表性,故将其职官体系按文武职官阶和防区详列如下:

其中:☆△○等空心符号代表文职官员,★▲●等实心符号代表武职官员;
官阶大小按:☆☆☆>☆☆>☆>△>○排列。

明嘉靖年间长三角地区军事聚落职官总览[①][②]:

☆☆☆　总督浙、直、福军务兼巡浙江都御史(直浙总督),胡宗宪(兵部尚书、右都御史,正二品)等(不同时期曾驻杭州、嘉兴、定海)

☆☆　督查直浙军务侍郎;赵文华(右副都御史,正三品)等

★★★　镇守浙直地方总兵官,俞大猷等(不同时期驻扎杭州、临山;嘉靖三十四年设,总理浙直海防;嘉靖四十二年,改镇守浙江)

★★　协守浙直地方总兵官(副总兵),驻扎金山

☆☆☆　总督漕运兼提督军务巡抚都御史,驻淮安

★★★　总督漕运总兵官,驻淮安

江北

☆☆　提督淮扬军务巡抚都御史,郑晓等

☆　巡按淮扬监察御史

△　整饬淮扬兵备副使(海防道),驻泰州

★★　提督狼山等处地方副总兵(旧为参将,与海防道相策应),邓城等,驻扎通州(下辖:各参将、守备。统辖:狼山、掘港、周家桥、大河口守把等官,领水陆军八千余人。辖区:水路——自瓜仪、周家桥、掘港、直抵庙湾、云梯关;陆路——自通泰、淮扬、天长、直抵凤、泗)

▲　扬州参将

▲　盐城参将

▲　统领兵勇游击将军,驻仪征

▲　北洋游兵都司,驻营前沙(崇明县北)

[①] (明)申时行等修. (万历)大明会典. 卷126,兵部九,镇戍一.
[②] (明)郑若曾. 李致忠点校. 筹海图编. 卷5. 浙江防官考[M]. 北京:中华书局,2007:300-301.

- 仪征守备
- 掘港守备
- 大河口把总
- 周家桥把总
- 狼山水兵把总
- 三江口把总

长江

☆ 操江都御史
○ 巡江监察御史

江南

☆☆ 提督应天军务巡抚都御史
☆ 巡按苏松监察御史
△ 整饬苏、松、常、镇兵备使，驻扎太仓州
△ 整饬苏、松兵备副使
△ 整饬常、镇兵备副使
△ 添设海防佥事，驻扎上海
★★ 江南副总兵（嘉靖三十二年，驻扎金山卫；嘉靖四十三年，改驻吴淞；辖区：专管江南水陆兵务）
▲ 分守苏、松参将，驻扎金山
▲ 分守常、镇参将
▲ 游击将军，万历二年移驻崇明
▲ 南洋游兵都司，驻扎竹箔沙（崇明县东南）①
- 刘家河把总（以都指挥体统行事）
- 吴淞江把总
- 南汇把总
- 川沙把总（嘉靖三十九年添设，拨金山卫千户一员防守）
- 青村把总
- 柘林把总（嘉靖三十九年添设，拨金山卫千户一员防守）
- 福山港把总
- 镇江把总
- 京口、圌山把总

---

① 《大明世宗肃皇帝宝录卷四百八十四》载："添设柘林川沙各把总一员改吴淞江游兵把总为南洋游兵都司驻竹箔沙图山游兵把总为北洋游兵都司驻营前沙俱于浙江都司列卫支俸从巡抚应天都御史翁大立请也"。

浙北
- ☆☆ 提督军务兼巡抚浙江等地方佥都御史，朱纨等
- ☆ 巡按浙江监察御史
- △ 巡视海道（海防道）副使，驻扎宁波
- △ 整饬杭、嘉、湖兵备副使，驻扎省城
- △ 整饬宁绍兵备副使，驻扎绍兴
- ▲ 分守杭、嘉、湖参将，张四维等（嘉靖三十五年设，专驻海盐）
- ▲ 分守宁、绍参将，戚继光等（嘉靖三十九年设，驻扎舟山或宁波）
- ▲ 游击将军
- ● 定海备倭把总（以都指挥体统行事）
- ● 昌国备倭把总（以都指挥体统行事）
- ● 临观备倭把总（以都指挥体统行事）
- ● 海宁备倭把总（以都指挥体统行事）

第四节 军事聚落兵力组成与功能

军事聚落体系是由一个个军事聚落为基本单元组成，各军事聚落的兵力组成反映了军队的功能特点。长三角地区的兵力组成值得关注的是：卫所聚落拥有较大规模的运军，漕运是这些卫所除了防御作战和屯田之外的一项主要功能。

一、军事聚落兵力组成

军事聚落作为具有军事防御职能的特殊聚落，各聚落中的主要成员——各级官兵的军种或职能构成及其人数比例可以反映聚落的功能和特点。卫所兵制，是一种寓兵于农，守屯结合的建军制度。朱元璋说："吾养兵百万，不费百姓一粒米。"卫所军聚落中，军人有家眷同住称为军户，也就是户籍种类属军籍之户。军户的主要的义务，便是出一丁男在卫所当兵，称作正军，其他子弟称作余丁或军余，正军赴卫所，免全部差役，而余丁亦可免其他差役，以保障其生活并供给正军之生活。正军服役于卫所，通常带妻同行，以安定生活并生儿育女，每一军人有房屋、田地。军士在营，分成守备和屯田二部分，比例不定，按时轮流，屯田固定上交粮食，以供给守备军及官吏，其目标在养兵而不耗国家财力。

通过统计位于长三角地区东部沿海、中部腹地、西部沿运河的三处卫所：盐城千户所、兴化千户所、仪征卫的兵力组成情况以了解不同位置的卫所聚落兵力组成的特点和规律。

（一）盐城守御千户所官兵组成[①]

盐城守御千户所是位于海岸边的一线海防千户所。负责江北防区左翼海岸地带的防守。根据《盐城县志》记载，可了解到盐城千户所的士兵由负责作战的备倭、京操、守城等军和负责漕运的运军、负责屯田的屯军等组成。其中，京操和运军为旗军，屯种军以军余担任。

由盐城所兵力构成比例图（图1-9）和兵力组成表（表1-7）可知：

1）屯田军仅占了军队人数的五分之一，比仪征等后方卫所明显少，更远低于七分屯种的比例。可见，盐城作为海防一线的守御千户所，屯田的重要性较低；

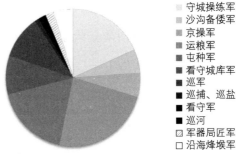

图1-9 盐城所兵力构成比例图

2）运粮军仍然占了军队人数的将近四分之一，可见物资运输仍是盐城所军队的一项重要职能，其中一半是海运军，说明盐城还是重要的海运军港，有部分漕粮由盐城海运；

3）以守城、京操军、备倭军、沿海烽堠军等为主的作战部队占总兵力的三分之一左右，比例高于仪征卫，也略高于三分守城的边地比例，可见盐城作为一线海防聚落海防作战任务更重；

盐城所兵力组成一览表　　　　　表1-7

官兵分类	军官人数	士兵人数
千户	正千户4员 副千户9员	
百户	百户11员	
	总旗20名	
	小旗80名	
守城操练官军		军360名
守把四门军		军110名
沙沟备倭官军		
沿海烽堠官军		官军91名
京操军		旗军112名

[①]（明）杨瑞云修. 夏应星撰. 盐城县志. 卷2. 兵防. 据明万历十一年（1583年）刊本影印//中国方志丛书，华中地方（451）. 台北：成文出版社，1983：91-93.

续表

官兵分类		军官人数	士兵人数
其中	春班		旗军49名
	秋班		旗军63名
运军			旗军464名
其中	河运旗军		军220名
	海运旗军		军244名
屯种军			军余350名
巡捕、巡盐军			军20名
其中	巡捕军快		军10名
	巡盐军快		军10名
看守军			军24名
其中	其中		军4名
	看监军牢		军10名
	看所门子		军10名
军器局匠军			军40名
看守城库老幼军			军180名
总计			军1751名

4）拥有一定数量的看守城库军，说明盐城是重要的盐、粮物资储藏中转地；

5）盐城所的军队还行使巡逻、巡盐、巡捕等缉查走私的军警职能；

6）盐城所具有军器局这一专门从事武器装备制造的机构。

（二）兴化守御千户所官兵组成[①]

兴化守御千户所是位于海岸和运河间的二线千户所。兴化负责对一线的盐城所进行协防和策应，同时与位于海防三线的高邮卫有着较密切的联系。根据《兴化县新志》记载，可了解到：兴化千户所的士兵有备倭军一支派驻沿海一线沙沟镇协防盐城所，又有春班操军归附高邮卫；另有作战的京操、守城等军和负责漕运的运军、负责屯田的屯军等。军队分城、乡驻扎，屯田军在乡，其屯田和屯所均有较详细的记载。总体上可以看出，兴化所在位于海防前沿的盐城所和位于运

---

① （明）欧阳东凤修. 严铉等撰. 兴化县新志. 卷3. 城池. 所署. 据明万历十九年（1591年）手抄本影印//中国方志丛书，华中地方（449）. 台北：成文出版社，1983：140-145.

河线上的高邮卫之间起到了联络作用，并且为它们提供以一定的屯田粮食和兵力支援。

由兵力构成比例图（图1-10）和兵力组成表（表1-8）可知，兴化所的兵力构成与盐城所类似：

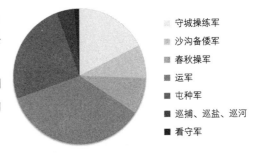

图1-10　兴化所兵力构成比例图

兴化所兵力组成一览表　　　表1-8

官兵分类		军官人数	士兵人数	其他
千户		千户13员		
百户		百户11员		
镇抚、吏目、司典		各1员		
总旗		20名		
小旗		80名		
守城操练官军			军250名	
沙沟南营备倭军			军112名	
春秋操军			123名	
其中	京操军（秋班）		101名	
	春班操军		22名附高邮卫	
运军			497名	运船50只
屯种军			军350名	共7营屯所 每所屯军50名 屯田10500亩
巡捕、巡盐、巡河军			60名	
看守军			军18名	
其中	直厅军牢		10名	
	看监军牢		4名	
	看所门子		4名	
总计			军1410名	

1）屯田军占了军队人数的四分之一，比盐城所略多，也低于七分屯种的比例。可见，兴化作为海防二线的守御千户所，屯田的重要性比居于后方的仪征卫低，但高于一线的盐城所；

2）运军占了军队人数的将近三分之一，可见物资运输是兴化所的一项重要职能；

3）以守城、京操军、备倭军等为主的作战部队占总兵力的三分之一左右，比例高于仪征卫，与盐城所接近，这是其作为二线海防聚落策应一线海防作战任务的需要；

4）兴化所同样行使巡逻、巡盐、巡河等缉查走私的军警职能。

(三) 仪征卫官兵组成①

仪征在洪武初设守御千户所，洪武十三年升为仪征卫，下辖左、右、中、前四千户所，后实行镇戍制，设守备。仪征卫为运河沿线的卫城，同时又濒临长江。负有保卫运道和为一、二线卫所提供后倾保障的职责。根据《仪征县志》记载，可了解到兴仪征卫的士兵除了京操、守城等军和负责漕运的运军外负责屯田的屯军比例较高，又因靠近长江，还专设有巡江军。仪征卫军官较多，包括表1-9中已列出的共有：守备1人，指挥使3人，指挥同知7人，指挥佥事11人；经历1人，知事1人，卫镇抚3人；吏令史2人，典吏6人，司吏5人；各所千户正8人，副23人，所镇抚6人；百户53人。

仪征卫兵力组成一览表　　　　表1-9

官兵分类		军官人数	士兵人数
卫署掌印官		军政指挥1人，佥书指挥2人	
四所掌印官		军政掌印千户4人，掌印百户36人	
守城军		百户8人	军余100人
城操军		指挥1人，千百户12人	军余500人
京操军	春班	官指挥1人	旗军133人
	秋班	官指挥1人	旗军426人
运粮军		指挥1人，千户3人，百户5人	军余1100人
屯田军		指挥1人	军舍2115人
巡江军		指挥1人，千户1人，百户3人	军余200人
巡捕		指挥1人	军余30人
巡盐		指挥1人	军余30人
巡河		指挥1人	军余12人
提监		镇抚1人	军禁11人
管局		指挥1人	军余30人
鼓、角、谯楼军		镇抚1人	军余12人
总计		84人	4699人

---

① (明) 申嘉瑞等撰修. 仪征县志. 卷13. 武备考. 据明隆庆刻本影印//天一阁藏明代方志选刊. 上海：上海古籍书店，1963.

由仪征卫兵力构成图（图1-11）可知：

1）屯田军所占比重低于"二分战守、八分屯种"的卫所军传统耕战比例，说明仪征卫并不是典型的以屯田为主的卫城；但屯田军占了仪征军队人数的将近一半，远高于海防一、二线卫所，故屯田仍是仪征卫官兵一项很重要的职能；

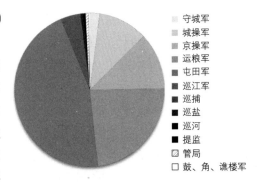

图1-11 仪征卫兵力构成比例图

2）运粮军占了仪征军队人数的将近四分之一，可见运粮（漕运）是位于大运河沿线的仪征卫的一项重要职能；

3）以京操军和城操军为主的作战部队占总兵力的四分之一左右，占比较一二线卫所少，但总数达一千多人，仍然是重要的防御力量；

4）仪征紧靠长江，专设巡江军，体现了江防（巡逻长江水域）在仪征卫的防务中的重要性；

5）仪征卫军还行使巡盐、巡河、巡捕等警察性质的职能。

综合比较盐城所、兴化所、仪征卫兵力构成，可以看到：卫所军的分工非常细化，已不是《明史》所记载的"边地，三分守城，七分屯种。内地，二分守城，八分屯种"可以概括了。总的来说，以卫所城为代表的海防聚落具有防御作战、粮食生产、物资运输、生产制造、巡逻缉私等多种职能，是功能较为完善的聚落单位。参与防御、作战的军队总体比例较高，体现了这些卫所海防任务繁重。而运军占卫所军兵额的四分之一左右是长三角地区卫所聚落的一个重要特点，说明后勤补给的重要性，也表明运军是长三角水网地区漕运的主要承担者。卫所依据所处海防体系空间位置的不同，兵力配置也有所区别：海岸防线、中间防线、运河防线上的卫所兵力组成比例有所不同，沿海相对偏重作战，内地偏重后勤补给。

二、军事聚落功能研究

卫所官兵的不同分类反映了海防卫所具有的各种职能，有必要对其主要职能进行研究。长三角地区卫所的主要职能有军事防御、屯田、漕运和缉私等。

（一）军事防御

军事防御是长三角地区军事力量的首要职责。具体又可分为：守城、京操、抗倭等。

备倭军和**沿海烽堠军**是海防卫所特设的海防一线部队，负责海岸的警戒和防御任务。备倭军之名来源于备倭都司，是为防御倭寇海盗侵略而设的精锐武装力量。沿海烽堠军是驻守沿海烽堠执行瞭望警戒任务的军人。一旦发现敌情，烽堠军要迅速向各卫所营堡传烽飞报。得注意的是，长江等江河两岸的烽堠一般由巡检司等地方军警部队管辖。

守城军和城操军可合称为守城操练军，通常简称为守城军。他们与把守城楼和角楼的军士组成了防守卫所城的主要防御部队，他们主要凭借城池设施保卫所在城堡的安全，一般不参与出城进攻作战。

京操军又称班军，是明代军事体制中的一个重要组成部分。"班军者，卫所之军番上京师，总为三大营者也"①。班军分为春秋两班，抽调卫所军士轮番进京检阅。京操军为正军，是卫所军中主要机动作战力量。京操不仅具有检阅训练的功能，还担负拱卫北京的重任。京操军"春秋各以八万赴班，与营兵同操，诚得强干之意"②。

（二）屯田

屯田是明代卫所的又一主要职能。如《太祖实录》载："天下卫所军卒，自今以十之七屯田，十之三守城，务尽力开垦，以足军食。"为了实现军队自给自足，军士按一定比例进行屯种，时称军屯。清顺治三年（1646年）改卫军为屯丁，每卫设守备一人兼管屯田。

通过分析长三角地区各府县地方志屯田相关数据（表1-10～表1-14），可以发现一些规律：

扬州备倭都司下属卫所屯田一览表③　　　　　表1-10

卫所名称	屯种军	屯田	每年纳粮
扬州卫	4440名	水屯：348顷47亩	夏麦4874石
		陆屯：201顷74亩	秋粮4874石
高邮卫	4440名	水陆屯田613顷75亩	夏麦4756石 秋粮5005石
仪征卫	3532名	水屯：626顷68亩	夏麦5115石
		陆屯：419顷4亩	秋粮□□□石
通州千户所	882名	水屯：16顷1亩	夏麦336石
		陆屯：16顷1亩	秋粮336石

---

① 明史. 卷90.
②《明经世文编》卷287，王之诰《论戎政疏》。
③（明）盛仪. 嘉靖维扬志. 卷10. 军政志［M］. 据宁波天一阁藏明嘉靖残本影印//天一阁藏明代方志选刊. 上海：上海古籍书店，1963.

续表

卫所名称	屯种军	屯田	每年纳粮
泰州千户所	882名	水屯：20顷12亩 陆屯：19顷18亩	夏麦336石 秋粮336石
盐城千户所	882名	水陆屯田175顷	夏麦1050石 秋粮1050石
兴化千户所	882名	水陆屯田105顷	夏麦秋粮共1100石

注：□为史料不可辨认。

杭州卫屯田一览表①② 表1-11

卫所名称		屯田位置	屯田面积	屯军数量	实征粮米
杭州前卫	宣德十年	余杭等县	330顷35亩	2263名	6374石
	成华十一年	余杭等县	331顷67亩	6456名	6487石
	万历六年	仁和等县	323顷85亩	3254名	9284石
其中	左所	仁和、余杭、钱塘、于潜县	74顷17亩		2112石
	右所	仁和、余杭	43顷82亩		1420石
	中所	仁和、钱塘	79顷80亩		2122石
	前所	仁和、余杭、钱塘	65顷28亩		1762石
	后所	仁和、余杭、钱塘	56顷80亩		1675石
杭州右卫	宣德十年	仁和等县	371顷13亩	2016名	9943石
	成华十一年	余杭等县	371顷70亩	6456名	6641石
	万历六年	余杭等县	357顷80亩	3949名	10774石
其中	左所	余杭、钱塘等县	67顷8亩		2101石
	右所				
	中所	原稿缺			
	前所				
	后所				

---

① （明）陈善. 杭州府志. 卷36. 兵防下［M］. 据明万历七年（1579年）刊本影印//中国方志丛书，华中地方（524）. 台北：成文出版社，1983：2602-2605.
② （明）陈善. 杭州府志. 卷35. 兵防上［M］. 据明万历七年（1579年）刊本影印//中国方志丛书，华中地方（524）. 台北：成文出版社，1983：2582-2584.

第一章 长三角地区海防体系历史背景与建置

仪征卫屯田一览表① 表1-12

卫所名称	屯种军	军屯田地		纳粮	同期户口②官民田地③
仪征卫（洪武）	屯种旗军2498人	1235顷48亩			户口：2746户，14484丁口
		其中	地495顷63亩		官民田地塘：1090顷46亩
			田739顷84亩		
仪征卫（嘉靖）	屯种军舍余丁2144名	种原额并新增田地1059顷89亩		纳夏秋子粒11245石	户口：2678户，13141丁口
		其中	粟田636顷63亩	粟米6089石	官民田地塘：1135顷97亩
			地423顷26亩	夏麦5157石	
其中	左所	屯田有月塘等32处			
	右所	屯田七里井等28处			
	中前所	屯田有青山等32处			

嘉兴所屯田一览表④ 表1-13

	千户、百户名	屯田位置	屯田面积	屯军数量
	嘉兴千户所（永乐二年）	二十三都等抛荒田地	110顷13亩	890名
其中	百户康泰管领	嘉兴县长水乡二十一都	10顷88亩	80名
	百户罗雄管领	白苎乡十五都	11顷6亩	90名
	百户曾贵管领	长水乡二十一都	11顷8亩	90名
	百户王暹管领	秀水县零宿乡二十三都	10顷86亩	90名
	百户郑春管领	复礼二十九都	11顷6亩	90名
	百户郑礼管领	象贤乡二十二都	11顷10亩	90名
	百户刘昊管领	复礼十九都	11顷8亩	90名
	百户高安管领	嘉善县迁善乡三十四都	11顷	90名
	百户范信管领	迁善乡三十四都	11顷	90名
	百户刘保管领	麟瑞乡三十五都	10顷93亩	90名

---

① （明）申嘉瑞等. 仪征县志. 卷13. 武备考［M］. 据明隆庆刻本影印//天一阁藏明代方志选刊. 上海：上海古籍书店，1963.
② （明）申嘉瑞等. 仪征县志. 卷6. 户口考［M］. 据明隆庆刻本影印//天一阁藏明代方志选刊. 上海：上海古籍书店，1963.
③ （明）申嘉瑞等. 仪征县志. 卷6. 田赋考［M］. 据明隆庆刻本影印//天一阁藏明代方志选刊. 上海：上海古籍书店，1963.
④ （崇祯）. 嘉兴县志. 卷15. 政事志. 兵防. //日本藏中国罕见地方志丛刊. 北京：书目文献出版社，1991：631.

镇江卫中所、前所（驻泰兴）屯田一览表　　　　表1-14

卫所名称		屯所名称	屯田面积
镇江卫中所、前所（驻泰兴县）	前所屯田 共102倾97亩	李家营	36倾5亩
		朱家营	18倾3亩
		王家营	东王营田21倾71亩
		杨家营	西王营田27倾17亩
	中所屯田 共171倾9亩	曹官营	22倾45亩
		王官营	20倾43亩
		吴官营	19倾99亩
		管官营	21倾18亩
		朱官营	20倾22亩
		李官营	24倾72亩
		杨官营	18倾74亩
		翟官营	23倾32亩
总计			274倾6亩

1．屯军人数经历了增减变化过程

各卫所屯军数量在明代呈现出先增加再减少的趋势。例如杭州前、右二卫，宣德年间屯军数量均为二千多人，成化年间增长到六千多人，万历年间又下降到三千多人。这种趋势仪征卫也存在。这可能是因为，明前期在卫所制下，卫所人丁兴旺，故从事农业生产的屯军明显增加；明中期以后，卫所制逐渐势衰，因军户逃亡等原因，造成屯军减少。

2．各时期屯田数量变化不大，各地区屯田面积差别较大

从杭州、仪征等卫所统计数字可看到：与屯军人数变化较大的情况不同的是，这些卫所屯田面积各时期的变化并不大，有些研究指出明代中后期卫所屯田被侵占的情况较严重，但至少这几个卫所这种情况不明显。从表1-10可以了解到，扬州备倭都司下属的各卫或各所拥有的屯田数量有较大差异。卫城中仪征卫拥有屯田最多，超过千顷，高邮卫与扬州卫为五六百顷，高邮两卫。千户所也有类似情况，盐城所屯田较多达175顷，通州所仅有屯田32顷。这与苏北各地人均田地的基本情况是一致的，盐城地区人均田地相对较多，而通州、特别是泰州地区一直存在人多地少的情况。再就是卫所屯田存在一定的水田和陆田的比例，这与当地农田的比例情况基本一致。

就屯田面积和屯军数量而言，总体上位于第二、三防线，特别是第三防线的卫所屯田和屯军数量较多，位于海防一线的相对较少。

3．卫所军分驻城乡，屯田位置较为分散

卫所军并非只驻扎在城中，《杭州府志》记载："杭州右卫，所辖五所诸百户，在城者三十二人，在屯者一十八人。"① 为了屯田方便，屯田军通常驻扎于乡间。据《兴化县志》记载："兴化在城三营六总，在乡七屯，每屯所田1500亩、屯军50名。"可见，屯军是以屯所的形式驻扎于乡下。而由《嘉兴县志》和杭州、兴化、泰州等志都可看出，各屯所和屯田的位置并非集中于一处，而是分布较为分散。究其原因，长三角地区卫所，多数为半实土或非实土卫所，军屯较多利用空地和民田多为错杂分布。

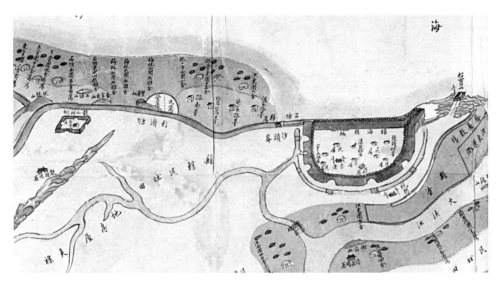

图1-12　清代镇海土地分类图（局部）
（资料来源：大英图书馆《镇海县土地分类图》）

（三）漕运

漕运是明清长三角地区卫所军负有的一项重要职能。除了部分沿海卫所以外，该地区的多数卫所都拥有负责漕运的运军。《杭州府志》载："旧制浙江十六卫、五千户所，凡处腹内者皆领运，而沿海者专备倭。法非若是异也，腹内少事变故，用之轮辕；沿海多烽警，故责以守御。"② 又有"自景泰五年以来，正军皆充漕役，更选余丁操备守城。"运军都为正军，守城反而为军余，可见对运军的重视。

1．运军制度由来

明永乐年间，为了给北京和北边提供补给，把江南的经济中心与作为政治中

---

① （明）陈善. 杭州府志. 卷36. 兵防下 [M]. 据明万历七年刊本影印//中国方志丛书，华中地方（524）. 台北：成文出版社，1983：2605-2606.
② （明）陈善. 杭州府志. 卷35. 兵防上 [M]. 据明万历七年刊本影印//中国方志丛书，华中地方（524）. 台北：成文出版社，1983：2592.

心的京师连接起来，同时避免遭遇倭寇的海上袭扰，陈瑄立主疏浚大运河，漕运改以河运为主。为了防御倭寇对漕运的威胁，又组建了负责漕运的运军。运军"无事则操舟而运饷，有事则可列伍而水战，寄危于安，藏兵于食"。[①] 到了清代这一制度也得到继承。

2．运军建制

明清设漕运总兵和漕运总督（总督漕运兼提督军务巡抚都御史；总督漕运总兵官）。总兵则兼镇守，总兵之下又设参将协助总兵处理漕运事务。参将之下，在全国按地区分为十二总，设十二把总。这十二总是南京二总、江北二总、江南二总、浙江总、中都总、湖广总、江西总、山东总、遮洋总。其中长三角地区有江北一总、江南一总、浙江总、遮洋总。各把总管理辖区内若干卫所的运军官兵。也就是说，各卫所中有一部分分管漕运的指挥、千总、百总等各级军管及其所统运军士兵，除了听命于各都司卫所长官外，还须听从各漕运把总的命令（表1-15）。

长三角地区各卫所运军漕运一览表[②]　　表1-15

把总	卫所名称	高级军官数	中级军官数	旗军数	船只数	运粮量
江北把总一	高邮卫	指挥1员 千户4员	所镇抚2员 百户8员	旗军1461名	浅船147只 每年造14只7分	44855石
	兴化所	千户1员	百户2员	旗军407名	浅船42只 每年造4只2分	12495石
	盐城所	千户1员	百户2员	旗军465名	浅船46只 每年造4只6分	14276石
	扬州卫	指挥1员 千户5员	百户9员	旗军1544名	浅船154只 每年造15只4分	44855石
	泰州所	千户1员	百户2员	旗军485名	浅船48只 每年造4只8分	14890石
	仪真卫	指挥1员 千户4员	百户5员	旗军1100名	浅船110只 每年造11只	33772石
江南下江总一	镇江卫	指挥1员 千户6员	所镇抚1员 百户5员	旗军2398名	浅船219只	73623石
	苏州卫	指挥1员 千户4员	百户7员	旗军1924名	浅船175只	59070石
	太仓卫	指挥1员 千户2员	百户6员	旗军1530名	浅船135只	46974石
	镇海卫	指挥1员 千户5员	百户10员	旗军1846名	浅船156只	56675石
	松江所	千户1员	百户3员	旗军500名	浅船50只	15351石
	嘉兴所	千户1员	百户2员	旗军400名	浅船40只	12280石

① （明）杨宏．漕运通志．卷4 [M]．漕卒表．明嘉靖四年（1525年）刻本．
② （明）杨宏．漕运通志．卷4 [M]．漕卒表．明嘉靖四年（1525年）刻本．

续表

把总	卫所名称	高级军官数	中级军官数	旗军数	船只数	运粮量
浙江总	杭州前卫	指挥1员 千户5员	百户10员	旗军2200名	浅船205只	68465石
	杭州右卫	指挥1员 千户4员	卫镇抚1员 百户10员	旗军2430名	浅船224只	74605石
	海宁卫	指挥1员	百户4员	旗军504名	浅船47只	15473石
	湖州所	千户1员	百户2员	旗军640名	浅船57只	19649石
	海宁所	千户1员	百户2员	旗军340名	浅船32只	10428石
	绍兴卫	指挥1员 千户5员	百户10员	旗军2770名	浅船270只	85044石
遮洋总	高邮卫	指挥1员	百户4员	旗军405名	浅船38只 每年造3只8分	21418石
	扬州卫	指挥1员	百户4员	旗军648名	浅船54只 每年造5只4分	30856石

3. 运军带货现象

明清漕运，准许运军附载私货和旅客，不征税收，"正统三年，户部复议，运粮官军合遵敕谕，顺带土货以为盘费，不许沿河巡司官兵人等生事阻挡"。又明止德八年（1513年）有"再将前例申明，重复行移沿河各该衙门，今后运船所带土货等物，令其随便发卖，以助贫军剥浅守冻盘费之资，不许违例阻挡扰害"[1]。由此，"军船多装私物，但遇市镇，湾泊买卖"。后来沿海卫所也参与到货运中，"海宁卫旧无运船，宣德间，本卫千户王震谋领杭州等卫船五十七只，带贩私货，军丁更番佥运"[2]。

水运的发达大大促进了贸易的繁盛，加强了各城镇间的联系。由运军主导的运输体系，为江南城镇间的商品流通和社会文化发展提供了强大的基础和保障。

（四）缉私

明清海防在一定程度上，是武装走私与缉私引起的矛盾问题。抵抗倭寇侵略和缉私往往是联系在一起的，很难完全分开。卫所军、巡检司、营汛官兵除了抵抗外地入侵之外，一项很重要的职责就是查缉和打击走私。长三角地区的巡检司、卫所军、营兵都负有缉私的职责，主要稽查海外以丝绸等商品为主的境外走私和国内以食盐等商品为主的境内走私活动。

值得注意的是：长三角地区以卫所军为主体的地方军事力量一方面缉私，另一方面有的也参与了贸易活动。这些贸易分为合法和不合法两种性质。合法的如

---

[1] （明）杨宏，谢纯. 漕运通志. 卷8 [M]. 漕例略. 明嘉靖四年刻本。
[2] 王彬修. 徐用仪.（光绪）海盐县志. 卷10. 食货考二. 漕运. 据清光绪二年刊本影印//中国方志丛书，华中地方（207）. 台北：成文出版社，1975：1043.

上文提到的运军带货，不合法的主要是国内外各种类型的走私贸易。军队走私比较著名的有明后期总兵官毛文龙在皮岛从事的走私贸易。长三角地区军队走私情况也非常普遍，如《明孝宗实录》明确提到，崇明岛"附近卫所官子弟家人多贼党，与假名公差，阴实为盗。其崇明一县，海势渺茫，虽有备御官军，然每遇贼盗，辄相推避"。长三角沿海地区还是明清时期中国最重要食盐产地，食盐是政府税收的重要来源，一些海防官兵也参与了获利丰厚的食盐走私活动。

第二章　长三角地区海防聚落体系构成

长三角地区的海防体系是明清东南海疆防御体系的重要组成部分，作为一个完整的系统，除了需要具有一定的军事制度体系作为其内在的组织，还须结合各海防聚落与海防堤墙、运河、驿路等海防基础设施形成完整的海防聚落体系。本章将研究长三角地区海防聚落体系的构成，分析长三角地区海防体系中承担海岸警戒、据点防御、后勤补给三大功能的海防堤墙—墩堡防线、海防聚落与据点和驿传体系三大构成部分的组成情况以及三部分之间的关系，解析各类、各级海防聚落和基础设施的特点，并重点研究之前受到关注较少的长三角地区海防堤墙—墩堡防线和驿传体系。

明清时期的一些古代舆图描绘了长三角地区沿海军事防御聚落体系的构成情况，也反映了古人对海防及其军事体系的认知。《江苏海岸图》（图2-1）、《钱塘江河防图》、《江南水陆营汛图》、《浙江海防图》等沿海驻防图蕴含着丰富的历史信息。古人将其认为对军事部署、指挥作战至关重要的各种要素绘于图上。因此，通过历史地图中的构成要素可以分析当时海疆防御体系的构成。例如在美国国会图书馆藏的《江苏海岸图》中就清楚地描绘了清代江南地区海岸的海防堤墙、墩堡、卫所城、府县城、运河等分布详情。

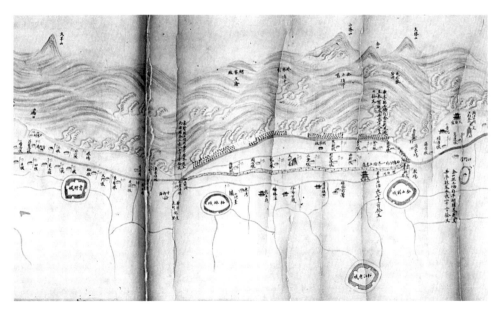

图2-1　金山地区海岸布防图
（资料来源：选自美国国会图书馆藏清代《江苏海岸图》）

第一节 海防聚落体系构成概述

根据军事学理论，防御体系是障碍物配系、阵地编成、兵力部署、火力配系、战斗（战役）保障和后勤保障等防御的要素所组成的有机整体，[①]是防御作战的重要物质基础。[②]因此，长三角地区海防聚落体系也不单只是由通常的卫、所、营堡、军寨、烽墩等军事聚落组成，而是与长城防御体系类似，是一个有着复杂结构的系统。整个体系由：海防堤墙—墩堡防线、腹地海防聚落体系、驿传体系三大部分构成，承担了海岸警戒、据点防御、后勤补给三大功能（图2-2）。

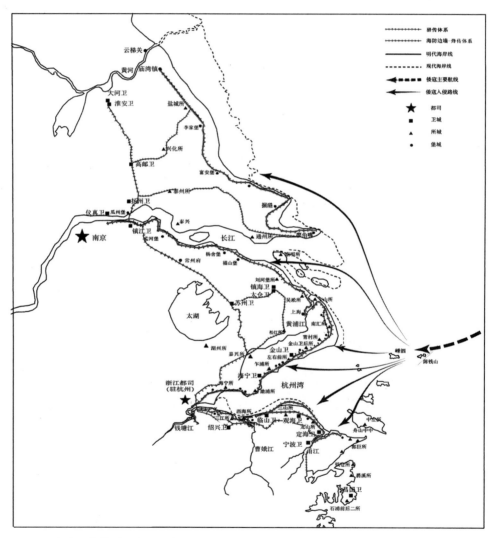

图2-2 海防聚落体系构成与分布示意图
（资料来源：作者以《中国历史地图集》为底图绘制）

---

① 王颖. 南宋荆襄战区军事防御体系研究（1234-1275）[D]. 浙江师范大学，2019.
② 熊武一，周家法主编. 军事大辞海·上[M]. 北京：长城出版社，2000：1388.

其体系中除了拥有各军事聚落，还包括与这些聚落在功能、空间分布上关系密切的海防堤墙、运河和驿道等联系廊道，这些联系廊道也就是我国学者陆大道所提出的"基础设施束"[①]。海防堤墙不但是整个体系的前沿防御屏障，还是沿海地带重要的交通廊道，海防堤墙与墩台相结合，形成了海防堤墙—墩堡防线；运河、驿道等廊道与驿站、递运所、急递铺等聚落相结合组成了驿传体系；各级海防聚落与据点以层级组织关系相联络，各类海防聚落相互策应构成了海防聚落体系。因此，长三角海防体系是由海防堤墙—墩堡防线、海防聚落与据点、驿传体系三部分构成的防御网系统（图2-3）。

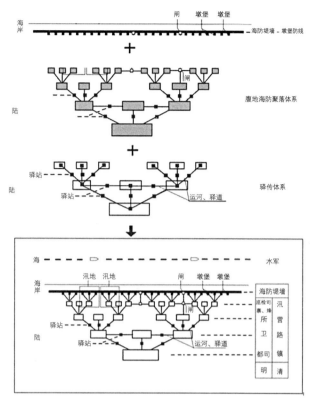

图2-3　海防聚落体系构成分析图
（资料来源：作者改绘）

这三者并不是互相分离、各自为战，而是相互联系的整体。海岸的海防堤墙—墩堡防线是腹地卫、所、堡寨的屏障和前沿，并为整个系统提供预警；腹地卫、所、堡寨、巡检司等防御聚落是防御的核心和据点，并为海岸防线提供支援和防御纵深，为驿传体系提供支撑和保护；驿传体系则是整个系统的物资、人员、信息输送网，为海防聚落和海防堤墙—墩堡防线提供后勤补给和保障，并在前沿和后方之间以及各聚落间传递军情信息。最终。三大子系统交织在一起，构成了点、线结合，连网成片，密切配合的严密的防御体系。

第二节　海防堤墙—墩堡防线

为了对近海敌情进行侦察警戒并防止海上来犯之敌登陆，明清两代在长三角地区建设了海防堤墙—墩堡防线。这与长城的边墙—敌台防线有类似之处。《筹海图编》载："今日海防之要，惟有三策：出海会哨，毋使入港者，得上策；循

---

① 陆大道. 区域发展及其空间结构［M］. 北京：科学出版社，1995.

塘据守，毋使登岸者，得中策；出水列阵，毋使近城者，得下策；不得已而守城，则无策矣。"《江南经略》又有："修堑塘复墩堡者，固护塘之手足也……防海之计此其知所重欤。"由此可见，以海塘为主体的海防堤墙与墩堡相结合构成的"海防堤墙—墩堡"防线（图2-4），在明清的海防体系中是作为海上水军之后，陆地卫所军事聚落之前的一道海岸防线，担负着抗击敌人在海岸登陆的重任，在整个海防体系中位置十分重要。

海防堤墙—墩堡防线由海防堤墙、水闸等水口防御设施、墩堡三部分组成。海防堤墙是抵御敌人登陆的屏障，也是海防军士巡逻的防线，还是墩堡间的联系道路；水闸等水口防御设施则位于堤墙与河流的交汇点，是防止敌人从水口入侵的关卡；墩堡和塘铺沿海防堤墙排列，是侦瞭海岸发现敌情并负责防守一段海岸的据点。三个部分联合构成了点线结合、岸线与水口相接的严密防线（图2-5）。

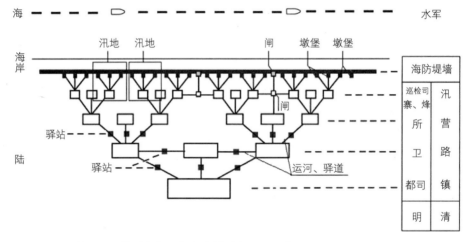

图2-4　海防堤墙—墩堡体系在长三角海防体系中位置示意图
（资料来源：作者改绘）

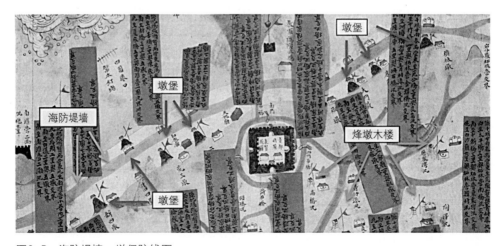

图2-5　海防堤墙—墩堡防线图
（资料来源：在大英图书馆《青村营汛境舆图》上标绘）

墩堡与汛辨析

长三角地区有两种形制相似的小型海防军事聚落：墩堡和汛。在明代这两种聚落有时被统称为烽墩，清代则分别称为墩和汛，它们一般都由3间营房、3~5个烟墩、1座望楼、1座旗杆组成，有的还围绕着土墙或栅栏。但通过明清舆图和文献可发现这两种聚落有着明显的区别：墩堡（清代称为墩）沿海防堤墙排列，其望楼为砖石结构（墩台），望楼多建于堤墙之上或离堤墙很近，类似于长城边墙的敌台；烽台（清代称为汛）由海岸向后方纵深方向延伸，其望楼多为木结构（木楼），多分布于水陆要口，次第通向后方海防聚落（图2-6、图2-7）。

墩堡（墩）和汛的区别主要体现在三个方面：一是空间分布不同。墩台基本沿海防边墙分布，墩堡的望楼很多就建在堤墙之上，总体与海岸线平行排列；汛则沿纵深方向分布，从海岸伸向腹地。二是望楼的材料结构不同，墩堡的望楼（墩台）多由坚固的砖石砌筑；而汛的望楼（木楼）为木结构建筑。三是发

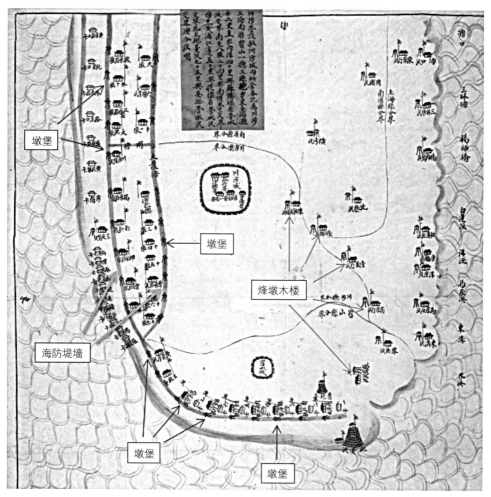

图2-6 墩台、堤墙与烽台分布图
（资料来源：在大英图书馆《川沙营汛舆图》上标绘）

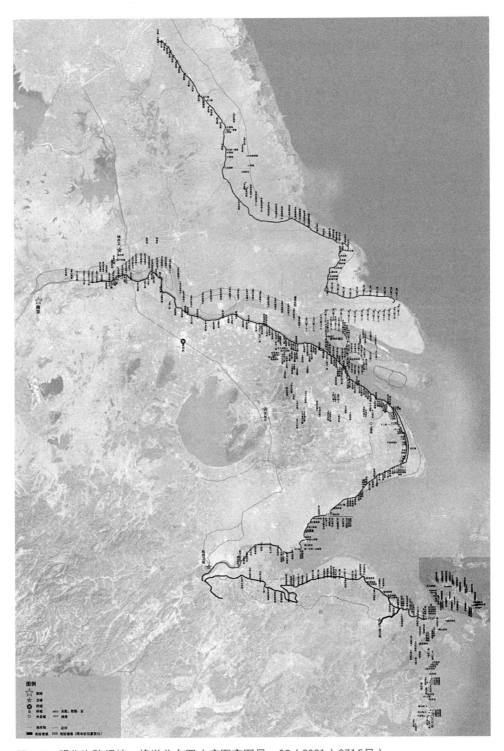

图2-7 明代海防堤墙、烽墩分布图（底图审图号：GS（2021）3715号）

挥的作用不同，墩堡的墩台与海防堤墙密切配合，堤墙阻挡海寇登陆，砖石墩台除了瞭望、发出警报，还作为防守据点，攻击、阻滞被阻挡在滩头的敌人，等待援军到来，起到防守碉楼的作用，形成点、线结合的海岸防御工事；汛的职能主要是瞭望传烽和警戒，将前线的军情次第传递到后方的海防聚落，并控扼水陆要口。

一、海防堤墙

明代为加强海防，在长三角地区海岸建设了以海塘为主体的海防堤墙体系。与长城、运河并称为中国古代三大伟大工程之一的海塘不只是人们通常所认为的一项水利工程，还具有军事防御功能，它与其他海防聚落一起，共同组成了明清长三角地区的海防工事体系。在当今的明清海防和海防聚落研究中，海防堤墙还未得到学界足够的重视，因此有必要做进一步的研究、探讨。

（一）海防堤墙考

海防堤墙的主体是海塘。根据《中国土木建筑百科辞典》，海塘又称陡墙式海堤，是一种沿海岸以块石或条石等材料砌筑成的陡墙式防御工程。海塘是江浙一带的方言，有时也被称为堰或堤。根据《汉英建筑工程词典》，海塘译为"seawall"，也就是海墙的意思。海塘主要分布在今江苏省、浙江省东部和上海市沿海。其绵延千里，形制宏伟，工程浩大（图2-8）。

朝鲜派驻明朝的使臣赵宪在向李朝汇报明朝情况的《重峯先生东还封事》中记载："闻戚继光之备倭于南方也，沿海筑墙，间设烟台……而守备甚固，倭寇以此不敢下陆云。"明代邓若曾所著《江南经略》对于江南段海塘有这样的记载："迢迢二百七十里皆有护塘为之限隔，高厚如城……护塘内外之相夹皆水

海盐堤墙

镇海堤墙

图2-8　海防堤墙
（资料来源：作者2017年3月28日摄）

也……国初用为金汤以备倭患。"又有清代江苏巡抚奏折:"臣查苏州府海防同知驻扎常熟,该县海塘外滩甚宽,虽遇大潮,离塘颇远,是以并无海塘工程,原无需设员经理……"①再有《宝山县志》:"海塘为阖邑保障,本名捍海,义属兵防,又称护塘,事关水利……"可见海塘的确是明清海防体系的重要组成部分。海防堤墙是在漫长的历史长河中发展形成,到明清趋于完善(图2-9)。

图2-9 海防堤墙历史沿革图
(资料来源:作者以天地图为底图标绘)

1. 春秋战国至南北朝时期

在上古时代,江浙海滨多是条件恶劣的盐碱地,近海岸土地不适合耕种,人烟稀少,仅有少量渔民,沿海岸线花费巨大的人力物力修建海堤并没有必要。因此,早期的海防堤墙完全是出于军事目的修建的。

最早关于海防边墙的历史记载可追溯到春秋战国时期越国用来防御吴国水军进攻的"石塘",据《越绝书》记载:"防坞者,越所以遏吴军也,去县四十里。石塘者,越所害军船也。""石塘"修筑在绍兴以北40里的海边,其长度大约420米,是一种在港口阻挡吴水军登陆的石砌防御墙。晋代是学术界公认的我国有文字明确记载修筑海塘的开始,公元400年,在浙江爆发了孙恩、卢循领导的农民起义,起义军占据舟山群岛,频频攻击东南沿海地区。面对起义军的打击,东晋统治者以防海垒抵御,其中最重要的是由当时的吴国内史袁崧在长江三角洲前缘修筑的护渎垒。学界认为"垒"即最初的海塘称谓。而根据《说文》的解释,"垒,军壁也,鏧也,积堑为墙壁",可见最早的海塘——"防海垒"就是出于军事目的而修建的海防边墙。

2. 唐代至元代

到了唐宋时期,随着人口增长,海涂不断得到开发,沿海的盐业和种植业得

---

① 作者《江苏巡抚明德奏为沙地开辟日广请移设厅员以资吏治折》(乾隆三十三年二月初七日),出自《宫中档乾隆朝奏折》第29辑,台北故宫博物院,1984年出版,第570-571页。

到发展,唐代海塘在前代海防边墙的基础上加以延伸和增筑,起到了阻挡海潮护卫田宅的重要作用。

宋朝为防御金和蒙古的进攻再次加强了沿海的防御。南宋迁都杭州后对于东部沿海的防御更加重视,除了利用北宋开始修筑的著名的范公堤进行防御以外,进一步加强了江南、浙江海塘的修筑。宋孝宗乾道年间所筑的海塘,北起嘉定,南至海宁澉浦以西,主要位于江南东部沿海的新月形海岸,堤墙比一般城墙高大,且已经出现了位于堤墙两侧的护塘河,已经具备了抗击敌人登陆的军事防御作用。为此,世人评价说:"海防倚以为固。"其在海防上的效用由此可见。

元朝后期,倭寇之患乍起,一些有识之士就提出把南方地区修筑海防堤墙的方法引入北方。如当时著名学者虞集说:"京师之东,涉海数千里,北极辽海,南连青齐,萑苇之场也;而海潮日至,淤为沃壤。宜用南人法筑堤,捍水为田,召富民耕种,三年而征其税,可以卫京师,可以防岛夷,可以省海运矣。"元至正十二年(1352年),脱脱为相,非常推崇虞集的提案,并开始大力推行,但由于种种原因,"未几复罢"。

3. 明代海防堤墙

明代,信国公汤和将江浙沿海地区断续的海塘连成一体,建成了完整连续的海防堤墙。并沿堤墙修筑烽墩、城堡,派军队沿堤墙防御巡逻,形成了完整的海防堤墙防御体系。明成祖永乐九年(1411年)十一月,平江伯陈土宣起淮扬人夫四十万,修筑捍海堰,自海门至盐城凡万八千丈[①]。《嘉兴府志》记载了明代烽墩与海塘共同防海的情形:"防海以塘则梅汛、秋汛俱重。绍设通判治南塘,杭设同知治东防、西防,后又增以中防。嘉兴、盐、平皆有塘,设武弁而无文职,斯守土之责倍重也……明洪武置墩堠知防寇不仅防潮矣。"[②]

明嘉靖年间,由于倭患猖獗,沿海广大军民对海防堤墙进行了大规模的修缮、加筑,使之更加完善,成为抗击倭寇进犯的重要防御工事。万历年间因准备对日战争的需要,又有所修建。对此,明代及以后一些论及海防或海塘的文献和著作都有所记载。如《盐邑志林》云:"海盐一带海塘……循塘拒守,墩堠相望,可以御海寇之登犯。塘以里皆良田,富室烟火相望,所恃以为外护者,一塘而已。"[③]《江苏11世纪以来沿海工程演变及实践》[④](*Coastal engineering evolution in low-lying areas and adaptation practice since the eleventh century, Jiangsu Province*)一文中的附图(图2-10)清楚地表明了:明代主要在嘉靖年间,其次在万历年

---

① 《阜宁新志》卷9转高宗本《捍海堰记》。
② 许瑶光,吴仰贤. (光绪)嘉兴府志卷30——海塘[M]. 清光绪三年刻本.
③ 王彬,徐用仪. (光绪)海盐县志. 卷6. 舆地考三——海塘. 据清光绪二年刊本影印//中国方志丛书[M]. 台北:成文出版社,1975:661-688.
④ Bao J L, Gao S, Ge J X. Coastal engineering evolution in low-lying areas and adaptation practice since the eleventh century, Jiangsu Province, China[J]. Climatic Change, 2020: 1-19.

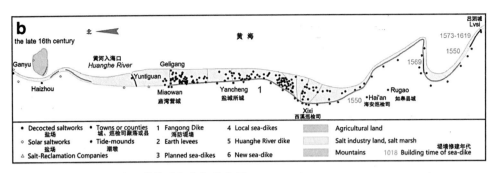

图2-10 明代苏北海防堤墙修建年代与分布图
(资料来源：摘自《江苏11世纪以来沿海工程演变及实践》，作者加注中文)

间，在苏北沿海大规模修建堤墙。

4．清代海防堤墙

清朝基本继承了明代的海防体制，并进一步完善了兼具海防和水利功能的海防堤墙。清初，南明的郑氏集团在东南沿海坚持抗清，频频从海上发起进攻。为了防止郑军进攻大陆，清朝在东南沿海重行"迁界"，居民内迁十里或二十里，并"遍筑界墙守望"，又设立了海防兵备道负责海防边墙的驻防事宜，且十分注重海防边墙的建设和维护。康、雍、乾三朝，清政府在江浙沿海很多重要区段耗费重金将原土塘或柴塘改筑为石制海墙。清代对以海塘为主的海防边墙的新筑、改筑和修护工程，较大的就有385次，新建和维修海墙达2000余里。很多清代江浙地区舆图都清楚地反映了由海防边墙与烽墩营汛组成的完备海防工程体系的布防情况（图2-11）。

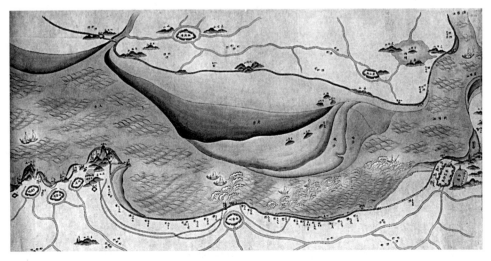

图2-11 钱塘江两岸海防堤墙与海防聚落图
(资料来源：选自美国国会图书馆馆藏《钱塘江沿岸图》)

清朝中后期，面对西方海上列强的威胁，海防边墙在江浙沿海一些地区又有所加筑完善。在安徽省博物馆馆藏的《甲申浙东海防图》"分段筑墙"图（图2-12）中，详细描绘了清代在镇海口甬江两岸修筑海防边墙的情景。画中可见，在镇海口的南北两岸，正在修筑绵延达四十多里的防御工事，可以清楚地看到带雉堞的边墙和烽墩、炮台等。近年来，镇海史学专家洪余庆对这一防御工程进行了实地勘查，发现该墙仍留有遗迹一万多米，现存墙高1.5米、宽1.2米，用石块垒成，并可以辨认出营房、卡门等多处遗迹，可与《甲申浙东海防图》相互印证。

图2-12　甬江口两岸的海防堤墙修筑图
（资料来源：选自安徽省博物馆藏《甲申浙东海防图》）

（二）海防堤墙的规划布局和地理分布

海防堤墙主体北由江苏阜宁县南部起始，南到浙江宁波东北海滨，总长度达一千二百多公里。根据地理位置，以长江、金山以南和钱塘江为界由北往南依次为江北海墙、江南海墙、浙西海墙、浙东海墙，共四大区段组成。《海塘考》载："海塘之制，高于城垣，内外塘沟相夹，汤和经略海防，引以为固，防海之外，兼以御侮，故规画特崇。"可见明初开始构建的海防边墙工程体系是在汤和等人领导下，经过精心地规划而成并逐步加以完善的，其规划布局和地理分布也必然遵循着一定的规律。

1．政治因素决定了海防边墙的主要设防区域

海防边墙的主要设防区域在江浙沿海地区，而山东、福建、广东、辽东等沿海省区却鲜有修筑。这首先是出于巩固政权的考虑。明定都于南京时，张士诚、方国珍的余部以东海诸岛屿为巢穴，勾结倭寇伺机反扑，对新兴的明王朝构成了重要的威胁。因此朱元璋命汤和经略海防，在江浙沿海修筑海防边墙进行防御，保卫京畿地区。虽然后来朱棣迁都北京，但南京始终作为留都保留了整套的政府系统和朱元璋的陵寝。因而有必要在江浙沿海、长江下游修筑边墙加强防御以拱卫南京。元末为了防御倭寇侵扰，曾有过在京师以东海岸筑堤墙防御的设想，但随着元政府需要应对元末风起云涌的农民起义，最终未能付诸实施。

2．出于军事地理考虑的海防堤墙规划布局

明清海防边墙在地理分布上的一个显著特点是：海防堤集中而连续地布置在江浙长三角地区沿岸，并且以南汇、金山一带为中心（今上海、嘉兴一带）设防最严密，南北两翼的江浙其他地区设防等级略有降低。而其他沿海地区，如山东、福建、辽东等仅有少量零星分布。以距离倭寇集结地嵊泗列岛最近的江南海塘松江段和浙西海塘作为防御的重点，较多地采用了高大的重型石砌堤墙，而浙东海塘和江南海塘苏州段石质堤墙相对少些，较远的江北海墙基本是以夯土墙为主。在江南和浙北的部分区段为加强防御纵深，还采用了两道甚至多道海墙组合成的海防堤墙布局。

海防堤墙的这种规划布局首先是由海上威胁的主要来向和威胁程度决定的。长三角以东的嵊泗列岛等岛屿是倭寇侵犯中国东南沿海的必经之地和中转站。倭寇的巢穴和后方基地在日本西南端的九州萨摩一带及附近岛屿，嵊泗列岛是从日本西南部前往中国最短的航路点，以当时倭寇的航海技术，航船必须在这里补充淡水。倭寇从日本本土先渡海到江浙交界处东边的嵊泗（陈钱）列岛，然后以此为中转据点，再伺机进犯我国东部沿海一带。而首当其冲、距离最近的便是以金山一带为中心的江浙长三角地区。

对于明代海寇进犯的统计数据也证明了江浙特别是长三角地区是遭受海寇侵略最严重的地区，直到江浙沿海的倭寇遭到戚家军的沉重打击后，其活动中心才转到闽粤。据《明代倭寇史略》记载，从洪武元年到嘉靖三十六年，共计约277次倭寇进犯，其中南直隶（主要为江苏、上海）占103次、浙江占101次，共计204次，为总数的百分之七十四，占了一大半。因此明政府在这一地区重点设防，花巨资修筑海防边墙等军事防御工程也就不难理解了。

3．沿海水文地理因素影响下的海防堤墙地理分布和修建

江浙地区独特的地理水文条件对海防边墙的地理分布和修筑方式起到重要的决定作用。

首先，海防边墙基本上都分布在长三角的滨海平原海陆交互相沉积砂层区域。因为江浙沿海特别是长三角一带以地势低平的沙质海滩为主。《江南经略》载："自此至吴淞一带，虽有港汊、每多砂碛，贼可登岸，兵难舶舟，非选练步兵巡塘据守不可。"因此，为控扼倭寇抢滩登陆，须在此修筑边墙设防。

其次，潮汐是影响海寇登陆入侵和我方防御的重要因素，倭寇登陆须利用涨潮，往往"在船亦候潮大水满之时才敢深入"。我国涌潮最显著的区域就在长江入海口地区和杭州湾。长江口一带高潮差可达2.5~3米，杭州湾湾口，潮差可达到3~4米，在澉浦则能高达5米以上。钱塘江涌潮潮流的速度有9~11节。加之处在强热带气旋的登陆点上，所以一旦发生风暴潮，如果没有海防边墙阻隔，海寇可以乘船冲上地势低平的滩岸，或沿江河迅猛地侵入内地。由此，海墙的高度与所在地潮差关系密切，在江浙地区风暴潮剧烈的区段，往往建筑了高大的石砌鱼鳞海墙，并派重兵防守。

再次，为了防御敌人乘风潮从江河侵入登岸，除了沿海岸线修筑防御墙，在长三角地区重要的河流如长江、黄浦江、钱塘江、甬江、曹娥江的下游两岸也同海滨一样修建了滨江堤墙。因此，海防堤墙实际是由滨海堤墙与滨江堤墙两部分组成的。长江下游的滨江堤墙长度最长，西起常熟界的耿泾口，东至川沙界的黄家湾，总长约181公里，构成了整个江南海防堤墙的北段；钱塘江附近的海防堤墙在乌龙庙以东为滨海堤墙，乌龙庙以西则为滨江堤墙；而在曹娥江、甬江两岸都曾筑有长达数十里的滨江堤墙。

（三）海防堤墙的驻防

海防堤墙上的驻守官兵也是由沿海卫、所逐级管辖，由各营堡、巡检司等基层军事单位派遣驻防。《江南经略》载："其陆兵参将则专驻金山（金山卫），精练马步兵几千以固守乎松江之海塘。"海岸防御最前沿的阵地就是海防边墙，据《宁波府志·海防》载："……莫不因山堑谷、崇其垣墉，陈列兵士，以御非常。"清代基本继承了明代后期的海防体制。参照明代中后期的营哨制施行营汛制，按标、协、营、汛的军事分级体制逐级分兵防守。

以浙西为例，据《两浙海塘通志·兵制》记载，杭州至海宁段海塘由海防右营驻防，海宁至金山县界海塘由海防左营驻防，各营将海塘划分为6段汛地，每一汛地防区内有负责驻守瞭望的基层烽墩（墩堡）3~8处，防守范围为长度2000丈左右的海防边墙（海塘）。每段海防边墙的驻守兵力在100人左右，以把总和外委千总为长官，士兵分为专职驻守的守兵和战斗力较强的战兵，而战兵又分为有马战兵（骑兵）和无马战兵（步兵）等（表2-1）。驻防海防边墙的各汛守军一旦发现有海寇前来，立即依托海墙和墩堡组织防御，同时所属烽墩烟火报信，若敌人较多，附近卫所军营的援军得信后即可迅速驰援（图2-13）。

浙西海塘营汛驻防及兵力配备表（据《两浙海塘通志·兵制》编制）　表2-1

营	汛	海塘长度	墩堡	把总	外委千总	有马战兵	无马战兵	守兵	官兵总计
海防右营	八仙石汛	2668丈	4处	1员	1员	6名	13名	63名	84名
	章家菴汛	2733丈	3处	1员	1员	6名	13名	63名	84名
	翁家埠汛	1725丈	3处	1员	2员	8名	20名	100名	131名
	观音堂汛	1205丈	3处	1员	2员	4名	13名	62名	82名
	老盐仓汛	1972丈	4处	1员	2员	5名	14名	70名	92名
	靖海汛	1975丈	3处	1员	2员	4名	11名	56名	74名
	合计	12278丈	20处	6员	10员	33名	84名	414名	547名
海防左营	镇海汛	3491丈	7处	1员	2员	10名	20名	92名	125名
	念里亭汛	2664丈	7处	1员	2员	6名	14名	70名	93名
	尖山汛	1332丈	6处	1员	1员	5名	14名	70名	91名
	澉浦汛	1228丈	6处	1员	1员	3名	10名	62名	77名
	海盐汛	2445丈	8处	1员	1员	3名	12名	66名	83名
	平湖汛	2009丈	8处	1员	1员	3名	10名	56名	71名
	合计	12469丈	42处	6员	8员	30名	80名	416名	540名
	总计	25447丈	62处	12员	18员	63名	164名	830名	1087名

二、水口防御设施

海防堤墙是长三角地区防御海上敌人登陆的屏障。但在长三角地区，河流水道纵横并最终流入江海，河入江、江入海之处称为"水口"，这些水口就成为千里海防堤墙上的断点。而长三角地区汛期的大风大潮，使得敌船可以迅速突入。为了防止敌人从水口处突破防线溯流而上，在海防堤墙和河流交汇处的

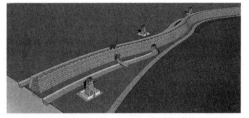

图2-13　海防堤墙、堑壕、墩堡与桩栅布局示意图

关键河口处设置了水闸、水栅和排桩等水口防御设施。

（一）水闸

水闸，原为修建在河道和渠道上利用闸门控制流量和调节水位的水利设施，多与堤坝相连。在海防堤墙有河流、水渠通过的地方设的水闸则具有防御功能

第二章 长三角地区海防聚落体系构成

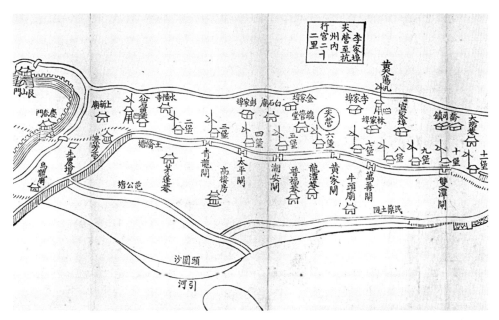

图2-14 杭州以东水闸、海防堤墙分布图
(资料来源：选自美国国会图书馆藏清代《安澜园至杭州府行宫道里图说》)

(图2-14)。在水闸处派兵驻防，可以防止敌船和人员进入，同时方便我方人员在需要之时进出，从而实现控制水道的目的。除了在海防堤墙沿线设有水闸，明清时期在通往内地的水道要口也建水闸并驻军控扼。在海防堤墙或内地的重要闸口往往设巡检司或汛，由巡检或千总、把总统领数十名士兵加以防守。甚至在一些重要的水闸设置所城镇守，如绍兴以北的三江闸两岸就分设三江所城和三江巡检司城。《嘉兴汤志》载："我郡有杉青栅，成化有杉青闸（设有杉青闸巡检司）图，两头石礅为堤，中开一口通船，堤上列屋数间，为守闸者所栖……然闸存不唯留水以资灌溉，亦实籍以遏御盗舟。今闸既废，栅尤不可已也。"还有如宁波瀣浦的 浦月洞桥闸，则由 浦水陆管界巡检司城管控。①

浙东，特别是甬江口以东的海防堤墙上的闸通常称作"碶"，很多"碶"成为重要的水陆关口。据《定海县志》记载："水闸俗称碶门，多与海塘同时建造。"定海境内，至明天启六年（1626年）有水闸19座。清康熙五十四年（1715年）有46座。明嘉靖三十二年（1553年）筑有长山碶，嘉靖四十一年（1562年）知县何愈新筑千丈塘，塘起长山碶，东延至陈华浦，沿塘建有杨家碶、贝家碶、小山碶、通山碶，并改长山为五眼碶。②明代沿海水闸很多是由武职高官主持修建，如成化五年（1469年）都指挥张勇在城南外半里建平水闸；嘉靖四十一年（1562年）都督卢镗建新平水闸；万历四十六年（1618年）副总兵张可大设巨石礅碶。③

---

① 浙江省文物局网站http://www.zjww.gov.cn/news/2011-12-27/442478232.shtml.
② 人文北仑地名大有来头，99%北仑人不一定知道！www.toutiao.com 2016-02-21 09:01.
③ 定海县志编纂委员会. 定海县志[M]. 杭州：浙江人民出版社，1994.

（二）水栅

水栅就是设置于水中的栅栏。这是长三角地区常见的防御设施，主要设置于江南水网地带，其构造相对简单，多为木制，造价比水闸低。在水栅两岸同样也设置巡检司和汛加以管控。《吴江县志》载："瞽石筑土为坝、列木通水为栅，盖防盐盗故，皆属之巡司，非为水利也。建置之初，或出乡村之自卫，或出院司之求备……迩年海寇内犯，缉氓守望，邻邦设险，仓惶不暇，为水谋也，创建于四封之内者尤多。"①《嘉兴府志》转载《嘉兴汤志》曰："明李日华建郡城各处水口总栅……禾郡之防盗不当防之于陆，而防之于水……"

除了大水口的总栅，在总栅内还设有第二层内栅。《嘉兴汤志》载："看栅之人力不能敌者，亦可自陆路驰至第二层内栅，边呼集具名为拒盗之具。于紧要栅口拨兵船一只，临期放炮发哨，助其声援，所谓重门之险也。"

对于水口设栅的具体做法，《嘉兴汤志》也有详细做法："今当差官于郡城四面查有小水连接大水去处，两边密钉桩木四五层，其木务须粗大牢壮，中留一口作门一扇或两扇通船往来。止是官座船与运腿经由者其门稍大，其余止容一船。铁链、巨锁晨昏启闭，命金点附近殷实之人编定住，以便看守。总栅之内于各处桥梁仍旧安置横木，以时启闭。"

苏州吴江各巡检司所辖栅坝一览表②③ 表2-2

	巡检司	水栅名称（位置）	坝
1	长桥巡检司（辖20栅1坝）	大浦港、六里港、直路港、袅腰港、翁泾港、长浜港、吕家港、白港、田长港、王家港、划船港、甘泉港、严家港、惠港、仙槎港、庙泾港	汤大坝
		延寿桥、无名桥、三江桥	
		黎里镇	
2	简村巡检司（辖13栅）	直港、黄沙港、栅阙口、直渎港、溪港、乌桥港、瓜泾港、鲶鱼口、庙港、庞港、卖沙港、中北塔港	
		梅堰镇	
3	平望巡检司（辖23栅1坝）	白龙港、榆树港、泾门港、石幢港、破罗港、山家港、麻溪港、陈家湾、盛泽港、陆家港、金堂港、舍港、翁思港、陈家港、荷薄港、乌桥港、青赤港、麻溪、白港、百家港、渭家港、韭溪港	乌坝
		东杨桥、急水桥、双里桥	
		翁思路	

---

① 嘉靖吴江县志. 卷之四. 建置志一. 栅坝.
② （明）林世远，王鏊，等.（正德）姑苏志. 卷25——兵防［M］. //北京图书馆古籍珍本丛刊. 史部. 地理类（26）［M］. 北京：书目文献出版社，1975：365-370.
③ （明）曹一麟，李迁梧. 嘉靖吴江县志. 卷4. 建置志. 栅坝. 刻本影印［M］//中国史学丛书三编［M］. 台北：台湾学生书局，1987：276-283.

续表

	巡检司	水栅名称（位置）	坝
4	震泽巡检司（辖10栅）	陶家港、东杨定、西杨定、蒯家港	
		蠢思桥、安桥、张湾桥、斜路桥、众安桥、沈安桥、新路桥	
		东马路、西马路	
5	因渎巡检司（辖11栅）	唐溇、徐行港、姚家港、大庙港、丁家港、西丘庙港、吴溇、黄家港、谈泽港、吴溇泾、卢家港	
		双石桥、太平桥	
6	烂溪巡检司（辖15栅1坝）	冯家港、坏南港、八八港、蒋家港、平石渠	周年坝
		故庄桥、永通桥、集贤桥、后兴桥集贤桥、九里桥、北官桥、老龙桥、迎春桥、赤西桥、永昌桥	
7	汾湖巡检司（辖17栅1坝）	牛肠泾、芦里泽、江家港、蛇垛港、新庄港、北洋港、汝家港、梅家港、小月港、西浦港、东朱港、南阳港、菱荡港、西天荒、南盘港、周泾	木庵坝
		龙溪桥	
8	同里巡检司（辖14栅）	塔庵港、通济港、池家港、平家港、北云港、沈舍港、西港、东栅港、沐庄港	
		东新桥、汤家桥	
		庵村、南栅、东栅	
总计	8处巡检司	123处水栅	4处水坝

（三）其他设施

除了水闸和水栅外，在长三角地区较宽或不适合设闸的江河水道还设置有排桩和通江铁链等设施以阻挡敌船。

排桩，是将粗长的木桩成排或成组地钉入江河口的河床，以限制大型船只通过，为了加强防御效果，有时还会在排桩上绑上水雷等爆炸物。明清时期因海防

太仓州海防桩栅设置表[①]　　　　　　　　　表2-3

	桩栅设置位置	桩栅设置做法
1	花浦港、浪港、唐茜泾港、钱泾港、新经港	以上州境，桩栅每口钉桩二路
2	薛敬塘、横池塘	以上二口先后筑塘堵塞
3	南墅沟、北墅沟、杨林塘、新塘	以上县境，桩栅每口钉桩三路

---

① 《太仓州志·卷十三·兵防上·桩栅》民国. 王祖畬等撰. 民国八年刊本. 台北：成文出版社有限公司，中华民国64年.

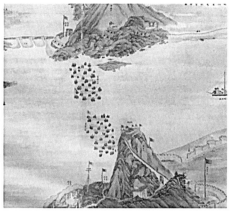

甬江口打桩图　　　　　　　　　甬江口排桩设置图

图2-15　镇海甬江口排桩图
（资料来源：选自安徽省博物馆藏清代《甲申浙东海防图》）

需要，长三角地区沿海很多江河口都曾设置排桩（图2-15）。据《民国阜宁县新志》记载："射河口，旧在县治之南，以庙湾镇为海滨第一重门户，其后河口历次下移，明代防倭每于附近港汊多订排桩以限敌舟。"清代为了加强浙江镇海甬江口的海防，也曾在江口钉下成组的排桩，仅留中间不宽的水道。这样一来，我方船只可以通过中间水道出入，敌船若进入水道口就会被两岸已标定好射击诸元的炮火轰击，这对于提高当时技术水平有限的火炮对敌舰的防御效果具有显著作用。

通江铁链，是在江面附近拉一条横贯江河的铁链阻挡船只通行，通常中间须与木桩或船只连接。例如，长江因为江面宽阔，水闸和排桩都不可能封锁江面，清军为了阻挡郑成功、张煌言部水军北上，曾经用铁链和船只联结在一起横贯长江的瓜州—镇江江面，这种锁江防线又被称为"滚江龙"。清顺治十六年农历二月蒋国柱上奏："海贼郑成功谋犯内地，臣膺操江重任……谭家洲以北，则列巨缆横江；（谭家）洲以南，则置木簰截留。谨以布置机宜及长江险要形势绘图陈奏。"

三、墩堡、塘铺

长三角地区沿海防堤墙设置墩堡，这是以瞭望和点燃烟火等方式发出军事情报的沿海岸防御性小型军事聚落，又称为"烽堠""墩""烟墩"。长三角地区的沿海防堤墙设置除了墩堡，还设有部分塘铺。明代长三角地区各路墩堡和塘铺设置情况统计如表2-4所示。

明代长三角地区各路墩堡统计表　　　　　表2-4

	各镇	各路	各防区	墩堡（塘铺）数	合计
沿海防线	狼山镇	盐城路	盐城防区	26	84
		扬州路	泰州防区	20	
			通州防区	38	
	金山镇	苏松路	太仓防区	59	108（+42）
			金山防区	49（+42）	
	浙江镇	杭嘉湖路	海宁防区	25	154
		宁绍路	临观防区	29	
			定海防区	69	
			昌国防区	31	
沿江防线		长江防区	镇江—扬州防区	42	119
			常州—泰州防区	28	
			苏州—通州防区	30	
		钱塘江防区	钱塘江防区	19	
腹里传烽		苏州外围	常熟—吴淞江防区	约60	约60
总计			14	约525（+42）	

根据长三角各路墩堡统计表可知，长三角地区共建墩堡约525座。其中宁绍路的烽墩数最多，有129座；钱塘江防区最少，共19座。根据分布位置又可分为沿海传烽、沿江传烽和腹里传烽三部分。沿海传烽墩台有346座，为最多；其次为沿江传烽墩台，有119座；位于苏州与沿江沿海防线之间的为腹里传烽，共约60座。苏州地区拥有沿海、沿江、腹里三种类型烽台，传烽墩台总数达138座，比宁绍路略多。烽墩的直接上级单位有卫所堡寨、巡检司、盐场三类。多数海岸烽墩由卫所堡寨管辖，泰州沿海主要由盐场管辖，江河两岸烽墩则主要由巡检司管辖。

（一）墩堡

墩堡，是具有瞭望警戒和防御功能的高台式建筑聚落。长三角地区墩堡多数紧沿海防堤墙设置，每1~4公里就修筑有一处。随时警戒海上敌情。一旦海寇进犯，墩堡通过烽烟、火把、令旗等发出警报，并沿堤墙迅速依次传递信号，同时兵丁沿着海塘迅速跑到下一个墩堡报告具体军情。墩堡还是海岸线上的军事防御据点。每个墩堡中都有数名守墩兵士，他们配有火枪和弓箭，可以在墩堡上依托坚固的墩堡防守待援，迟滞敌人的进攻。或作为制高点和坚固火力点为在海塘上战斗的军士提供火力支援,以保障海塘不被攻破。正如《江南经略》载:"修堑塘、复墩堡者,固护塘之手足也。"

根据所在位置的冲缓,兼顾墩堡周边形势,按照战略重要性进行分级戍守:每座烽堡一般派兵5~10人驻守。重要地区防守烽堡的全部为瞭守兵,一般地区有的是军士与民夫混编。例如,自富安至小海等八场墩堡11座,墩军33名,民夫77名;又有"《如皋志》明制:凡墩拨营军五名,管领黥徒举号传烽,所以侦瞭海洋盗警也。"[①]取每墩台平均8人计,再加上金山防区海防堤墙42座塘铺,每塘2名瞭守兵,长三角地区瞭守兵丁共约4284名。

(二)塘铺

塘铺,又称为塘,是一种比墩堡更小、负责在海防堤墙上侦查瞭望和守卫的小型军事聚落。据《正德松江府志》载:"塘者,置铺舍于护塘之侧也。"根据《处州镇标右营松阳汛塘图》可知:塘铺与墩堡相比,只有营房铺舍和烟墩、旗杆而没有望楼墩台。《筹海图编》中所记载的"瞭"每瞭守军2人,各所下辖的瞭的总数正好是42处,与所记塘铺数一致,可见"瞭"应该就是塘铺。[②]

明正德年间松江府沿海有墩堡、塘铺共67处,每墩瞭守军士5人,每塘瞭守军士2人。另据《筹海图编》和《江南经略》,嘉靖年间松江府有烽堠49处、塘铺42处,共计91处。表明嘉靖年间松江沿海的墩、塘都有所增加,特别是塘铺增加了20处,可见对于松江段,尤其是青村一带海塘加强了防守的密度。青村和南汇下辖的墩台和塘铺数量大体相当,相间排列,在原已排列密集的墩台间再加设塘铺,可见明军对这两段海岸的防守极为重视。

后来在明军中推广的军事情报"塘报",和清代"塘汛之制"中的"塘"很有可能就起源于松江沿海之海防堤墙上的塘铺和塘铺瞭守兵的军情侦察和上报传递职能。这一推论是根据年代和名称追溯,再结合其功能的发展演变脉络初步得出,有待后续研究进一步证实。

明代金山卫防区正德、嘉靖年间墩堡、塘铺统计表　　　表2-5

驻地	千户所	墩台		塘铺[③]	
		正德年间设	嘉靖年增设	正德年间设	嘉靖年增设
金山卫城	后所(3)	江门墩、新庙墩、葛逢墩			塘铺2

---

① 周右,蔡复午,等.(嘉庆)东台县志.卷17.军政.据清嘉庆二十二年刊本复印[M]//中国方志丛书[M].台北:成文出版社,1970:688-689.
② (明)顾清,等.松江府志.卷14.兵防.据明正德七年刊本影印[M]//中国方志丛书[M].台北:成文出版社,1983:603-605.
③《筹海图编》中也称塘铺为"瞭"。

续表

驻地	千户所	墩台		塘铺	
		正德年间设	嘉靖年增设	正德年间设	嘉靖年增设
金山卫城	前所（4）	横沥墩、篠馆墩、戚家墩、金山墩		塘铺2	
	右所（3）	西新墩、东新墩、胡家港墩		塘铺2	
柘林堡城	左所（3）	漴缺墩、周公墩、陆鹤墩		塘铺2	
青村所城	中前所（13）	旧（西）袁浦墩、新（东）袁浦墩、横林墩、戚漴墩、朱家墩、大门墩、椒（焦）树墩、头墩、二墩、三墩、旧四墩、新四墩、五墩	六墩		塘铺17（原文记为"十七瞭"）
南汇所城	中后所（18）	一墩至十八墩	擒虎墩、祭海台	塘铺17，即一塘至十七塘	
		44座	3座	23座	19座
		47座		42座	
		正德年间墩塘共计47座，嘉靖年增设墩塘22座，共计89座			

第三节 腹地海防聚落体系

长三角地区腹地海防聚落由各级卫所城、营堡寨城、巡检司、烽台（汛）等海防聚落、府州县城和部分盐场聚落等组成。这些聚落多数都有城墙和护城河环绕，是明清海防体系的防御支撑点，容纳了多数的海防官兵，是海防体系的主要防御力量。海防聚落和据点根据级别、城池规模、驻军人数，可分为四个层次：卫城、大型守御千户所城为第一级；所城、大型营堡为第二级；小型营寨城、巡检司城为第三级；烽楼（汛）为第四级（图2-16、图2-17）。

从军事聚落的统辖关系上来说，在卫城之上还可加个都司—镇城级别。长三角地区明前期这一级别的聚落有扬州备倭都司、金山备倭都司、浙江备倭都司，分别驻扬州卫城、金山卫城和定海卫城。明中后期随着镇戍制地位的提高，备倭都司的地位被镇城所取代，共有狼山镇、金山镇、浙江镇，分驻扎通州守御千户所城、金山卫城（后迁至吴淞所城）、定海卫城。可以看到统辖苏北各部的军事聚落由扬州前移到了通州，从而形成了镇城均在海防一线布署的格局。

另外，长三角地区几乎所有的府州县城和部分盐场聚落在嘉靖朝后都修筑了城池，并派驻民兵、灶勇守卫，因此它们也是据点海防聚落体系的重要组成部分。

各级各类据点海防聚落按一定军事从属关系，布署在长三角地区各处。一旦接到前沿海防堤墙—烽传体系的敌情讯息，各据点或向上级报告，或组织兵力驰援抗击。对已突破海岸防线的敌人，则或固守待援助，或调集周边各级据点海防聚落官兵进行围剿。各级据点海防聚落之间的情报、信息和后勤补给、人员流动则依赖驿传体系来传递、输送。

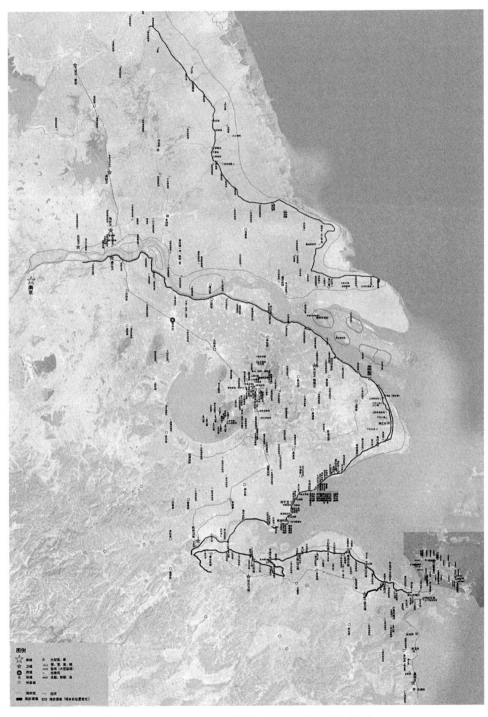

图2-16　腹地海防聚落体系分布图（底图审图号：GS（2021）3715号）

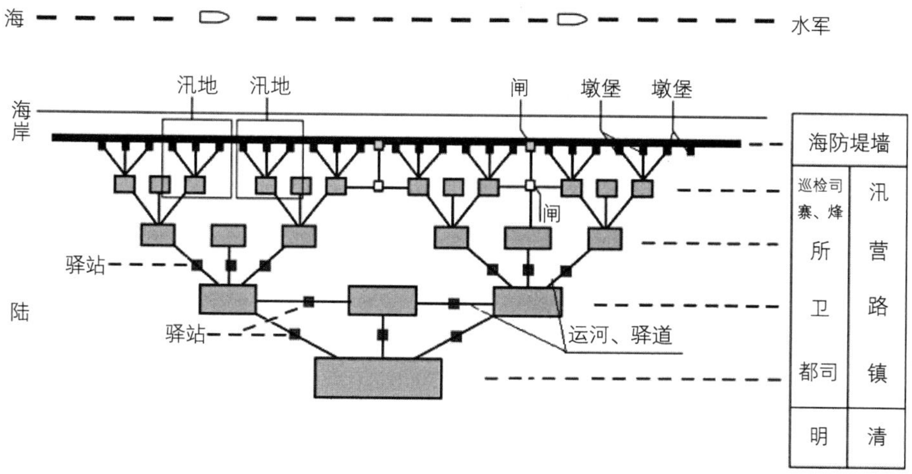

图2-17 腹地海防聚落体系在长三角海防体系中位置示意图
（资料来源：作者改绘）

一、卫所城

卫所城是明代建设起来的级别较高的军事聚落，修筑有坚固完备的城池，驻扎有数以千计的军队，并携家眷同住城内。在长三角地区卫所城多位于沿海、沿运河重要地带，管理周边一定范围内的防御、军屯、漕运事宜，是海防军事聚落的核心力量。卫城作为海防聚落体系中独立设城的最高一级，城池周长多为数公里，占地规模约数十至上百公顷。所城分守御千户所城、备御千户所城两种，均独立于卫城之外，规模一般比卫城小，主要占据卫城之间较为重要的军事节点。卫城、所城构成明代海防网的主力。

长三角地区卫所城一览表　　　　表2-6

防区	名称（卫所）	城池级别	建置时间	位置
江北	扬州卫	卫城	洪武四年（1371年）	江苏扬州
	通州守御千户所	守御千户所城	洪武五年（1372年）	江苏南通
	泰州守御千户所（在州城）	守御千户所城	洪武四年（1371年）	江苏泰州
	高邮卫（在州城）	卫城	洪武中	江苏高邮
	盐城守御千户所[①]	备御千户所城	洪武中	江苏盐城
	兴化守御千户所	守御千户所城	洪武初	江苏兴化

---

① 盐城千户所据《方舆纪要》隶属高邮卫。而《扬州府志》记载隶属扬州卫，根据守御千户所的特点和地理位置，笔者认为：盐城所应隶属扬州备倭都司，但由高邮卫兼辖、策应。

续表

防区	名称（卫所）	城池级别	建置时间	位置
江北	仪真卫	卫城	洪武十三年（1380年）	江苏仪征
江南	金山卫	卫城	洪武二十年（1387年）	上海市金山区
江南	金山卫后所（柘林堡）	备御千户所城	嘉靖年间	上海市奉贤区柘林镇
江南	金山卫中前所（青村所）	备御千户所城	洪武二十年（1387年）	上海市奉贤区奉城镇
江南	金山卫中后所（南汇所）	备御千户所城	洪武二十年（1387年）	上海市浦东新区惠南镇
江南	松江所	备御千户所城	洪武三十年（1397年）	上海市松江区
江南	宝山所（设水寨）	备御千户所城	万历五年（1577年）	上海宝山高桥镇
江南	太仓卫	卫城	吴元年（1367年）	江苏太仓
江南	吴松（吴淞江）所	备御千户所城	洪武十九年（1376年）	上海嘉定东南四四里吴淞江北岸
江南	浏河堡中千户所	备御千户所城	嘉靖四十五年（1566年）	
江南	镇海卫（太仓州城内）	卫城	洪武十二年（1379年）	江苏太仓
江南	崇明所	备御千户所城	洪武二十年（1387年）	上海崇明县治东
江南	镇江卫	卫城	洪武初	江苏镇江
江南	苏州卫	卫城	吴元年（1367年）	江苏苏州
浙西	嘉兴守御千户所	守御千户所城		浙江嘉兴
浙西	湖州守御千户所	守御千户所城	洪武八年（1375年）	浙江湖州
浙西	海宁卫	卫城	洪武十七年（1384年）	浙江嘉兴海盐县
浙西	乍浦所	守御千户所城	洪武十九年（1386年）	浙江嘉兴海盐县西南
浙西	澉浦所	守御千户所城	洪武十九年（1386年）	浙江嘉兴海盐县东北
浙西	杭州卫	卫城	洪武三年（1370年）	浙江杭州
浙西	海宁守御千户所	守御千户所城	洪武二十年（1387年）	浙江嘉兴
浙东	绍兴卫	卫城		浙江绍兴
浙东	三江所	守御千户所城	洪武二十年（1387年）	浙江绍兴
浙东	临山卫	卫城	洪武二十年（1387年）	浙江绍兴
浙东	沥海所	守御千户所城	洪武二十年（1387年）	浙江绍兴
浙东	三山所	守御千户所城	洪武二十年（1387年）	浙江绍兴
浙东	观海卫	卫城	洪武二十年（1387年）	浙江绍兴
浙东	龙山所	守御千户所城	洪武二十年（1387年）	浙江绍兴
浙东	定海卫	卫城	洪武二十年（1387年）	浙江舟山

续表

防区	名称（卫所）	城池级别	建置时间	位置
浙东	舟山（中中、中左）所	守御千户所城	洪武二十年（1387年）	浙江舟山
	穿山所	守御千户所城	洪武二十七年（1394年）	浙江宁波
	郭巨所	守御千户所	洪武二十年（1387年）	浙江宁波
	大嵩所	守御千户所城	洪武二十年（1387年）	浙江宁波
	昌国卫	卫城	洪武十七年（1384年）	浙江舟山
	钱仓所	守御千户所城	洪武二十年（1387年）	浙江宁波
	爵溪所	守御千户所城	洪武三十一年（1399年）	浙江宁波
	石浦（前、后）所	守御千户所城	洪武二十年（1386年）	浙江宁波

二、营堡寨城

营堡城和寨城是卫所城以外的军事城堡。多数是根据海防需要建于卫所之外的要地。寨城的规模相对小些，有水寨和旱寨之分，水寨多驻于海边或江河边，通常有水道直通江海，便于水军舰船进出；旱寨则为旱地的寨城，有的位于丘陵高地上，规模通常较小。营堡城规模则大小相差悬殊，规模大的与卫所城相仿，如庙湾营城，周长725丈5尺，东西径220丈，南北径110丈，高1丈6尺，设5个城门，万历年间驻军达兵3000名、战马300匹、战船30艘。其他如掘港、杨舍等营堡城驻军都超过1000人。小的营堡规模与巡检司城差不多，守军50～100人之间。更多的营堡规模介于两者之间，驻军也在100～1000人之间。

很多营堡城选址在卫所城之间的偏僻地带，这些地方因距卫所城较远通常防守较弱，有的甚至被倭寇占据为巢穴，例如川沙、庙湾等地。于是明军在这些地方设营筑堡镇守，有的在后来成为千户所城，从而弥补卫所防御聚落网的薄弱环节。江南的浏河堡所、柘林所、宝山所等都是这样由营堡城转化而来。

三、巡检司聚落

巡检司为明清时期县以下设置的基层军政组织，统率弓兵，设置于卫所驻防地间隙、州县治以外的关津要隘，其设置、裁撤、考核皆由兵部掌管，平时也受地方州县领导。《松江府志·兵防》云："国家列戍东南，而总之以都将，府城置别校焉，制驭之权得矣，县之巡司错峙环列皆有深意。"由此可见，巡检司是整个海防体系的重要组成部分。

长三角地区南部的巡检司多数都有城墙和环壕围绕，称为巡检司城，北部地区的则多为院墙围绕。巡检司的主要职责是地方防务和维护社会治安。长三角地区部分巡检司的一项重要职责是查缉倒卖私盐等走私活动。实际行政中巡检司还经常兼任非制度性的地方管理职责，包括水利、诉讼等事务。

长三角地区巡检司的设置密度在全国为最高，远高于华北等地区，巡检司多设置于水陆交通要口，特别是江河水口处。在水口处，往往与卫所城分列江河两岸。例如：三江巡检司城与三江所城分列新闸江（东小江口）两岸，管控三江闸；定海卫城、甬东巡检司城则分列甬江口两岸，甬东巡检司城的位置相比三江巡检司城离江边略远，因是考虑到需要同时控扼竺山、陈山之间隘口的。一些地区的巡检司下辖烽墩，如苏州沿长江的巡检司均下辖数个烽墩，而沿海多数地区烽墩为卫所或营寨管辖。类似的情况还有庙湾以北的一段沿海烽墩也由巡检司管辖。

四、烽楼（汛）

烽楼（清代称为汛）是长三角腹地最基层的海防军事聚落。长三角地区的烽楼在明代主要分布在海防堤墙—墩堡防线长江入海口南岸，到苏州卫之间和海防堤墙—墩堡防线长江入海口北岸，到扬州卫、仪征卫一带，其职能是将海防一线的军情传递到苏州（巡抚驻地）、扬州（备倭都司驻地）等后方大本营，并控扼水陆要道。到了清代，烽楼改称为汛，因海防的需要，同时为了加强对江南腹地的控制，长三角地区汛的数量大大增加，清制"设弁驻兵谓之汛，汛防之设，所以保地方，是为绿营之制"。这里的"汛"是指小汛，与墩堡类似，通常由3间营房、3~5个烟墩、1座木楼、1座旗杆组成，有的还围绕着土墙或栅栏。小汛通常有5名左右汛兵驻守，担负传递军情和警戒查缉的任务。数个小汛又往往由上一级的大汛管辖，大汛设千总、把总等基层武官（图2-18）。

五、盐场聚落

盐场是我国明清时期沿海地区一种主要从事盐业生产的聚落类型，也是该地区海防聚落体系的特殊组成部分。因为盐场聚落在海防中发挥的重要作用，郑若曾在《筹海图编》中将沿海盐场都做了标注。长三角地区盐场为两淮、两浙都转运盐使司管辖。两淮都转运盐使司下辖有泰州、通州分司，仪真批验所，在长三角地域有20处盐场；两浙都转运盐使司下设松江、嘉兴、宁绍分司，辖区域内25处盐场。这些盐场中泰州分司、通州分司和松江分司下辖的盐场聚落在当地海防中起到了重要的作用，通泰盐场更是担负海防职责（图2-19、图2-20）。嘉靖三十三年（1554年），倭众数千人来犯通州，事宁，凤阳巡抚郑晓委官查勘经过情形，开列各官功罪统计，官兵灶勇前后合共斩获

第二章 长三角地区海防聚落体系构成

烽楼（汛）　　　　　　　　　　墩堡（墩）

图2-18　烽楼、墩堡比较图
（资料来源：选自大英图书馆馆藏清代《青村营汛境舆图》）

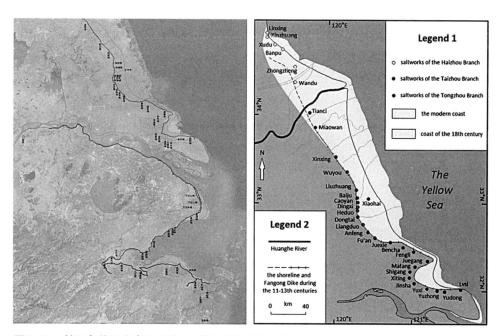

图2-19　长三角盐场分布图（左），苏北盐场分布图（右）
（资料来源：左图底图审图号：GS（2021）3715号，右图选自《Traditional Coastal Management Practices and Land Use Changes During the 16‐20th Centuries，Jiangsu Province，China》[①]）

---

① Bao J L, Gao S. Traditional coastal management practices and land use changes during the 16‐20th centuries, Jiangsu Province, China [J]. Ocean & Coastal Management, 2016, 124: 10-21.

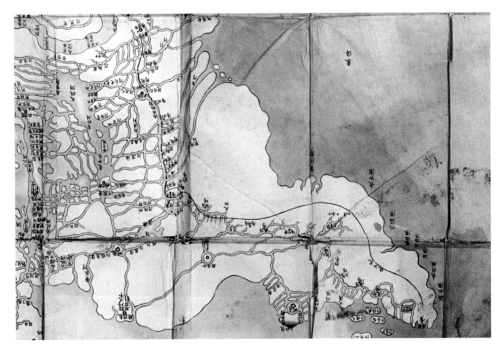

图2-20 两淮盐场、堤墙、水道分布图
(资料来源：选自美国国会图书馆馆藏《两淮盐场及四省行盐图》)

倭首104颗，内真倭47颗，从倭57颗，其中尤以各盐场灶勇与通州、海门民兵斩获为多。①

盐场聚落的军事防御性质主要体现在以下几方面：

（一）两淮盐场均有护城河环绕，部分还筑有城堡

两淮盐场是明代税赋的重要来源地，"岁入太仓余银六十万两"，占全国200万两盐课银的三分之一，约占全国赋税总额的百分之十五。清代前期的两淮盐业，在全国继续居于举足轻重的地位。嘉庆年间《两淮盐法志》记载："煮海之利，重于东南，两淮为最。""山海天地之藏，其有关于国计民生者，盐课居赋税之半，两淮盐课又居天下之半。"因此，盐场需要加强防卫。而淮扬沿海地带，卫、所、堡寨的设置密度明显比江南和浙江低，一旦倭寇登岸，难以及时应对。于是，两淮之地加强了盐场聚落本身的防御能力，场署城镇周边都开挖有护城河，余东、余西、石岗、吕四等场还筑有城堡，以城墙环绕护卫。各场城沿海防堤墙接连排布，形成防御链。

---

① 张荣生. 明代苏东淮南盐区的抗倭战争[J]. 盐业史研究，2005（04）：15-23.

长三角地区盐场聚落一览表 表2-7

都转运盐使司	分司	盐场	位置	防守力量与设施
两淮盐运司	淮安分司	不在本研究范围		
	泰州分司	庙湾场	淮安山阳县羊寨乡	筑城
		新兴场	淮安盐城县新一二都	2322丁
		伍祐场	淮安山阳县羊寨乡	7121丁
		刘庄场	泰州东西乡三十五都	10664丁
		小海场	泰州东西乡	千总驻防
		草堰场	泰州东西乡三十五都	1051丁
		何垛场	泰州东西乡十五都	2541丁
		丁溪场	泰州东西乡十五都	1077丁
		东台场	泰州东西乡二十五都	千总驻防
		梁垛场	泰州宁海乡三十二都	3385丁
		安丰场	泰州宁海乡二十六都	1585丁
		富安场	泰州宁海乡二十六都	1099丁
	通州分司	角斜场	泰州宁海乡二十九都	1309丁
		拼茶场	泰州宁海乡二十九都	4752丁
		丰利场	如皋县沿海乡一都	3065丁
		掘港场	如皋县沿海乡一都	1681丁
		石港场	通州直隶州东北六十里	筑城
		金沙场	辖石港东南三十里	1930丁
		余西场	金沙场东二十里	筑城
		余东场	余西场东四十里	筑城
		吕四场	余东场东六十里	筑城
两浙盐运司〔据《重修两浙鹾志》所列万历三十八年（1610年）记载〕	本司	仁和场	仁和县临江地方东至海宁县	1400丁
		许村场	海宁县安华坊地方东至西路场	1582丁
	松江分司	浦东场	华亭金山县境西，南至海	281丁
		袁浦场	华亭奉贤县境西接横浦场	292丁
		青村场	奉贤县境南至朱家墩接袁浦场	781丁
		下砂场	南汇县境北北接二三场	798丁

续表

都转运盐使司	分司	盐场	位置	防守力量与设施
两浙盐运司 〔据《重修两浙鹾志》所列万历三十八年（1610年）记载〕	松江分司	下砂二场	南汇县川沙厅境南至五团马家路南接头场界，东至海	807丁
		下砂三场		792丁
	嘉兴分司	鲍郎场	海盐县西南三十六里澉浦西门	1361丁
		芦沥场	平湖县武原乡东至横浦场界	396丁
		海沙场	海盐县城东北一十八里砂腰村	774丁
		横浦场	华亭金山县境西至白沙湾	523丁
		西路场	海宁县东至海盐县谈山界	1779丁
	宁绍分司	西兴场	萧山县西兴镇	655丁
		钱清场	山阴县县西北六十里	959丁
		三江场	山阴县东北三十里	2000丁
		曹娥场	会稽县曹娥镇东	661丁
		石堰场	余姚县龙泉一都二堡	865丁
		鸣鹤场	慈溪县市镇东至龙头场四十里	625丁
		龙头场	东至定海县六十里	600丁
		清泉场	定海县崇丘一都以一图	2202丁
		长山场	定海县槎东团东接穿山场	420丁
		穿山场	定海县海晏二都	463丁
		大嵩场	定海县十一都二图	600丁
		玉泉场	象山县十六都二图	600丁
	温台分司		不在本研究范围	

（二）盐场拥有战力强悍的地方武装

长三角地区盐场的灶户盐徒是仅次于义乌矿徒的战斗力强悍的地方武装，灶户平时参加盐业生产，定期参加军事训练，战时参加抗倭战斗，与卫所兵相似。而盐徒常年艰苦劳动，强悍而吃苦耐劳，各盐场设教场组织操练，战力在卫所兵之上。据《明史·兵志》记载："商灶盐丁以私贩为业，多劲果。成化初，河东盐徒千百辈，自备火砲、强弩、车仗，杂官军逐寇。而松江曹泾盐徒嘉靖中逐倭至岛上，焚其舟。后倭见民家有鹾囊，辄摇手相戒。"[1] 又有"曹泾（袁浦盐场），其地多盐徒，用之得宜尽可御寇，不必设兵，而兵莫强焉者也。"

---

[1]《明史》卷九十一《兵志三》。

（三）盐场具有军事化的编户组织

盐场灶户在明清有独立的编册，为灶册。灶户因为生产的需要一般十灶丁为团，若干团成一场，组织有序。《盐政志》记载："洪武初，立百夫长。二十五年，复罢百夫长而立大使、副使，率团总督盐课，乃置司以居之……每盐场有团有灶，每灶有户有丁数，皆额设。每团有总催，即元百夫长。"[①]泰州各盐场还专设灶勇100人左右，由百长指挥，从而组成地方武装负责军事防御。明嘉靖三十三年泰州东台场、小海场设置千总二员分防海口，系属水师，操习南北十场百长、灶勇以备倭患。一旦有军情，各盐场驻扎的千总、百长，率领成百上千的灶勇各备舟船水陆接战。灶勇每名岁给工食银二两二钱五分，百长为银七两二钱，都由政府财政支出（支于运库）。百长统领灶勇，兼护盐课，并有统一的冠服。由此可见，盐场在某种程度上与卫所类似，也具有军事化的编户组织。灶户平时从事盐业生产，闲时组织军事训练，战时选调灶勇参加抗倭战斗。

泰州分司中十场盐场官兵配置表　　　　表2-8

千总	盐场	百长	灶勇	演武场位置
北五场，千总一员	草堰场	1人	80名	北五场俱在东台场东门外操演
	小海场	1人	40名	
	丁溪场	1人	119名	
	何垛场	1人	92名	
	东台场	1人	120名	
南五场，千总一员	梁垛场	1人	130名	
	安丰场	1人	150名	下灶月塘湾侧
	富安场	1人	130名	租民地操演
	角斜场	1人	42名	场东
	拼茶场	1人	93名	场东
2员	10场	10人	996名	

（四）盐场具有管理海防堤墙通海水闸的职责

江北运河各闸出水皆从兴化、盐城、泰州等州县及淮南诸盐场分流入海，闸座启闭、河道深浅均不仅关涉运河分水能否顺畅入海，亦与淮南盐产关系甚巨。

---

① （明）朱廷立，（明）史绅等撰. 盐政志一［M］. 北京：北京图书馆出版社，1999.

故为方便起见,海口各闸很多向由场员负责管理。① 而如前文已经说明,水闸是海防堤墙上控扼通海水道的重要关卡,盐场派驻专人对通海水闸严加防守具有重要的军事意义。

第四节 驿传体系

明代建立了发达的驿传系统。驿传体系由驿传聚落和运河、驿道组成,负责海防体系的后勤补给。驿传聚落包括驿站、递运所、急递铺三种,它们与巡检司一样都属于兵部和地方行政部门共同管辖。兵部下设车驾清吏司(简称"车驾司"),专门负责驿递系统。按察使是地方驿递系统的主管,下设副使、佥事等职位;二是各省地方长官,负责其治下的总体驿递事务,下有各州县的驿丞具体负责各驿站、急递铺等日常工作,如安排铺长、铺兵、马匹使用等。②

虽然驿传聚落体系不是位于海防的最前线,但因其传递重要军事物资、公文、军情以及护送官员、要人、使客的独特作用,使其成为海防聚落体系的重要组成部分(图2-21)。由于长三角地区的地理环境特点,"借水为道、行舟代马"是这一地区主要的大宗货物或远距离人员输送方式。通过宛若人体经脉的各级运河传递文书、飞报军情、传达政令、运输物资,成为政府信息

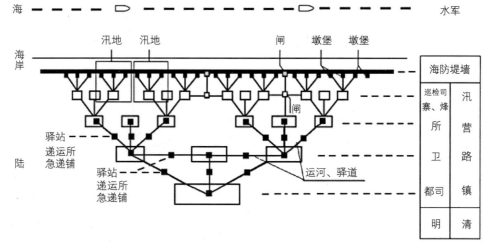

图2-21 驿传体系在长三角海防体系中的位置示意图
(资料来源:作者改绘)

---

① 何峰. 明清淮南盐区盐场大使的设置、职责及其与州县官的关系[J]. 盐业史研究, 2006(01): 47-53.
② 谭立峰, 张玉坤, 林志森. 明代海防驿递系统空间分布研究[J]. 城市规划, 2018, 42(12): 92-96, 140.

和物资传递的主要方式。急递铺是驿传体系中数量最多的聚落，是驿站的重要补充，并与烽传相衔接："于提塘兵承送本章部咨之外，特设驿递以通中外紧急之文报，又设铺兵以达郡县之往来。是驿速而铺缓，驿冲而铺偏，驿纲而铺纪也。"[①]

明清时期长三角地区驿路里程和密度均有显著增加，这都与海防聚落的建设关系密切。因为海防体系需要发达的驿路网络来联系前沿新建的海防聚落和后方的基地，以及各军事聚落间的物资和信息运输传递。

一、驿站

驿站从最初传递信息，后延展至"军事、钱粮、急务、事给"，功能日益综合化。《苏州府志》记载："驿递之制，见于诸司，执掌甚详。苏为江南要路，凡使传公移水陆行者，昼夜憧憧不绝，铺舍之设皆当列焉。"杨正泰先生的《明代驿站考》对明代各地区的驿站和驿路做了基础研究。[②]

长三角地区的驿站均沿运河排列，多数为水马驿站，也就是既有站船又有站马的驿站（图2-22）。驿卒或驾站船在运河中航行，或骑站马在运河边的驿路上奔驰。驿路均为运河与堤岸上驿道水陆双线结构。由表2-9可知：江北扬州府境的驿站站船、站马的数量基本差不多；江南的苏州、常州、镇江三府境内驿站的站马明显比站船多；而浙东的宁绍二府境内驿站交通工具则主要是站船。这应该与江南塘路建设较完备有关。

杨正泰先生的《明代驿站考》中长三角地区的驿路为沿大运河的单线，但根据地方志将所有驿站位置还原，再结合急递铺的位置连点成线后，会发现，实际上长三角地区江南一带的驿路为南北两个环线。北环线主要在苏州、松江境内，苏州境内的宁海驿和松江曾设的云间驿站并不在大运河沿线，由急递铺分布线路可知驿路走向：从苏州经娄江到昆山的宁海驿，再由通波塘到松江驿，然后通过嘉善塘到嘉兴的安远驿，最后重新连接大运河。南环线主要在湖州境内，由平望驿经頔塘到湖州落溪驿，再从湖州经落溪、西塘河到杭州的吴山驿。

---

① （清）许瑶光，吴仰贤，等.（光绪）嘉兴府志. 卷28——邮传. 清光绪三年刻本.
② 杨正泰. 明代驿站考. 上海：上海古籍出版社，2006：112-124.

图2-22 长三角地区驿站、递运所、驿路分布图（底图审图号：GS（2021）3715号）

长三角地区驿站一览表　　表2-9

驿站名称	位置	装备	人员
扬州府境[①]			
广陵驿	府城南门外，官河西岸	站船17只，站马16匹，铺陈60付	水夫170名，马夫16名
仪征水驿	仪征县东南3里	站船17只，站马8匹，铺陈76付	水夫170名，马夫8名
邵伯驿	江都县北45里	站船16只，站马14，铺陈68付	水夫170名，马夫14名
孟城驿	高邮州南门外	站船18只，站马14匹，铺陈68付	水夫170名，马夫14名
界首驿	高邮州北界首镇	站船18只，站马15匹，铺陈48付	水夫170名，马夫15名
安平驿	宝应县北门街西	站船18只，站马12匹，铺陈67付	水夫□名，马夫22名
苏州府境			
姑苏驿	盘门外	站马70匹，快船15只	水夫92名，马夫56名，水手45名
里馆驿	府治西		
松陵驿	旧在吴江县治南洪武元年移建儒学左		驿臣、攒典各1名，祗应馆夫54名，房夫4名，门子1名
平望驿	吴江县治南45里	站马56匹，快船15只	水夫82名，水手45名，马夫34名
宁海驿	初在太仓，后迁昆山县桥西		
馆驿			
常州府境			
毗陵驿	在朝京门外	站马58匹，快船15只	马夫34名，水夫82名，水手45名
锡山驿	无锡县南门外	站马58匹，快船15只	马夫24名，水夫82名，水手45名
递运所	在府朝京门外		奔牛坝递运所（万历九年革事归毗陵驿）
镇江府境			

[①]（明）盛仪撰. 嘉靖维扬志. 卷7. 公署. 据宁波天一阁藏明嘉靖残本影印//天一阁藏明代方志选刊. 上海：上海古籍书店，1963.

续表

驿站名称	位置	装备	人员
炭渚驿	城西60里	站马70匹，快船15只	马夫43名，水夫90名，旱夫30名，水手45名
京口驿	皇华亭大西门外北首		
云阳驿	在县东三漕河之滨（丹阳县）	各驿丞一人，站马70匹，快船15只	各驿丞1人，马夫43名，旱夫36名，水夫82名，水手45名
吕城驿	县南45里吕城镇		
松江驿站（松江非孔道故去驿而设递运所）			
云间驿	府城谷阳门外；泽润桥西		
杭州府境			
长安驿	海宁县西北二十五里（万历废）		
吴山驿	城北武林门外	站马15匹，站船10只	走递夫131名，水夫319名，马夫7名，驿皂2名，船头水手61名，小轿夫60名
武林驿	府治东四里芝松坊		驿丞1名
浙江驿	钱塘县南十里滨江龙山闸左	站马15匹，站船6只	水夫160名，小轿夫40名，驿皂2名，抬夫70名，马夫7名，船头水手36名
会江驿	富阳县观山之东		水夫91名，公文夫20名，驿皂2名
嘉兴府境			
西水驿	府城西门外	站马10匹	人夫（陆路夫）144名，马夫5名，水手61名
安远驿	在忘吴门外		
皂林驿	崇德县石门县南门外	站马20匹	人夫南北运报夫64名，马夫10名，驿皂2名
石门驿	在石门镇		
湖州府境			
峇溪驿	府治南200步	站船2只	人夫40名
南浔馆驿	南浔镇（洪武十年革）		
宁波府境			
四明驿	府治西两百十步	站船8只，递运船24只，南北驿房各4间，每间铺陈各4付	水夫248名，驿皂2名，馆夫24名

续表

驿站名称	位置	装备	人员
车厩驿	府城西六十里	站船7只	水夫10名,馆夫14名,驿臣1名
四店驿	奉化县南十里		
连山驿	奉化县东五里	站船4只,骡2匹,驴8匹,驿房前后4房,铺陈8付	水夫32名,骡夫10名
安远驿	建置□市舶司下西门	马房10间,铺陈30	馆夫20名
绍兴府境			
蓬莱驿	在府迎恩门外	站船7只,红船8只	水夫110名,驿皂2名
东关驿	会稽县曹娥江西岸（旧名东城）	站船5只,河船20只	人夫147名,公文夫7名,报夫2名,驿皂2名,坝夫12名,水手20名
姚江驿	余姚县东门外大江北岸	站船7只	水夫50名
西兴水驿	萧山驿西兴镇运河南岸	站船7只,红船4只,河船4只	水夫70名,探听夫1名,膳兜夫25名,渡夫16名,肩舆夫10名,驿皂2名
曹娥驿	上虞县梁湖坝旁	站船5只,红船2只,河船15只,小河船10只	水夫33名

注：史料不可辨认处，文字以"□"代替。

二、递运所

递运所，是明清时期设于各水陆交通要道管理递送粮物，运递官方物资及军需的机构。隶兵部车驾清吏司。洪武九年（1376年，一说元年）置。设大使、副使（后革）各一名主其事。以事务繁简，各备车船不等。清初沿用，有记载："递运所，置船，俱饰以红。如六百料者，每船水夫十三人，五百料者，十二人；四百料以下者十一人；三百料者，十人。皆选民粮五石以下者充之。陆递运所，如大车一辆载米十石者，夫三人，牛三头，布袋十条；小车一辆载米三石者，夫一人，牛一头。每夫一人，出牛一头。"

根据地方志可知，长三角地区除了云间递运所，其他递运所均沿大运河分布，主要以较大的"红船"为运输工具。每个递运所红船的数量均在50艘以上，可见递运所是比驿站规模更大的运输机构。递运所主要运输粮食等大宗物资，其数量比驿站少，递运所之间的距离大于驿站。递运所离杭州、扬州等大城市的距离也比驿站远，应该是避免递运所和大城市各自繁忙交通的相互干扰。浙东的宁波府和绍兴府境并没有设置递运所，应该是因为：从宁波到杭州的浙东运河相比京杭运河重要级别略低，大宗货物的运量也相对少些；而宁波和绍兴驿站中拥有递运船或红船，显然是将递运所的功能合并到驿站里了。

长三角地区递运所一览表　　　　表2-10

区域	名称	位置	装备	人员
江北	界首递运所	高邮州北界首镇	红船58只，铺陈71付	水防夫490名
	邵伯递运所	在江都县邵伯镇街北	红船55只，铺陈69付	水防夫451名
	仪征递运所	仪征县东南3里	红船64只，铺陈64付	水防夫□名
江南	通津递运所	在镇江京口闸东		大使1人
	奔牛坝递运所（万历九年革事归毗陵驿）	在常州府朝京门外		
	胥门递运所	苏州胥门外		
	云间递运所	松江府城谷阳门外		
浙北	嘉禾递运所（万历七年革）	在嘉兴府西丽桥四百步许	红船58只，铺陈58付	
	杭州递运所	府治十八里峡城		

注：史料不可辨认处，文字以"□"代替。

三、急递铺

急递铺是明清驿传体系中的基层单位。以往对于驿站的相关研究已经较多，而对于较大区域内急递铺空间分布的研究还较少。急递铺纵横交错，从腹地延伸到海岸，由平原接续山区，与水马驿、递运所共同覆盖在长三角地区，形成了一个比较畅通的水、陆联络网。驿站和递运所是这个网络的主干和大站，急递铺则是网络的支干和小站，在驿站达不到地方，承载着"置邮传命"的重大责任。[①] 急递铺以铺兵走递为主，递铺设置数量众多、覆盖范围广，通过水陆驿道连接了长三角地区所有的府县和重要城镇，并与海防堤墙—烽传体系相衔接，构筑了一张巨大的交通和信息传输网络（图2-23）。

《明实录》《大明会典》等主要史籍，对于急递铺的情况缺乏完整的记录。在地方志中可以找到一些关于急递铺的记载。急递铺运送公文和物品主要用步递，而非马递、船递。明代铺兵"各置夹板一副，铃攀一副，缨枪一把，棍一条，回

[①] 贾卫娜. 明代急递铺的研究 [D]. 陕西师范大学，2008.

第二章 长三角地区海防聚落体系构成

图2-23 长三角地区急递铺、驿路分布图（底图审图号：GS（2021）3715号）

历一本"[①]。"鸣铃走递"的装束反映了铺兵徒步递送的特点。[②]

长三角地区的急递铺数量众多，分布地域广泛，要搞清楚其分布规律需要确定各个急递铺所处的位置。在研究中主要通过查阅地方志记载、查阅古舆图、地

---

① 李东阳. 明会典[M]. 台北：新文风出版有限公司, 1876: 2085.
② 林金树. 关于明代急递铺的几个问题[J]. 北方论丛, 1995（06）: 30-36.

95

名搜索比较、与近现代地图比对以及GIS路径分析等相结合,基本确定了该区域600多个急递铺的位置(附录三)。

(一)驿路走向的确定

1．平原地带驿路走向的确定

根据地方志和舆图,我们可以看到长三角地区平原地带的驿路很多是以"塘路"和"官道"的形式存在的,找到塘路和官道就能确定多数驿路的走向。

塘路,是在河堤上修建的道路。长三角地处水网地带,水路交通四通八达,在这样的地形条件修建陆上道路不是很便利,一般道路容易被大雨和洪水冲毁或淹没。这一地区的河堤(塘)修筑得高大坚固,以宽敞平整的河堤(塘)顶上作为主要道路无疑是最好的选择。在《嘉靖吴江志》中对塘路有详细的记载,清楚地记载了吴江急递铺沿塘路排列的情形,从长三角地区各地方志记载中也可以看到,在这一地区平原地带的驿路和递铺多数都是沿各级运河水道的河岸排列的。塘路的另一个优势是水陆和陆路并行和连接换乘方便,这在崔浦的《漂海录》中有着很多清晰、形象的记载(图2-24)。

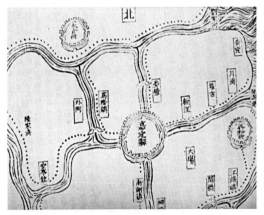

嘉定附近水陆塘路图(选自《江南经略》)　　绍兴附近驿路图(选自《绍兴府志》)

图2-24　塘路、驿路分布舆图

官道,是指政府修建的道路。修建的目的主要为了官员和军队在各府县间通行方便和运送粮食物资。急递铺通常都沿官道排布,官道基本上都是驿路。因此根据地方志和古舆图中官道的位置可确定驿路的走向和位置。根据《新修余姚县志》,"初自县前及南官道置急递铺凡六,其后缘海置卫所增置北海道之铺凡九。"可见,浙东急递铺分别沿着南官道和北海道(又称北官道)两条道路分布。

2. 丘陵山地驿路走向的确定

与平原地带塘路上的驿道不同，丘陵山地区域古驿路的走向往往没有比较详实的古籍资料记载，而且因为存在坡度大小和起伏程度的不同而呈现蜿蜒曲折的特点，故不容易确定其走向。考虑到铺兵在处于山地的急递铺之间跋涉时，必然要选择省力省时的路线，可以借助于Google高程地图数据，通过GIS空间分析得出两点之间的最优路径，从而生成可能的驿道路线图。

对比最优路径生成的驿站道推测图和现在的道路图可以发现：最优路径图与现有的县道：幽梅线—百幽线—百甘线高度重合，而与S201省道：彭安线有一定程度的偏离。分析可知：县道因为路幅较窄，设定车速较低，建设年代较早，应该可以利用原有从明清延续下来的驿道线路。省道因为路幅较宽，设计车速较高，因此需要采用转弯半径更大、更流畅的道路线形，因而与最短路径在很多区段相偏离。再查找相关历史记录，可推断县道很可能是在原有明清驿道基础上修建的。采用同样的方法，我们得出了长三角地区山地丘陵地带各急递铺间的最优路径，多数都与县道吻合度较高，将这些线路连接起来就绘制成了丘陵山地区域的驿道推测路线图（图2-25）。

移风铺—古城铺间现状卫星图

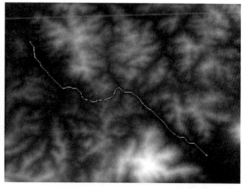

移风铺—古城铺间ArcMap最优路径分析图1

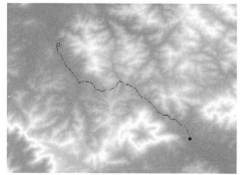

移风铺—古城铺间ArcMap最优路径分析图2

移风铺—古城铺间驿路推测图

图2-25 移风铺—古城铺驿路GIS最优路径分析图
（资料来源：作者以Google卫星图、高程图为底图，ArcMap分析绘制）

（二）急递铺分布的特点和规律

根据驿站分布图、驿站核密度分析图（图2-26）和地方志等文献记载，可以总结出急递铺和驿路的分布规律如下：

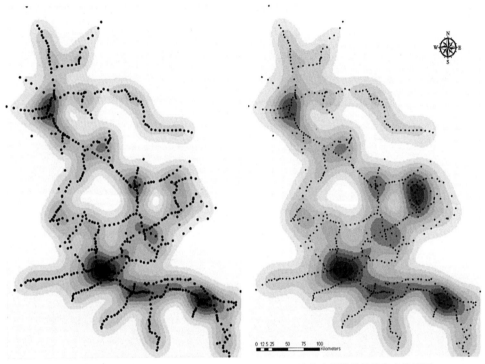

明代中前期递铺核密度分析图　　　　　清代中前期递铺核密度分析图

图2-26　明、清长三角地区急递铺分布核密度分析对比图

1．急递铺主要以大运河为主干，以运盐河、娄江等区域运河水道为支干，平原区的运河通常沿运河边塘路分布，其末端往往接近海岸和江边。

2．急递铺以府城、县城为核心向各方辐射，而府城聚集度更高。从分析图可知：明代长三角地区府城中，核心度最高的是杭州，其次是宁波和扬州，再次是苏州和绍兴，相对较弱的是松江和嘉兴，最弱的是常州和湖州。

3．明代后期和清代中前期长三角地区急递铺有所增加，增加的急递铺集中在松江府和苏州府嘉定一带（今上海境内）。由此，松江和嘉定之间上海附近的区域经过明末清初的发展，由核心度较低的地区一跃而成为长三角地区仅次于杭州的核心度较高的地区。

4．急递铺的间距明显短于水马驿与递运所。两驿站之间一般都有数个急递铺。洪武元年正月规定："急递铺，凡十里设一铺"。实际测量可知：确实有较多递铺间距在10里左右；但在交通繁忙处，如杭州附近递铺间距可能只有5、6里；在偏远处，如安吉县附近递铺间距可达到20里左右。

5. 驿道在部分大城市周边形成环路，例如永乐年间在鄞县（今宁波）西10里，新增设的新铺，"凡公文不入城者由此达洞桥、夹塘二铺"，在地图上将这几个点连接可以看到在鄞县城西侧构成了一条绕城而过的驿路，可见宁波当时较为繁华，过境走递不方便，而采取城外绕行线路更有利于快速传递信息。

第三章　长三角地区海防聚落体系空间格局

明初洪武年间东南海疆的海防体系初步建立起来，到明中后期和清初，长三角地区海防聚落体系建设趋于完善。面对海寇和武装海商集团从海上发起的进攻，恰当的兵力布署，有针对性的军事据点分布和合理的海防聚落体系空间布局是有效实现对海防御功能的关键。各海防聚落在长三角地区绵延数千里海疆，按照一定的组织方式，划分防区分路防守，组织防线层层设防，派驻重兵控制战略要地，形成蔚为壮观的空间格局。

本章将以海防聚落数据库为基础，显示海防聚落在长三角地区的布防情况（图3-1）；在GIS分析的基础上，解析海防聚落体系的空间分布格局；综合海防聚落的各类数据和特征信息，找出空间布局背后的影响因素和作用机制。

第一节　长三角地区海防聚落空间分布

《孙子兵法》曰："夫地形者，兵之助也。料敌制胜，计险阨远近，上将之道也。如此而用战者必胜，不知此而用战者必败。"[1]讲的是合理利用地形作战的重要性。城池位置的选择也是如此，但由于海防聚落的选址远非着眼于一时、一地，因此地形的选择十分重要。另外，海防聚落的选择不仅受限于地形因素，更受到政治、军事、经济、地质地理、环境、气候、洋流和潮汐的巨大影响。考虑到上述因素而产生的各个防区、各个级别的海防聚落的选址、布局汇成一个整体，即构成了整个明代海防的总体布局。

一、海防聚落分区、分路、按驻防线驻防概况

以往的一些研究根据备倭都司和卫城的分布将金山卫、海宁卫、镇海卫等沿海军事聚落加上沿运河扬州段的扬州、高邮等卫作为海防卫城，而将苏州、绍兴、宁波等卫所排除在外作为城守卫所。这样的分类方式就造成了主要海防聚落在长江入海口以南是沿海分布，而长江以北却远离海岸上百公里沿运河分布的矛盾情况。使得对长三角海防聚落的地理分布和内在关系进行全面的研究受到了限制。而根据相关古文献、古舆图结合GIS分析，海防军事聚落在空间上主要由防御海岸和江岸的前沿岸防聚落带、守卫腹地并提供后方支援的后方防御聚落群两部分组成。前沿部分起到警戒和防御敌人登陆的作用，后方部分为前沿提供军事支援、后勤保障和防御纵深，并部署战略预备队来抗击突破前沿防线的敌人。因

---

[1]（周）孙武. 孙子兵法[M]. 赵清文译. 北京：华夏出版社，2017.

图3-1 明代长三角地区海防聚落分布总图(底图审图号:GS(2021)3715号)

此，前沿聚落带与后方聚落群均是长三角地区海防聚落体系不可分割的组成部分。

长三角地区海防按江北、江南、浙北的地理区域，每区域各由一海防道管辖（或兵备道），各区域内又有二路参将分守[①]，具体为盐城参将、扬州参将、常镇参将、苏松参将、杭嘉湖参将、宁绍参将，共六路防区。

海寇从海上进攻长三角地区总体来说有两种方式：一种是在海上机动到海岸线上的某一选定位置登陆，然后再进犯内地；另一种是沿长江、钱塘江等大江河乘风潮溯江而上，深入内地然后再登陆。作为防守方须相应地沿海岸线、大江河驻防。而对于防守方而言，苏州等核心城市、大运河是防守的战略要地，也须重点设防。由此，海防聚落从空间分布上又可分为沿海驻防线、沿江驻防线、沿运河驻防线、苏州核心防御圈四大部分。

二、沿海驻防线

长三角地区沿海防区根据各沿海卫所的防守区段分为盐城段、泰州段、南通段、崇明段、金山段、海宁段、临山段、观海段、定海段、昌国段。

海岸卫所堡寨墩台基本上是沿海塘呈"一"字形排列。

（一）江北防区

江北防区由驻扎通州的狼山副总兵统辖（明初为扬州备倭都司），驻扎泰州的淮扬兵备兼理海防道副使策应，盐城参将和扬州参将分守二路。在沿海驻防线可分为盐城、泰州、通州三段防区。

1. 盐城防区

盐城沿海防区对应的是盐城参将分守的盐城路的沿海区域。盐城防区以盐城守御千户所城为核心；庙湾营堡、沙沟备倭营寨、白驹寨、刘庄寨4座堡寨为两翼；还有新兴、伍佑等共5座准军事聚落性质的盐场（北十场之五）为支撑；沿海烽墩25座（盐城境内18座、兴化境内7座）。各级军事聚落以海防堤墙的范公堤北段和串场河为屏障和纽带连成一线。其二线策应为兴化守御千户所（图3-2）。

《筹海图编》中，对苏北地区的记载较为简略，以至于以前的一些研究认为苏北沿海设防比较弱，特别是《筹海图编》中，盐城防区几乎没有沿海烽墩的记载。而根据《万历盐城县志》记载，盐城驻军总数达1600名（《筹海图编》为1085名），已超过了浙江多数卫城。据《万历志》，盐城所下辖墩台14座，《康熙府志》的记载为下辖沿海烽墩18座。万历年间成图的《淮安府图说》之《盐城县图》中，可见沿海塘排列墩台18座，墩台名称与《万历志》不一致，但与清

[①] 在明代，参将分守防区称为"路"。

第三章 长三角地区海防聚落体系空间格局

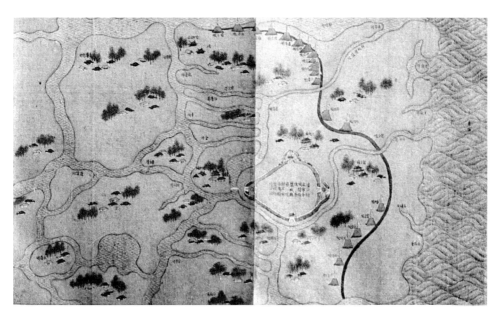

图3-2 盐城海岸布防图
（资料来源：选自《淮安府图说》）

代《盐城营河海舆图》基本一致，可相互印证。估计《万历志》为沿袭更早前志记载的名称。光绪《盐城县志·盐城舆地全图》更是绘制了较为精确的海塘、烽墩、盐城、盐场和串场河的位置。可见盐城防区的军事聚落均沿海塘和串场河排列，海塘和烽墩在上冈以南位于串场河东岸，而上冈以北则位于西岸，烽墩始终位于海塘和串场河之间（图3-3～图3-5，表3-1）。

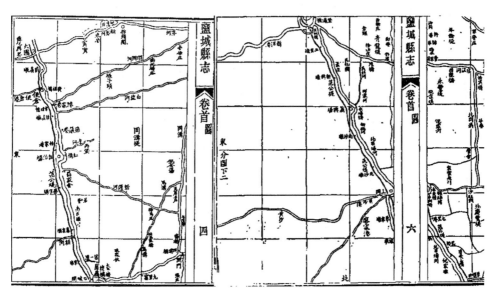

图3-3 盐城烽墩分布图
（资料来源：《光绪盐城县志·盐城县舆地全图》）

103

图3-4 盐城海防聚落分布图
(资料来源：作者以Google地图为底图标绘)

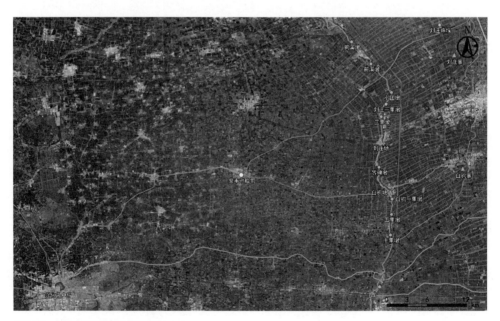

图3-5 兴化海防聚落分布图
(资料来源：作者以Google地图为底图标绘)

盐城防区海防聚落构成表　　　　　表3-1

所城	巡司	盐场	营堡寨	沿海烽墩	北
盐城千户所 （盐城参将）	喻口巡检司	庙湾场	庙湾营堡	喻口墩、沙浦墩、顾家墩、陈家墩、沟湾墩、倪家墩、洪家墩、季家墩、北沙墩	盐城境
			沙沟营	沙沟墩（南沙墩）	
		新兴场		新兴墩	
				北门墩（三里墩）、东门墩、葛家墩、蔡家墩	
		伍佑场		□墩、狗溪墩、前溪墩	
兴化千户所 （兴化千总）	安丰巡检司	刘庄场	刘庄寨	小团墩、刘庄一里墩、三里墩	兴化境
		白驹场	白驹寨	界碑墩、白驹一里墩、五里墩、十里墩	
2	2	5	4	26	南

注：史料不可辨认处，文字以"□"代替。

2. 泰州沿海（东台中十场）防区

泰州沿海与其他防区不同的是：这段防区以盐场为主要海防聚落单位。该防区由居于二线的泰州盐运司和淮扬兵备兼海防道副使统辖（驻泰州）；以东台场城为核心；以李家堡备倭营、丁美舍寨、拼茶备倭寨、角斜寨4座堡寨为护卫；以准军事聚落性质的草堰场、小海场、丁溪场、何垛场、东台场、梁垛场、安丰场、富安场、角斜场、拼茶场共10座盐场（即中十场）为支撑；沿海烽墩20座。主要军事聚落以海防堤墙——范公堤南段和串场河为屏障和纽带连成一线，部分聚落沿新涨海岸线分布。其二线策应为泰州守御千户所；在通往泰州的水陆要口有西溪、海安、西场三座巡检司把守，其中海安还修筑了城墙（图3-6、表3-2）。

图3-6　泰州防区海防聚落分布图
（资料来源：作者以Google地图为底图标绘）

泰州防区海防聚落构成表　　　　表3-2

所城	巡司	盐场	营堡寨	沿海烽墩	北
泰州千户所（海防道副使、泰州盐运使）	西溪巡检司	草堰场（百长）		龙须墩 茅花墩	泰州境
		小海场（百长）		小海南烟墩	
		丁溪场（百长）		丁溪烟墩麻墩	
		何垛场（百长）		薛家舍墩	
		东台场城（千总）	丁美舍寨（把总）	丰盈墩	
	海安巡检司	梁垛场（百长）		梁垛墩	
		安丰场（百长）		安丰烟墩	
		富安场（百长）	李家堡备倭营	李家堡烽堠5座	
	西场巡检司	角斜场（百长）	角斜寨（百户）	角斜寨烽堠2座	
		拼茶场（百长）	拼茶寨（百户）	拼茶寨烽堠4座	
	3	10	4	20	南

泰州沿海一带的海防聚落，在《泰州志》中记载颇为简略，以致于《东台县志》中有"东台分泰州之地则作志当以泰州为本，但泰州志中脱略桀误不一而足，不能以为据……故此志采《中十场志》为多，不足则参诸府志、盐法志。"这种情况的产生是因为：苏北沿海一带主要分布着一种特殊的聚落——盐场。

两淮盐运司设通州、泰州和海州3个分司，通州分司的治所在石港，泰州分司的治所在东台。其中，通州分司辖盐场9个，设场官也就是盐课司9名；泰州分司辖盐场11个，设场官11名。与一般县、镇不同，盐场主要由盐运司管辖。这些盐场具有准军事聚落性质，每场皆有百长1人，统领灶勇百名左右，百长有官服，百长和灶勇都按时由运库领取银钱。泰州盐运司，是全国六大盐运司中的"老大"，下辖东台、安丰、富安、何垛、丁溪、梁垛、草堰、小海、角斜、拼茶等10个盐场。东台从嘉靖三十二年（1553年）起，就开始遭受倭寇的入侵。最多的一次，入侵者达5000多人。东台设有千总统领各百长，在东台场等场署聚落附近还设置了演武场和操场等通常较大军事聚落才具有的军事训练设施。

苏北的盐场聚落有的有城墙，有的无城墙，但基本都有护城河环绕，有的还有内外二道城壕，如东台场城，其特征基本上是南北向沿海塘的串场河与东西向的河流水道在场署聚落交汇形成环形水道环绕场城。拼茶、角斜盐场设置了营寨，而富安与角斜场之间距离较远，则加设了李家堡备倭营。中十场北部区域新涨海岸距离海防堤墙较远，故沿海岸设置了丁美舍寨和烽墩驻防。

现在推定的烽墩的位置是根据《东台县志》《筹海图编》等史料，对应现在的数字地图和地名而推定，但须多方面甄别，如搜索现有的薛家舍地名位置距离何垛很近，与县志不符，而薛舍居的位置距离何垛场的距离与县志完全相符，故可推定薛家舍墩应位于今薛舍居。

3. 通州防区

通州防区为扬州参将分守的扬州路沿海防区，狼山副总兵驻扎于通州。以通州守御千户所为核心；掘港东西二营、石岗寨和徐稍寨、大河口营（大河口寨）、瞭角嘴营寨，共5处营寨分据两翼；以准军事聚落性质的丰利场、掘港场、马塘场、石港场、西亭场、金沙场、余西场、余中场、余东场、吕四场共10座盐场（即南十场）为支撑；在防区南侧，也就是长江入海口北岸设吴陵、张港、狼山三处巡检司扼守水陆要口；沿海烽墩共38座（另有8座沿江）。掘港营及沿海烽墩以海防堤墙的范公堤为屏障和纽带连成一线；盐场和盐场堡寨城则由运盐河连接。其二线策应为如皋县城（图3-7、表3-3）。

图3-7 通州防区海防聚落分布图
（资料来源：作者以Google地图为底图标制）

通州防区海防聚落构成表[①]　　表3-3

所城	巡司	盐场	营堡寨	沿海烽墩	西北
		丰利场		白沙口墩、丰利墩、尹家堡墩、唐家苴墩、火烧苴墩、长沙墩、新团墩、寨前墩、方前墩、彭家灶墩（共10座）	如皋境
	掘港巡检司	掘港场	掘港东西营（掘港守备）		
		马塘场			

[①]（清）梁悦馨等修. 季念怡等撰. 通州直隶州志. 卷7. 军政志. 据清光绪元年刊本影印// 中国方志丛书，华中地方（43）. 台北：成文出版社，1970：303-304.

续表

所城	巡司	盐场	营堡寨	沿海烽墩	西北
	石港巡检司	石港场城	石港寨		通州境
通州千户所（狼山副总兵）	狼山巡检司	西亭场			
		金沙场		海门南北海岸共设烽墩28座	海门境
	张港巡检司	余西场城			
		余中场			
		余东场城	徐稍寨		
	吴陵巡检司	吕四场城	大河口寨		
			瞭角嘴寨		
5	10	5		38	东南

特别值得注意的是，掘港东西二营从洪武至万历各代均驻有重兵，直接由扬州卫管辖。驻军数400～3000人不等，平均在1000人左右，且有提督或守备统领。而《万历扬州府志·兵防》中也有："如皋掘港（洪武年）始设备倭军营堡斥候，与通泰诸所并列矣。"综上所述，掘港营应该为千户所级别的海防聚落。

明洪武元年，设石港巡检司；十六年，信国公汤和筑土城抵御倭寇，立四门建水关，形成完整的心形城镇格局。明正德十四年，两淮盐运分司驻石港，管辖通州、如皋十处盐场，石港成为十港之首，官商云集，繁华一时。嘉靖二十二年建察院，为两淮盐运御史查勘、驻节之地。[1]

根据《如皋县志》可知，掘港营下辖10座墩台之间的间距和方位，根据确定位置的长沙墩沿海塘向西南和西北分别排列，并以海塘与各沿海水道交汇处定位，确定的位置与县志记载吻合。但根据相邻的河道甜水港和黄沙港的位置（见相关明清舆图），可判断县志中丰利墩和白沙口的顺序颠倒了。又根据县志中的《掘港营图》（第823页）所示和沿海亭户渔民风潮中赴墩逃生的记载，可知掘港下辖的墩台应位于堤墙外侧。

通州海门在明代是一狭长半岛，形如伸在海中的一块跳板，倭寇经常从这里登陆，故防卫严密。最外围是沿南北海岸设置的多达28座的烽墩，因为海岸坍涨和海潮台风等侵蚀，多数已难寻迹。在谷歌地图上沿海岸线排列推测其平均间距应在10里左右；第二层军事聚落为军寨和巡检司。半岛东段为瞭角嘴，在

---
[1] 徐永战，邱旸民，范占军，杨科. 江苏石港古镇保护研究[J]. 小城镇建设，2009（09）：99-104.

这里设置了大河口寨、瞭角嘴寨、徐稍寨（其位置通过地方志、古舆图推测），与通州北侧的石港寨合计为4座瞭哨军寨。军寨距离较远的区域设置了张港、吴陵2处巡检司。最中间是在瞭角嘴和通州之间沿运盐河依次排列的7座盐场聚落。除了石港设军寨以外，为抵御倭寇，吕四、余东、余西等场也修筑了城池。《万历通州志记载》："余东、石港各有城，以土为之分四门，就水道为关，如州县之制。"

（二）江南防区

江南防区由驻扎金山（后迁吴淞）的金山副总兵统辖，驻扎在太仓的苏松常镇兵备副使和驻扎上海的海防佥事策应，苏松参将和常镇参将分守二路。沿海驻防线在苏松路东部，有太仓、松江两段防区。松江之有海塘而无港口者，则自上海之川沙、南汇，华亭之青村、柘林，凡贼所据以为巢窟者，各设陆兵把总以屯守之。而金山界于柘林、乍浦之间，尤为直浙要冲，特设总兵，以为陆兵之统领。又于其中添建游兵把总一员，专驻金山，往来巡哨，所以北卫松江，而西援乍浦也。至于苏州之沿海，而多港口者则自嘉定之吴淞所、太仓之刘家河、常熟之福山港，凡贼舟可入者，各设水陆把总以堵截之。而崇明孤悬海中，尤为贼所必经之处，特设参将以为水兵之领袖。又于其中添置游兵把总二员，分驻竹冶营、前二沙，往来会哨，所以巡视海洋，而警报港口也。江南的沿海驻防线在三大防区中相对较短，却是最重要的中心区段。因为它位于长江入海口和钱塘江入海口之间，其腹地又是丝绸、棉纺业发达的苏州、松江经济中心。

1．太仓防区[①]

太仓防区为江南苏松参将分守的苏松路沿海防区，由崇明列岛和长江入海口南岸地带两部分组成。从唐茜泾到老宝山堡约120里长，主要在太仓州境内。以驻扎太仓卫城（镇海卫同城）的苏松常镇兵备副使为领导核心及后方策应（图3-8、表3-4）。

---

① （明）卢熊．苏州府志．卷14．兵卫．据明洪武十二年钞本影印//中国方志丛书［M］．台北：成文出版社，1983：565-569．

明清长三角地区海防体系与军事聚落

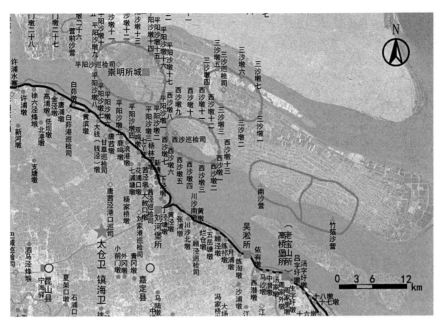

图3-8 太仓防区海防聚落分布图
（资料来源：作者以Google地图为底图标绘）

太仓防区海防聚落构成表[①][②]　　　　　表3-4

卫城	所城	堡寨	巡司	江南烽墩	西北
镇海卫	崇明沙千户所	营前沙营堡			
			平阳沙巡司	下桩港墩、东滑墩、钟家洼墩、出水套墩、鰕港墩、水窦港墩、南大港墩、陈八港墩、沈婆港墩、谭子港墩（共10座）	
			西沙巡司	南沙墩、薛家港墩、陈子中港墩、第五港墩、第八港墩、术洪港墩、界沟港墩、道堂港墩、秦坟港墩、第三小桐板墩、川洪港墩、石家浜墩（共13座）	
			三沙巡司	徐公浜墩、长敢墩、清水浜墩、北白滑墩、北新河墩、新港墩、吊溇墩（共7座）	
		南沙营			
		竹箔沙营堡			
太仓卫	浏河堡千户所	七丫港营	甘草巡司	黄滨墩、大钱墩、唐茜墩、鹿鸣墩、浪港墩（共5座）	
			茜泾巡司	双鸣墩、茜泾墩、杨林河墩、新塘墩（共4座）	
		浏河堡寨	刘家港巡司	下泾墩、黄泾墩、张浦墩、川沙北墩、川沙南墩、黄墩（共6座）	
	吴淞江千户所		顾泾巡司	烂仓墩、五岳塘墩、顾泾墩、练祁墩、月浦墩、练淘墩、（共6座）	
	老宝山千户所		江湾巡司	西潜墩、依有墩、马沙墩、中潜墩、汤家墩、周家墩、生字圩墩、吕字圩墩（共8座）	
2	4	5	8	59	东南

① 本防区位于长江入海口，天赐、青浦等盐场兴废不定，故未列入。
② （明）林世远，王鏊等. 姑苏志. 卷25. 兵防. 据明正德七年刊本影印//北京图书馆古籍珍本丛刊[M]. 北京：书目文献出版社，1983：367-370.

崇明岛是海防和江防的交汇点，曾有参将驻扎（嘉靖四十五年，调金山参将驻扎）的崇明守御千户所为崇明列岛的防御核心；北洋游兵都司驻扎崇明列岛西北端营前沙岛的营前沙营堡，与江北狼山营隔江呼应，扼守长江入海口北水道；南洋游兵都司驻扎崇明列岛东南端南沙岛的竹箔沙营堡及南沙营，与对岸江南沿岸的吴淞所和老宝山所两两呼应，扼守长江入海口南水道；平阳沙、西沙、三沙三巡检司分驻平阳沙、西沙、三沙三岛，分管各岛烽墩；三岛沿海烽墩共30座。[①][②]

副总兵移驻的吴淞守御千户所为海岸前沿核心；以浏河堡所、老宝山所为两翼；以七丫港营、浏河堡寨为协防；甘草、茜泾、刘家港、顾泾、江湾5处巡司扼守水陆要口；沿海烽墩共29座；主要海防聚落以海防堤墙为屏障和纽带连成一线。

2．金山防区[③][④]

金山防区为江南苏松参将分守的苏松路沿海防区，从老宝山堡以东到金山卫以南共约200里的海岸地带，主要在松江府境内。金山副总兵驻扎于金山（后移至吴淞）。以金山卫城为龙头；以柘林堡所、青村所、南汇所、川沙堡4个千户所级城堡为据点；蔡庙港堡、胡家港堡、金山营、江门营、独树营，共5处营堡加强金山、柘林外围防御；以下沙三场、下沙二场、下沙头场、青村场、袁浦场、浦东场、横浦场6座盐场为支撑；另设南跄、三林庄、陶宅、槭木、金山、白沙湾6处巡检司，扼守水陆要口；沿海烽墩共49座；另有海防堤墙上供瞭望守卫的塘铺42座。各级海防聚落以海防堤墙和运盐河、外护塘河为屏障和纽带连成一线，其中川沙、南汇段在明代万历十二年又在原老护塘之外修筑了第二道堤墙——钦公塘，以加强防御。其二线策应为松江府城（松江千户所）和上海县城（海防佥事、海防同知）（图3-9、图3-10、表3-5）。

---

① （民国）王清穆. 曹炳麟. 崇明县志. 卷9. 武备志. 汛地. 据民国13年修，民国19年刊本影印//中国方志丛书[M]. 台北：成文出版社，1975：476-478.
② （明）郑若曾. 傅正，宋泽云，李朝云点校. 江南经略[M]. 合肥：黄山书社，2017：316-317.
③ （明）顾清等. 松江府志. 卷14. 兵防. 据明正德七年刊本影印//中国方志丛书[M]. 台北：成文出版社，1983：603-605.
④ （明）郑若曾. 傅正，宋泽云，李朝云点校. 江南经略[M]. 合肥：黄山书社，2017：340-344.

图3-9 金山防区(川沙—南汇)海防聚落分布图
(来源:作者以Google地图为底图标绘)

图3-10 金山防区(青村—金山)海防聚落分布图
(来源:作者以Google地图为底图标绘)

金山防区海防聚落构成表　　表3-5

卫城	巡司	盐场	所城（堡）	营堡寨	沿海烽墩	塘铺	北
金山卫（金山副总兵）（金山游击）	南跄巡检司、三林庄巡检司	下沙三场	川沙堡（川沙把总）（千户所）		十八墩、十七墩、十六墩、王公墩、十五墩、十四墩、郭公墩（祭海台）、十三墩、十二墩、十一墩、十墩、擒虎墩、九墩、八墩、七墩、六墩、南汇墩、五墩、四墩、三墩、二墩、头墩（共22座）	塘铺17	上海县境
		下沙二场	南汇所（南汇把总）（中后千户所）				
		下沙头场					
	陶宅巡检司	青村场	青村所（青村把总）（中前千户所）		六墩、五墩、新四墩、旧四墩、三墩、二墩、头墩、椒（焦）树墩、大门墩、朱家墩、戚漴墩、横林墩、新（东）袁浦墩、旧（西）袁浦墩（共14座）	塘铺17	华亭县（松江附郭县）境
	柘木巡检司	袁浦场	柘林镇堡（柘林把总）（后千户所）	蔡庙港堡 胡家港堡	陆鹤墩、周公墩、漴缺墩（共3座）	塘铺2	
	金山巡检司	浦东场	右千户所（金山卫城）	金山营	胡家港墩、东新墩、西新墩（共3座）	塘铺2	
	白沙湾巡检司	横浦场	前千户所（金山卫城）	江门营	金山墩、戚家墩、篠馆墩、横沥墩（共4座）	塘铺2	
			后千户所（金山卫城）	独树营	葛逢墩、新庙墩、江门墩（共3座）	塘铺2	
1	6	8	4所城7所	5	49	42	
					91		南

金山一带沿海历史上一直是海防重地，明清时期防守甚为严密，沿海设立的烽墩密度很高，又在海防堤墙上建塘铺瞭守。川沙最初为巡检司，因距离南汇和吴淞较远，曾被倭寇入侵据为巢穴，嘉靖年间筑城堡，并设千户守之，又设把总领兵，故川沙上升为千户所级的海防城堡。柘林堡情况与之类似，均是因倭寇入侵据为巢穴而后于嘉靖年间筑城，派驻千户，设把总驻守，最终形成了间距在20公里左右、均匀排列的5座沿海卫所城堡。作为海防二线的上海县也在嘉靖年间修筑了城墙，并设海防佥事和海防同知应援。

（三）浙北防区

浙北防区防御杭嘉宁绍四府沿海地方，由驻扎杭州的浙江巡抚（巡抚浙江兼理海防）总辖，浙江总兵官驻扎定海靠前指挥（明初为浙江备倭都司），下辖分守参将四人，处于长三角的浙北地区为杭嘉湖、宁绍二参将分守杭州湾南北二路；相应的兵备官员居于海防二线，嘉湖兵备道副使驻嘉兴、巡视海道（海防道）副使，驻扎宁波，整饬宁绍兵备副使，驻扎绍兴。浙北沿海驻防线可分为海宁、临观、定海、昌国四段防区。

1. 海宁防区

海宁防区为杭嘉湖参将分守的浙西路沿海防区。以嘉湖参将驻守的海宁卫为中心，海宁备倭把总统辖；乍浦、澉浦二守御千户所为两翼；西海口、白塔、黄道庙三处军港水师驻泊；乍浦、海口、澉浦三处巡检司扼守卫所城之间的水陆要口；以芦沥场、海沙场、鲍郎场等3座盐场为支撑；21处营寨与35座沿海烽堠、墩台相间修筑于海边丘陵和海岸。各级海防聚落以海防堤墙和塘河为屏障和纽带连成一线。其二线策应为嘉湖兵备道驻扎的嘉兴守御千户所城。

海宁卫下辖乍浦、澉浦二所，沿海岸呈内凹弧形排列。海宁卫居中，乍浦、澉浦二所依托两翼突出海岸线的山丘设立，并互为犄角。乍浦所城和澉浦所城规模较大，城周长达八、九里，与海宁卫城差不多，超过了多数沿海所城甚至部分卫城，可见官府对这一段海岸防御的重视。在三处卫所的水军主要驻泊在卫所城附近的三处海港，并有水道与护城河及城内相通。乍浦所兵船驻泊西海口港，海宁卫兵船驻泊白塔港，澉浦所兵船驻泊黄道庙港。三卫所水寨兵船共78艘（图经为72艘）、把总3员、哨官10员、兵2千余名。其中，福船捕兵50名、苍船捕兵30名、小哨捕兵20名、扒拉乌八桨船捕兵各10名。水兵南与临观海哨，北与直隶金山、吴淞海哨会合（图3-11~图3-13，表3-6）。

图3-11 海宁防区（乍浦段）海防聚落分布图
（来源：作者以Google地图为底图标绘）

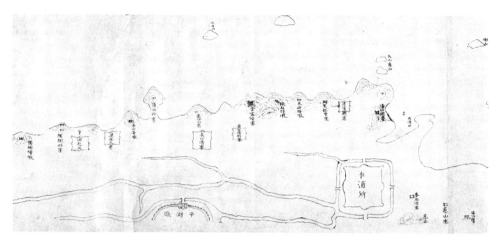

图3-12 海宁防区（乍浦段）海防聚落分布图
（来源：大英图书馆藏，清《钱塘江河防图》）

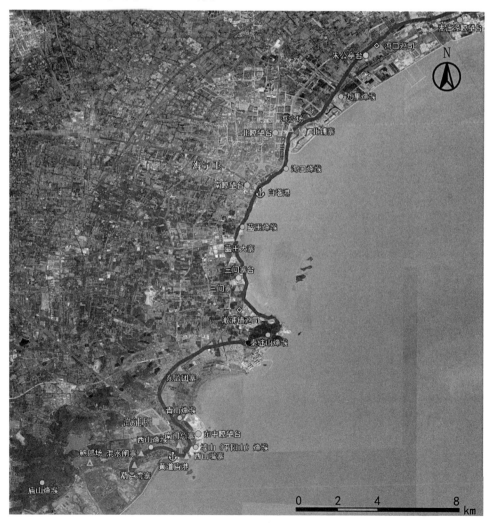

图3-13 海宁防区（海宁—澉浦）海防聚落分布图
（来源：作者以Google地图为底图标绘）

海宁防区海防聚落构成表　　　　　　表3-6

	卫所城	巡司	盐场	堡寨	墩台烽堠	北
海宁卫辖区 （杭嘉湖参将） （海宁备倭把总）	乍浦守御千户所	乍浦巡检司	芦沥场	独树林寨 独树东寨 梁庄大寨 梁庄旧寨 长沙湾寨 金家湾新寨 蒲山西寨 蒲山外寨 金家湾寨 圣妃宫寨 唐家湾寨 西山嘴寨 汤山总寨 （共13处）	独树林台 益山瞭望台 长沙湾台 高公山烽堠 蒲西山台 东山嘴台 陈山瞭望台 陈山烽堠 西山嘴台 观山烽堠 惹山烽台 （共11处）	
	海宁卫	海口巡检司	海沙场	北铺寨 蓝田寨 三间寨 （共3处）	麦生泾台 朱公亭台 九里亭台 北瞭望台 海口烽堠 南瞭望台 蓝田寨 三间寨台 （共8处）	
	澉浦守御千户所	澉浦镇巡检司	鲍郎场	东监团寨 西山嘴寨 南门（海）总寨 混水闸寨 葫芦湾寨 （共5处）	秦驻山烽堠 青山烽堠 东中瞭望台 墙山（平阳山） 烽堠 西山烽堠 庙山烽堠 （共6处）	
	3	3	3	21	25	南

乍浦地处长三角海岸线中间的江浙分界处，是位置险要的海防重地。乍浦所下辖13座寨、8座瞭望台和3座烽堠，多数集中布置在乍浦所城东部，突出于海岸的九龙山。在共约7平方公里的地域内，修建了由9座烽堠墩台、9座军寨组成的海防聚落群。基本上山丘上一座瞭台或烽堠对应山坳或山脚一、两处营寨，形成了由占据山丘高地的望台烽堠群和驻扎山坳的营寨群组成的立体军事聚落群。明清海防线上最密集的海防聚落群与所城及西海口军港形成互相支援的海

防要塞。清代还特地在乍浦驻扎满洲八旗水师营,足见其地位重要。

三处巡检司位于卫所间的中间位置,均修筑有城墙。乍浦所与金山卫之间距离略远,于是设置了乍浦、白沙湾(金山辖区)两处巡司。

2. 临观防区[①][②]

临观防区,是从曹娥江口到瀣浦口约200里长的海岸地带属于宁绍参将分守的浙东路沿海防区。防区以临观备倭把总统辖的临山、观海两卫城为核心,以沥海、三山、龙山三座千户所城为双翼,位于黄家堰、庙山、眉山巡司、三山、向头、松浦、管界等7座巡检司城驻守的卫所城之间。以石堰、鸣鹤、龙头等3座盐场为支撑,8处关隘扼守水陆要口,沿海墩台烽堠共33座。各级海防聚落以海防堤墙为屏障和纽带连成一线。其二线策应为上虞、余姚、慈溪3座县城(图3-14、图3-15、表3-7)。

图3-14 临观防区(临山段)海防聚落分布图
(来源:作者以Google地图为底图标绘)

---

① (明)万良斡等. 张元忭等. 绍兴府志. 卷23. 武备制. 据明万历十五年刊本影印//中国方志丛书[M]. 台北:成文出版社,1983:320-1715.
② (明)郑若曾. 李致忠点校. 筹海图编. 卷5. 浙江兵制. 北京:中华书局,2007:302-320.

图3-15 临观防区(观海段)海防聚落分布图
(来源:作者以Google地图为底图标绘)

临观防区海防聚落构成表　　　　表3-7

	卫所城	巡司	盐场	关隘	望台烽堠	北
临山卫辖区	沥海所	黄家堰巡司		四汇隘	楝树烽堠(所南1)	
				施湖隘	西海塘台	
					胡家池烽堠	
					槎浦烽堠 (所东2烽堠)	
	临山卫 (屯军500名)	庙山巡司		乌盆隘	荷花池烽堠 下盖山烽堠 赵巷烽堠 乌盆烽堠 (卫西4烽堠)	
		眉山巡司		泗门隘 化龙浦隘	罗家山台	
					庙山烽堠 泗门烽堠 方路烽堠 道塘烽堠 周家路烽堠 (卫东5烽堠)	

续表

	卫所城	巡司	盐场	关隘	望台烽堠	北
临山卫辖区	三山所（旗军523名，浒山志）		石堰场		徐家路烽堠 沥山烽堠 眉山烽堠 浒山烽堠 （所西4烽堠）	
		三山巡司			撮屿烽堠 蔡山烽堠 吴山烽堠 （所东3烽堠）	
观海卫辖区	观海卫（旗军1339名，观海卫志）绍兴辖	向头巡司	鸣鹤场	丈亭关 瓜誓寨 柱湖关 长溪关	西陇尾烽堠	慈溪县境
					西陇山台	
					向头烽堠 瓜誓烽堠 新浦烽堠 古窑烽堠	
		松浦巡司				
	龙山所		龙头场		施公山烽堠（卫西）	
					龙尾烽堠 龙山台 龙头烽堠 （卫北1台、2烽堠）	
		管界巡检司			道塘（石塘）烽堠 青溪烽堠 （卫东2堠）	
	4	7	3	9	29	南

　　临观防区的沿海防御体系，以卫、所、巡检司形成"三级一体两翼"的"项链"式空间结构。也就是"巡司—所城—巡司—卫城—巡司—所城—巡司—卫城—巡司—所城—巡司"的"1-2-1-3-1-2-1-3-1-2-1"的极有规律的排列方式。临山卫城如中间的吊坠，两边则是由海塘串联成的九座烽堠和一座敌台。每台驻军10名，每烽堠驻军5名。所城西边4个烽堠，间距稍大，约6里；所城东边5个烽堠，间距稍大，约5里；9座烽堠守卫着两侧海岸边海塘；罗家山敌台建于邻近卫城的山丘上。

　　观海卫与龙山所的防御体系与其他的海防卫所多数建于海塘之内不同，而是将卫所城建于海塘之外，以凸出海岸的几处山丘为屏障，在山丘的制高点上构筑敌台和烽火台，以司警戒；几处敌台、烽堠如众星拱月守护中间的卫所城，海塘保障卫、所的后方安全。采取这种布局的原因，一是这一带海滨在克氏力的作用下沙滩不断往北延伸，须控制距离海塘有一定距离的海滩和可供敌船停泊的港湾；二是占领海边山丘，将山丘与海塘之间通过构筑城池连为一体，避免有利地形被敌方占领作为其登陆内侵的桥头堡（图3-16）。

　　观海卫后方南边的山谷通路又设有丈亭关等三处关隘，作为防止敌人进攻

图3-16 观海卫—龙山所海防聚落分布图
(来源:《万历绍兴县志》)

运河防线和慈溪县城西北的屏障。嘉靖四十一年(1562年)纂成的《观海卫志》载:"慈有三关,去观海卫不远,乃倭奴奔突郡邑必由此路……至于丙辰之变[指嘉靖三十五年(1556年),倭寇越长溪岭犯慈溪,烧杀掳掠之事],惨不可道……若非恢复古制而慎选武士以守之,海患何时而已乎?……仍议卫署指挥使分拨军戍守之。"

龙山所东面海滨的邱家洋和金家岙曾经被倭寇占据为巢穴,嘉靖年间在此地加修了一段海防边墙"新筑墙",将这片海滩围护在内,并屯兵守卫以防止倭寇泊船登犯。巡检司均筑城墙,弓兵为100名左右。黄家堰巡检司,寻迁沥海所西,后迁上虞县界纂风镇,仍故名。

3. 定海防区

定海防区,从瀣浦口到象山港约200里长海岸地带属于宁绍参将分守的浙东路沿海防区。以浙江总兵驻地、定海备倭把总统辖的定海卫城为龙头,以穿山、郭巨、大嵩三座千户所城为据点(舟山所为海岛驻防,见相关章节),甬东、长山、穿山、太平奥、塔山、鲒埼等6座巡检司城驻守卫所城间的水陆要口。以长山、穿山、大嵩3座盐场为支撑,8处关隘扼守水陆要口,沿海墩台2座、烽堠42座。从瀣浦口到穿山的各级海防聚落以海防堤墙为屏障和纽带连成一线,穿山以东、以南为山地,各级聚落散布于山峰或海岸。其二线策应为宁绍兵备兼浙江海道副使驻防的宁波卫城(图3-17~图3-19,表3-8)。

在定海沿海防线中,西部的甬江口扼守通往宁波和大运河的要道,战略地位重要,是防区中防守最为严密的地方。这里以定海卫城为核心,招宝山上建威远城为制高点,甬江两岸海防堤墙相夹,营寨、烽堠、关隘、巡检司密布,甬江口钉排桩限制船只进入,形成严密的防御体系;而东部的穿山、郭巨等所城地处丘陵山

图3-17 定海防区(定海段)海防聚落分布图
(来源:作者以Google地图为底图标绘)

图3-18 定海防区(穿山—郭巨)海防聚落分布图
(来源:作者以Google地图为底图标绘)

图3-19 定海防区（大嵩段）海防聚落分布图
（来源：作者以Google地图为底图标绘）

定海防区海防聚落构成表　　　　　　　　　表3-8

	卫所	巡司	盐场	堡寨关	墩台烽堠	北
定海卫辖区（浙江总兵）（定海备倭把总）	定海卫	甬东巡检司 长山巡检司	长山场	威远城 江北寨 靖海营 定海关	高山烽堠、鸬鹚烽堠、鸬鹚烽堠、汪家路烽堠、招宝山烽堠、竺山烽堠、张师浦烽堠、打鼓山烽堠、大尖港烽堠、大渔湾烽堠、季屿烽堠、小山烽堠、长山岗烽堠（13烽堠）	
	穿山所	穿山巡检司	穿山场		锅盖山烽堠、碶头烽堠、所后烽堠、黄崎港烽堠、白峰烽堠、神堂台、撩虾埠烽堠（1台6烽堠）	
	郭巨所	太平奥巡检司			三塔山台、盛岙烽堠、高山烽堠、梅山烽堠、观山烽堠、蝦蟆烽堠（1台5烽堠）	
	大嵩所		大嵩场		大干烽堠、昆亭烽堠、黄岩烽堠、慈奥烽堠、蛤岙烽堠、尖崎烽堠、港口烽堠、横山烽堠（8烽堠）	
		塔山巡检司			董公岭堠（悬山以北）、大样山堠（大洋山岭）、马头山堠（马头村）、田下岭堠、石昌山堠（5烽堠）	
		鲒埼巡检司			洞桥堠、后州头堠、塘头山堠（塘头村）、庙山堠、吴师岭堠、石龙堠（5烽堠）	
	舟山所（中左、中中所）	宝陀巡检司 螺峰巡检司 岱山巡检司 岑港巡检司		千缆寨 沈家门寨 西碶寨	青雷头台、外湖堠、石墙堠、包家堠、石同堠、鹿颈堠、蒲沙堠、西山堠、碇咕堠、赤石堠、接待堠、奇岙堠、小展堠、吊屿堠、程家堠、石禅堠、谢浦堠、舟山堠、沈家门堠、郎家碶堠、袁家碶堠、螺峰堠、邵岙堠、千缆堠、三江堠（1台、24烽堠）	
	5	10	3	7	3台66烽堠	南

地，山丘之上烽堠联络，又在制高点上各设总台统领各烽堠守望海面；南部的大嵩所城、会同塔山、鲐埼巡检司和各烽墩防守象山港的水道，掩护防区的侧后方。

沿海驻防线上墩台、烽堠多隶属于各卫所，但沿象山港的烽堠则属于塔山、鲐埼两座巡检司。究其原因，象山港是宁波东南部狭长的半封闭港湾，伸入陆地达80余里，与江河下游相仿。故采取了与长江下游相似的以巡检司管辖烽墩的模式，以防止倭寇从水道侵入内陆袭击宁波的侧后方（因烽堠名称改变等原因，鲐埼所属烽堠的名称在聚落分布图与聚落表中尚未完全考证对应）。

4．昌国防区

昌国沿海防区为象山半岛北、东、南三面海岸，约180里长海岸地带，属于宁绍参将分守的浙东路沿海防区。以昌国备倭把总统辖的昌国卫城为核心，以钱仓、爵溪、石浦三座千户所城为据点，陈山、赵岙、爵溪、石浦四巡检司驻守卫水陆要口。以南堡、游仙、黄沙三寨为象山县城南部屏障，以玉泉盐场为支撑，沿海烽堠31座。各级海防聚落散布于海边山峰、山坳。其二线策应为宁绍兵备兼浙江海道副使驻防的宁波卫城，近防策应为象山县城（嘉靖三十二年建城墙）。

昌国卫防区属宁绍参将管辖，地处宁波府境，虽然在地理上已不属于长三角的平原地带，但其担负着保障宁波地区侧后方安全的重任。清乾隆《象山县志·论城池》："昌国、石浦当南海之中，爵溪、钱仓为东海之钥，左游仙，右南堡，赵岙掮其背，陈山扼其喉，屹若长城矣。"（图3-20、图3-21、表3-9）

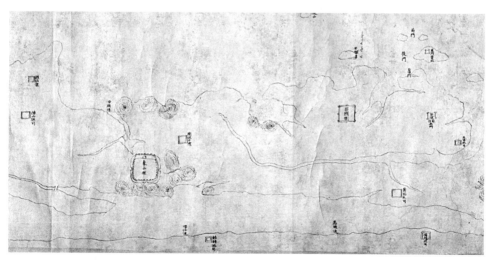

图3-20　昌国防区海防聚落分布图
（来源：大英图书馆《浙江海防图》2）

明清长三角地区海防体系与军事聚落

图3-21　昌国防区海防聚落分布图
（来源：作者以Google地图为底图标绘）

昌国防区海防聚落构成表　　　　　表3-9

	卫所	巡司	盐场	堡寨关	墩台烽堠	北
昌国卫辖区 （昌国备倭把总）	钱仓守御千户所	爵溪巡检司			青雷堠 蒲门岭堠 东门岭堠 中堡堠 前山堠 涂茨堠 杉木洋堠（7烽堠）	
	爵溪守御千户所	赵岙巡检司 陈山巡检司		游仙寨 黄沙寨 南堡寨	屏风堠 公屿堠（周家山堠） 赵岙堠 沙岭堠 半路堠 玉泉堠 外岭堠（7烽堠）	
	昌国卫		玉泉场		赤坎堠、黄沙堠、 松岙堠、仁义堠、 何家堠、崎头堠、 后门堠、乌石堠、 前山堠（9烽堠）	
	石浦前后守御千户所	石浦巡检司			大金山堠、后山堠、 前山堠、下岙堠、 门头山堠、土湾堠、 沙塘湾堠、青山堠 （8烽堠）	
	4	4	1	3	31	南

象山县城（嘉靖三十二年建城墙）南部南堡、游仙、黄沙三寨均为明正统年间所设，以防御倭寇从象山县东南的低平海滩登陆进攻县城。弥补了洪武年间所设防御体系的不足。需要注意的是巡检司等聚落位置的变化，例如爵溪巡检司洪武三十一年已迁姜屿渡，显然这是因为爵溪已置所城，故迁巡检司新址以加强象山西北渡口要道的防御；石浦巡检司则同样因石浦建所城在洪武二十年迁治青山头，以加强石浦西南水道的防御（表3-9、图3-22）。

三、沿江驻防线

在长三角地区的海防体系中，有密集的海防聚落沿长江和钱塘江分布，形成沿江驻防线，是整个防御体系的重要组成部分。长江和钱塘江下游水面变得宽阔，加之涌潮和风暴潮的助力，海寇如果乘风潮从江口驾船入侵，可以迅速地突入长三角腹地，威胁极大，必须严密布防。历史上，明代倭寇多次从长江口和钱

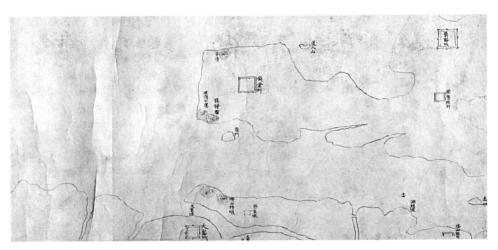

图3-22　昌国防区海防聚落分布图
（来源：大英图书馆《浙江海防图》1）

塘江口入侵，明末郑成功也曾大举反攻进入长江直逼南京，都是例证。因此，《明史》中称"故防海外，防江为重"。

（一）长江防区

长江的防御由操江都御史和下江巡江御史专责，江南北的应天、凤阳巡抚和吴淞、狼山副总兵及淮扬、苏松常镇兵备副使协防。给事中范宗吴言："**故事，操江都御史防江，应、凤二巡抚防海。后因倭警，遂以镇江而下，通常、狼、福诸处隶之操江。**"江北防区由驻扎通州的狼山副总兵统辖（明初为扬州备倭都司），驻扎泰州的淮扬兵备兼理海防道副使策应，扬州参将分守扬州路。江北沿江驻防线可分为：扬州、泰州、通州三段防区。江南防区由驻扎吴淞的吴淞副总兵统辖，驻扎太仓的苏、松常镇兵备副使策应，苏松参将和常镇参将分守二路。长江从西往东主要可以分为三道防线，沿江驻防线可分为：镇江—扬州、常州—泰州、苏州—通州三段防区（图3-23、图3-24、表3-10）

敌寇进入长江时，主要由操江和巡江下辖水军发江船围剿，两岸巡抚在两岸策应，并发哨船协助；敌寇进入内河或登陆时，两岸官兵围剿，操江、巡江下辖水军则以江船断其后路，并进内港协捕。[①]长江下游设有仪真、圌山、三江口、周家桥、福山、狼山、崇明、浏河以及吴淞江等水寨，各有军船几十艘、水兵数百人，军船总数超过500艘，水兵总数超8000人。

---

① （明）郑若曾．傅正，宋泽云，李朝云点校．江南经略［M］．合肥：黄山书社，2017：68-69.

第三章 长三角地区海防聚落体系空间格局

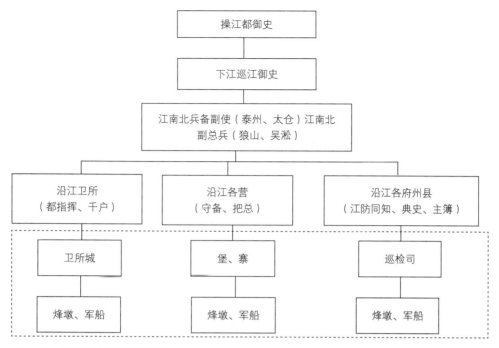

图3-23 江防聚落层级关系图

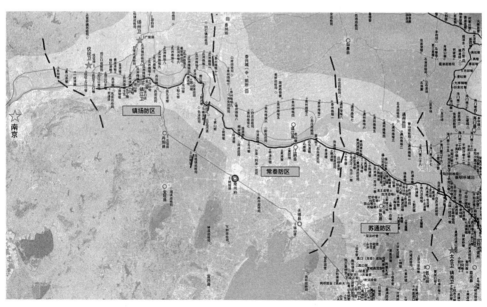

图3-24 长江驻防线军事聚落分布图
（来源：作者以Google地图为底图标绘）

明代长江沿岸水军营寨表[①]　　　表3-10

江北、江中营寨	仪真营	瓜州营	三江口营	周家桥营	靖江营	狼山营	崇明营	总计
长官	守备	卫总	把总	把总	总练	把总	把总	
水兵数	600	652	539	400	283	900	731	4105
陆兵数	101	262		209			988	
船只数	42	48	40	28	12(34)	51	46	267

江南营寨	镇江巡江营	圌山营	孟河营	江阴营	扬舍营	福山营	浏河营	吴淞江营	总计
长官	总练	总练	总练	总练	守备	把总	游击	把总	
水兵数	342	775	336(512)	365	334(1000)	488	882	538	4060
陆兵数			152(300)	359	271(1000)	377	1031		
船只数量	24	42	22(29)	20(60)	21(100)	33	55	29	246

长江防区的聚落分布也就分为江南沿岸、江北沿岸、长江岛屿三部分。因为科里奥利力的影响，长江北岸长期受到更强的冲刷，江岸经常坍塌，部分沿岸烽墩的确切位置已难以考证，而南岸受冲刷较少，且有江塘保护，相对比较稳定。

沿长江聚落统计表及聚落分布图以《江南经略》中《苏常镇江防图》《苏松海防图》为主，遗漏和不全之处以《筹海图编》中《直隶沿海沙山图》及明清地方志为参照和补充，总体上江南海防聚落在《江南经略》中记载更全面详细。《筹海图编》偏重海防，江南烽墩只有从海口到苏州白茆的记载。而《江南经略》中记载了从白茆到镇江高姿的江防聚落分布情况。

1. 镇江—扬州防区[②][③]

镇江—扬州防区为江防第三防区，是拱卫南京，扼守长江、运河的战略要地，历来都在扬州、镇江设军事重镇。《江南经略》云："京口，当长江之下流，乃留都之门户也。又当南北运道之要冲，乃吴越之咽喉也。"明嘉靖年间，江北的扬州参将驻扬州卫城、仪征卫设守备，江南有常镇参将驻镇江卫城。瓜州、圌

[①] （明）施沛. 徐必达领修. 南京督察院志. 日本内阁文库藏明天启刻本.
[②] （明）盛仪. 嘉靖维扬志. 卷10. 军政志. 据宁波天一阁藏明嘉靖残本影印//天一阁藏明代方志选刊［M］. 上海：上海古籍书店，1963.
[③] （明）申嘉端等. 仪征县志. 卷13. 武备考. 据明隆庆刻本影印//天一阁藏明代方志选刊［M］. 上海：上海古籍书店，1963.

山、三江口筑营堡、水寨，派驻把总。江南的高资、丹徒、安港、包港4巡司和江北的旧江口、瓜州、万寿、归仁镇4巡司再加上顺江洲的姜家嘴巡司共9处巡检司控扼水陆要口，沿长江两岸平均约7、8里设一烽墩，由士兵瞭守。

该防区关键处有二：一处是三江口，这里明代江南的圌山营寨、江北三江营与顺江洲的姜家嘴巡检司，呈三足鼎立扼守三江口江面（清代在此设"圌山关"，圌山关炮台群由圌山炮台、顺江洲的大沙炮台和江都的三江营炮台组成）[①]，是镇江和运河口的屏障；另一处是京口—瓜州江段，这里是大运河与长江的交汇处，瓜州堡城与镇江卫城隔江相望。

镇江—扬州防区海防聚落构成表　　表3-11

卫所	堡寨	巡司	江南烽墩	西	江北烽墩	巡司	堡寨	卫所
镇江卫（参将）				长江	东沟墩			仪征卫（守备）
					青山港墩			
					一甋港墩			
					上江口墩		仪征水寨	
					下江口墩			
					旧江口西墩	旧江口巡司		
					旧江口东墩			
					铁钉港墩			
		高资巡司	高资墩		黄连港墩			
			洪信墩		窑港墩			
			乐宁墩		瓜州墩十五	瓜州巡司	瓜州堡	扬州卫（参将）
			七里墩		瓜州墩十四			
			银山墩		瓜州墩十三			
			象山墩		瓜州墩十二			
			汝山墩		瓜州墩十一			
		丹徒巡司	丹徒墩		瓜州墩十			
			孩儿港墩		瓜州墩九			
			相公墩		瓜州墩八	万寿巡司		
					瓜州墩七			
			戌山墩		瓜州墩六			

---

① 巡陵客的博客http://blog.sina.com.cn/u/2572308960.

续表

卫所	堡寨	巡司	江南烽墩	西　　东	江北烽墩	巡司	堡寨	卫所
镇江卫（参将）	圌山营寨		圌山墩	姜家嘴巡司	瓜州墩五			扬州卫（参将）
			黄远墩		瓜州墩四	归仁镇巡司	三江口营	
		安港巡司	安港墩		瓜州墩三			
			栅江墩	长江	瓜州墩二			
		包港巡司	新河墩		瓜州墩一			
			马嘶港墩					
1	4	17		东	25	4	3	

2. 常州—泰州防区

常州—泰州防区是江防的第二防区，明嘉靖年间，江北淮扬兵备副使驻泰州所城、泰兴有镇江卫中所、前所屯驻；江南部分由常镇参将统辖，常州府协防；设周家桥水寨和孟河、靖江、江阴、杨舍4营堡，派驻把总防守；江南的小河、澡港、分港、石头港、范港5巡司和江北的口岸、黄桥2巡司，再加上靖江的新港、东沙2巡司共9处巡检司控扼水陆要口。沿长江南岸堤墙平均约8里设一烽墩，长江北岸约14里设一烽墩，由士兵瞭守。

该防区关键处有三：最险要处是江阴—靖江段，最窄处仅三里宽，是长江下游江面最窄处，为长江江防第二关键处。江阴和靖江嘉靖年间均筑城设营，统水陆兵和兵船巡逻哨守。二是孟河堡—周家桥营段，江南的孟河堡位于常镇交界处，与江北的周家桥营和泰兴城隔江呼应，嘉靖年间筑城堡由总练统水陆兵、船把守。三是杨舍堡（今张家港市），位于常州和苏州二府，无锡、江阴、常熟三县交界处，嘉靖年间筑城堡，派守备（汛期参将）驻扎。

泰兴城实际为备御千户所，且为镇江卫派驻，在之前的海防研究中未被重视。据《泰兴县志》记载："明初设备卫所，扬镇皆有卫，而以镇江卫中所百户8人、前所百户4人，屯泰兴，凡十有二营，营各统军百人。"并有详细的所属屯田面积和位置的记载。由此可知，在江南的镇江卫派驻了中所、前所超过1200人的军队及其家眷驻扎在江北的泰兴城，就驻扎泰兴县城的官兵数量和屯田等设置，已与泰州、通州等千户所城类似。镇江卫跨长江两岸的部署，加强了对长江的防御控制，避免江南北各自为战，让敌人有可乘之机。

常州府的情况比较特殊，是长三角各府中唯一没有卫所驻军的府，军事防御主要由汛期驻杨舍堡的常镇参将统辖。在洪武元年曾经设立过常州卫和宜兴守御千户所、江阴守御千户所，但常州卫于洪武三年裁革，宜兴所和江阴所于洪武十三年裁革。守御之责主要由沿江各营堡、巡检司、烽墩承担。《嘉靖江阴县志》

载:"江阴设卫命将视如重镇,其后借乱削平,日以无事,撤江阴军移镇西安,唯三司弓手主捕盗贼,各守亭墩如故。"[1] 由此可知裁革兵卫的原因,并可了解到后来由巡检司接管烽墩(表3-12)。

常州—泰州防区海防聚落构成表　　　　　　　　表3-12

府县	堡寨	巡司	江南烽墩	西（江）东	江北烽墩	巡司	堡寨	备御所	守御所
常州府					泰州墩十一	口岸巡司			泰州千户所（兵备副使）
					泰州墩十				
	孟河堡（总练）	小河巡司	黄山墩	长江	泰州墩九		周家桥营		
			剩银墩						
			村港墩		泰州墩八				
			顾家墩						
		澡港巡司	澡港墩		泰州墩七	黄桥巡司		泰兴中前所（隶镇江卫）	
			五斗墩						
		分港巡司	分港西墩	新港巡司	泰州墩六				
			申港东墩						
			夏港墩		泰州墩五				
	江阴营（总练）		黄田墩	靖江营（总练）					
			君山墩		泰州墩四				
			石牌墩						
			石头港墩	东沙巡司	泰州墩三				
			雷浦墩						
		石头港巡司	季家墩		泰州墩二				
			蔡港墩	江					
	杨舍堡（参将）	范港巡司	范港墩		泰州墩一				
			令节墩						
		5	17	东	11	2			

3. 苏州—通州防区[2]

苏州—通州防区是江防的第一防区,明嘉靖年间,江北提督狼山副总兵驻通州所城;江南有应天巡抚驻苏州卫城[3];常熟为苏州门户,嘉靖年筑城;设福山、

---

① （嘉靖）.江阴县志.卷8.兵卫记.据明嘉靖刻本影印//天一阁明代方志选刊 [M]. 上海：上海古籍书店，1974.
② （明）林世远，王鏊等.姑苏志.卷25.兵防.据明正德七年刊本影印//北京图书馆古籍珍本丛刊 [M]. 北京：书目文献出版社，1983：367-370.
③ 嘉靖后,因海防需要,每遇风汛应天巡抚则驻苏州,称行台；万历三十一年（1603年）以后,为了便于居中调度,抚署从南京迁往苏州常驻。

狼山、许浦、白茆4营堡及水寨，派驻把总防守；江南的黄泗浦、福山、许浦、白茆4巡司和江北的石庄、狼山2巡司，共6处巡检司控扼水陆要口。沿长江南岸约100里堤墙设烽墩19座（平均约5里设一烽墩），长江北岸约80里设11座烽墩（约7里设一烽墩），由士兵瞭守。

该防区最重要的是福山—狼山江段，为长江江防第一关键处。《江南经略》云："福山东通大海，北枕扬子江，要害甚于白茆。盖常熟为苏之北门，福山为常熟北藩重镇，与通州狼山相直，境特雄胜，实东南控扼之地。"这里是江海之交，狼山、福山隔江相对，与营前沙呈三角之势，为长江的第一门户。苏州—常熟—福山—长江—狼山—通州所呈一直线。江南的苏州常熟沿岸港汊众多，故堡寨、巡检司均驻扎于通往常熟和苏州的河口之地，多备水军、船只防御。防区内白茆等堡寨属于苏州卫派驻管辖，"天顺5年，翁绍宗设白茆港寨于常熟东北90里海口……苏州卫分委指挥1员，千户2员，百户4员；春夏领军士400备倭，船4艘。"①（表3-13）

表3-13 苏州—通州防区海防聚落构成表

卫所	府县	堡寨	巡司	江南烽墩	西	江北烽墩	巡司	堡寨	卫所
苏州卫（巡抚）	常熟县				长江	通州墩八	石庄巡司		通州千户所（副总兵）
				乌泥泾墩					
			黄泗浦巡司	新庄港墩		通州墩七			
				黄泗浦墩		通州墩六			
				三丈浦墩					
				奚浦墩		通州墩五			
				小陈浦墩		通州墩四			
				西岸浦墩					
		福山堡寨	福山巡司	大陈浦墩		通州墩三	狼山巡司	狼山营寨	
				福山墩					
				崔浦墩		通州墩二			
				耿墩					
				野儿墩		通州墩一			
		许浦水寨	许浦巡司	千步墩					
				许浦墩		海门墩廿八			
				徐六泾墩					
				高浦墩		海门墩廿七			
				金泾墩					
		白茆港营	白茆巡司	唐浦墩		海门墩廿六			
				白茆墩					
		3	4	19	东	11	3	1	

---

① （明）林世远，王鏊等. 姑苏志. 卷25. 兵防. 据明正德七年刊本影印//北京图书馆古籍珍本丛刊[M]. 北京：书目文献出版社，1983：367-370.

4. 长江驻防线聚落分布特点

江防南北分据两岸，沿江三个防区各司其责，但也往往容易形成各自为战，在分界处防守薄弱的问题。为了解决这一情况，在江防聚落的布局上有专门的考虑：

（1）在沿江防区交界处设立堡城和巡检司，如长镇分界处设孟河堡、苏常分界处设杨舍堡；苏松分界处设宝山堡。

（2）卫城跨江兼辖对岸所城，如江南的镇江卫管辖江北泰兴城的中所、前所；江南的镇海卫兼辖崇明岛的崇明守御千户所。

（3）江南北两岸防御聚落成对设置，遥相呼应，如狼山、福山；靖江、江阴；三江营、圌山营等。

（4）江防聚落与海防聚落最大的不同在于江防的烽墩都归巡检司管辖，海防多由卫所管辖。

（5）长江南岸烽墩的命名常见的是两种：最多的是以流入长江的河流命名，名称为港、浦、泾、浜等，这也反映了这些烽墩的选址特点，它们多是驻扎在河口以司警戒；其次是以山命名，主要是镇江和江阴一带江边的丘陵，这些烽墩很多选址在山丘上，以居高临下，利于瞭望和防守。

（二）钱塘江防区

钱塘江古称浙，全名"浙江"，源于新安江，从杭州闻家堰起被称为钱塘江，到澉浦至对岸曹娥江一线入海，是浙北之命脉，杭州的门户。钱塘江的防御，主要由北岸杭州都司直属的海宁守御千户所防区、南岸绍兴卫下辖的三江所防区和钱塘江水上防线三部分组成（图3-25、表3-14）。

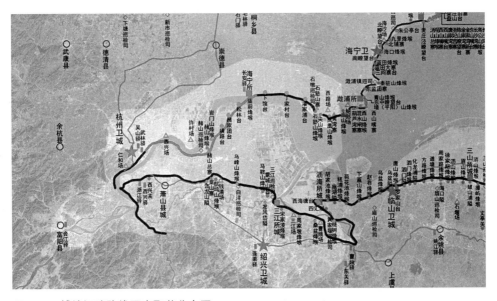

图3-25 钱塘江驻防线军事聚落分布图
（来源：作者以Google地图为底图标绘）

杭州湾两岸海防卫所排列表　　　　　　　　表3-14

	西					东
北岸	海宁所	澉浦所	海宁卫	乍浦所	金山卫	柘林堡
南岸	三江所	沥海所	临山卫	三山所	观海卫	龙山所

钱塘江入海口外接杭州湾，呈喇叭形，卫所等海防聚落对称地排列在杭州湾—钱塘江两岸，并都是按照"所—所—卫—所—卫—所"的排列顺序。这不仅是巧合，还可方便两岸聚落相对巡逻会哨（表3-15）。

钱塘江驻防线海防聚落构成表　　　　　　　　表3-15

卫	所	寨关	巡司	江南烽台	西	江北烽台	巡司	寨	所	卫
绍兴卫	三江所	西兴关			钱塘江				海宁所	杭州卫
		鼋山寨				赭山烽堠 岩门山烽堠	赭山巡司	赭山总寨		
			白洋巡司	航坞山烽堠 乌峰山烽堠 马鞍山烽堠		横路台 赭家团台 松林台				
			三江巡司	蒙池山台		庙前烽堠				
				宋家楼烽堠 周家墩烽堠 桑盆烽堠		下馆台 丁家村台 潘家浦台	石墩巡司	石墩寨		
						石墩山烽堠 尖山烽堠 凤凰山烽堠		黄湾寨		
	1	2	2	7	东	12	2	3	1	

1．北岸海宁所防区

钱塘江北岸的海宁守御千户所为杭州都司直属杭州卫兼辖，负责钱塘江北岸的防务。所城与其下辖的烽堠、墩台与水寨及巡检司沿海塘排列，以所城为中心呈对称布局：以海宁所城和庙前烽堠为中心，两翼各排列，三处墩台，再两端又对称分布烽堠、赭山、石墩山二巡检司城和赭山、石墩山、黄湾水寨。

2．南岸三江所防区

三江所为绍兴卫下辖的守御千户所，负责钱塘江南岸的防务。三江所辖区的海岸防御体系也呈典型的"项链"式空间分布。三江所城如吊坠居中，两翼则是由海塘串联成的六座烽堠和一座敌台。所城西边三个烽堠均建于海边百米左右的山丘上，间距稍大，大致15里；所城东边三个烽堠建于海岸，间距稍小，大约10里；六座烽堠守卫着两侧海岸边海塘。三江所城与紧邻所城的蒙池山台和新闸江对面的三江巡检司城一东一西守卫着三江闸这个进入绍兴的关键河口。

3. 钱塘江水上防线

钱塘江水上防线的主力是：钱塘江水兵、北关水兵、两岸卫所水兵三支水上力量。钱塘江水兵设有领哨官1员、巡船20支，队长、舵工各20名，兵200名；北关水兵设有领哨官1员、巡船10支，队长、舵工各10名，兵110名；钱塘江水军平时于钱塘江、富阳江等处巡缉，汛期出鳖子门、赭山等处外海哨探。钱塘江水兵主要是沿钱塘江东西向巡逻，江北的赭山总寨和江南龛山寨的水兵则是驾船在钱塘江鳖子门口南北往来会哨，共同形成了严密而强大的水上防线，保卫着杭州的水上门户。钱塘江水兵作为一支精干的常备水军，汛期和战时还将得到杭州东西大营的增援。主事唐枢云："杭州居腹里之地，而以钱塘港、海门为分户……极西尽底为杭，未临大海。若战舰严守，闻警即出把截，贼难直捣。"[①]

根据上文可知，严密防控的水军配以有利的地形和杭州大营的强大后盾，使得从杭州城南到鳖子门这一段约40里长的钱塘江的防守已然稳固，其南北两岸只须修筑高大的海塘，并未沿塘再设置墩堡、营寨。

四、沿运河驻防线

在长三角地区的海防体系中，除了沿海岸和沿江驻防线，还有一条沿运河排布的海防聚落驻防线。春秋战国时期，在长三角地区，由于北上伐齐战争运输的需要，吴国开挖了我国第一条人工开凿的运河——邗沟。之后的历史时期，运河不断延伸，在隋唐时修筑完成京杭大运河。明朱棣定都北京，需要从江南运送军需和其他物资补给京城和九边各镇。由于海运受到海寇和风潮的威胁，明成祖听从而改漕运以河运为主，大运河得到不断改造、完善和疏浚。明代逐渐改由军队（运军）负责实施漕运。据记载明代常年漕运兵力保持十余万人，平日有卫所等专门驻地，轮流实行屯垦和漕运，同时负责运河沿岸的安全，保障运输畅通。明代大运河从北端的淮安往南经扬州、苏州、杭州、绍兴直到宁波，斜穿了整个长三角地区。

大运河串联了明代在长三角地区除松江府以外的所有府城，并且是整个海防体系的主要后勤补给线。明清两代，海寇的入侵多次劫掠了大运河沿线城市，造

---

① （明）郑若曾. 李致忠点校. 筹海图编. 卷5. 浙江事宜［M］. 北京：中华书局，2007：367.

成了极大损失并威胁到了大运河航线的安危。在清末的鸦片战争中，因英军从海上进入长江、攻占镇江、威胁切断运河，迫使清政府签订了南京条约。这虽是后话，却都说明了运河防线在海防中的重要性和战略地位。再加上大运河作为整个帝国后勤补给线和经济命脉的重要性，大运河防线理应是长三角海防体系的重要组成部分。

大运河在长三角地区因为与长江和钱塘江的交汇，从北往南被分为三段。

淮扬运河段：范围自江苏淮安清口枢纽至长江，河段总长度约241公里，其中主线长度约188公里。

江南运河段：范围自长江至钱塘江北岸，河段总长度约479公里，其中主线长度约432公里。

浙东运河段：范围线自浙江杭州西兴镇至宁波三江口，河段总长度约239公里，主线长度约180公里。

明代的漕运总督的全衔一般情况下是"都察院右都御史、总督漕运、兼提督军务、巡抚凤阳等处地方"。有的漕运总督头衔最后还加上"兼理海防"，明代漕运总督统有淮扬海防道，南直隶之扬州卫、高邮卫、仪真卫、淮安卫、大河卫，还要管理江北扬州等各府。

运河防线主要由驻扎淮安的漕运总督和漕运总兵领导。在总兵之外，又增设漕运参将一名，作为重要属官也驻淮安，其下则设把总十一员，另有负责海运的遮洋总一，共十二把总。分别统管各地运军。其中长三角地区主要为四员，浙江一员，江南、江北各一员，遮洋一员。运军总数为十二万多人，按卫所军制组织管理，如浙江把总分管浙北部分运军，下辖宁波、杭州二卫、绍兴卫、湖州千户所等卫所。

海防聚落运河驻防线，由卫所、驿站等不同层级的各类聚落组成。第一类聚落，主要由驻扎在府城和水运要地的一系列卫城、守御千户所和营堡关城组成，其核心为驻有重兵的扬州卫、苏州卫、杭州卫、绍兴卫、宁波卫、嘉兴守御千户所等卫所城，它们是运河驻防线的防御核心；第二类聚落为没有卫所驻扎的府、县城，包括常州府和宝应、吴江、余姚、慈溪等十个县城，这些府县城虽没有驻扎正规军，但作为运河线上重要的政治、经济城市，也都为了抵抗海寇的入侵而修筑了坚固的城墙设施；第三类是关城敌台和巡检司城，主要是苏州、杭州等大城市外围与运河相接的要口处的关城、敌台，以及一般部署于运河在郊县水陆要口、关津要地处的巡检司，它们由地方军警驻扎和巡逻，作为第一类聚落的重要补充；第四类聚落是由运河沿线的驿传聚落组成，包括驿站、递运所和急递铺。它们数量众多，是运河驻防聚落的主要组成部分。运河防线上部署了数量庞大的运军，他们以卫所、驿站、递运所为主要据点和枢纽，长期驾船在运河上航行运输，保卫航运的安全（图3-26、表3-16）。

第三章 长三角地区海防聚落体系空间格局

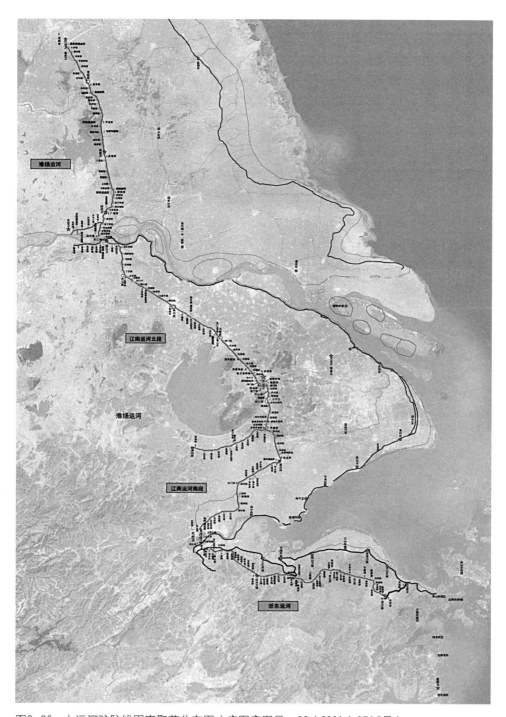

图3-26 大运河驻防线军事聚落分布图（底图审图号：GS（2021）3715号）

大运河驻防线军事聚落数量构成表　　　　　表3-16

卫所城	府县城	营堡关	巡检司	递运所	驿站	急递铺
12	11	14	18	9	32	173

"正统末，泰兴岁调百人赴周家桥谓之防运。"[①]在《飘海录》中，可以了解到，明代朝鲜官员崔溥飘海归国路线基本上就是沿运河驻防线北上，其记载详细地描述了运河驻防线的情况，反映了运河沿线聚落的海防职能，为明代运河驻防线的研究留下了宝贵的文献资料。

五、苏州防御圈

苏州在地理位置上处于长三角地区的中心位置，并且在历史上长期是这一地区的经济文化政治中心，明代中后期，应天巡抚驻地也迁到这里，清代为江苏巡抚驻地。"苏州乃南都之袵褥太湖也，人文财富甲于天下，"[②]苏州的富有繁荣和发达的丝绸业自然最为倭寇所垂涎。苏州虽然距离海滨尚有一段距离，前有海岸防御体系防卫，但历史上苏州还是多次遭受了海寇的侵略，特别是苏州近郊损失惨重。苏州地区是海寇进攻的重点目标地和长三角地区防御的重心。另外，因为苏州地处长三角地区的腹心之地，在此布署兵力，有居中方便驰援四周之便利。嘉靖年间在长三角地区流窜月余，杀伤军民数千，震惊朝野的五十三名倭寇，最终就是在苏州外围的浒墅关一带被截杀。

明嘉靖三十三年（1554年），流寇五十三人，自杭州、南京、溧阳转斗数千里从无锡突至浒墅关。巡抚御史曹邦辅召官属必灭此贼，是夜官兵射死5名倭寇，余逃走宝带桥、郭巷，为官兵围困。二十日奔灵岩山。二十一日官兵搜伏斩首七级，倭寇夜奔凤凰池。二十五日，奔木渎，复奔横泾前马桥，邦辅亲督王崇古等击贼尽歼之。

以上记载表明，苏州地区在嘉靖年间加强了防御体系的建设，并有效地发挥了抵御和剿灭突入腹地倭寇的作用。因为苏州城已经很大，因此没有采用类似扬州的扩建新城的方法[③]，而是在近郊构筑了多层次的营寨、巡检司、敌台等防御聚落以拱卫苏州城。苏州防御圈根据距离苏州城的远近又分为核心防御圈和外围防御圈两个层次（图3-27）。

---

① （清）欧阳东凤．严锜等．光绪泰兴县志．卷15．城池．所署．据明万历十九年手抄本影印//中国方志丛书［M］．台北：成文出版社，1983：132．
② （明）郑若曾著．傅正，宋泽云，李朝云点校．江南经略［M］．合肥：黄山书社，2017：10．
③ 因为城过大、城墙过长，反而难以防守，参见宋代陈规《守城录》。

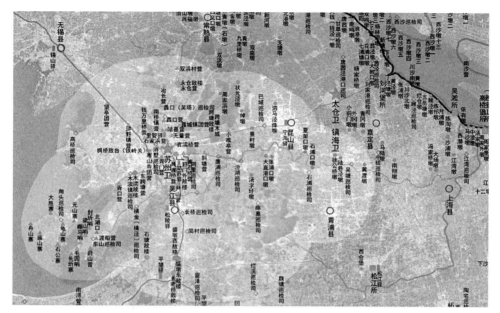

图3-27 苏州防御圈军事聚落分布图
(来源：作者以Google地图为底图标绘)

（一）苏州核心防御圈[①]

明代为抵御倭寇对苏州的入侵劫掠，在苏州城近郊建立了严密的"**蛛网形**"**核心防御圈**（图3-28）。营寨、巡检司和敌楼等防御聚落以苏州城为核心，从各城门，沿水陆要道向各个方向纵向伸展分布；由内而外可分为四到五个圈层（表3-17），从而形成了以辐射线与多层同心圆交织成的蛛网形。当外围防御圈被敌人突破时，核心防御圈层层阻截，瓦解敌人的入侵企图，并为城内组织防御和援军的到达争取时间。

纵向主要有六条：一是东北出娄门，沿浏河分布，连接昆山、太仓，至浏河口；二是东南出葑门，沿金鸡湖、斜塘分布，通吴淞江，至上海、吴淞口；三是北出齐门，沿元和塘（常熟塘）分布，连通常熟，至长江；四是西北出阊门，沿大运河分布，连接无锡、常州；五是西南出胥门，沿胥江分布，通往太湖、东西洞庭山；六是南出葑门，沿老运河、大运河分布，连通吴江。其中：东线两条防御的是由长江口进犯之敌；北线防御由长江登陆的敌人；南线防御由杭州湾登陆北范之敌；西北线防御大运河这一连通南京和镇江扬州的经济命脉；西南线防御和阻截来往太湖的贼寇。

由内而外分为数个防御圈层。最内圈是经过加筑完善的苏州城墙和护城河；第二圈层为离城门外不远，护卫城门的营寨、敌楼，距离城门的距离仅一、两

[①]（明）林世远，王鏊等. 姑苏志. 卷25. 兵防. 据明正德七年刊本影印//北京图书馆古籍珍本丛刊［M］. 北京：书目文献出版社，1983：367-370.

图3-28 苏州核心防御圈军事聚落分布图
（来源：作者以Google地图为底图标绘）

苏州核心防御圈聚落构成列表　　　　　　　　　　表3-17

城墙		一环	二环	三环	四环	五环	水道
胥门（西南线）	护城河	胥门营		东跨塘营	木渎镇巡检木渎敌楼	胥口营	胥江（通太湖）
阊门（西北线）		寒山寺团营	枫桥敌台（铁岭关）	钱万里桥营	浒墅镇营浒墅巡检司	望亭团营望亭巡检司	大运河（通无锡）
齐门（北线）		无量营、石家浜营	陆墓营、南桥镇营	蠡口营、蠡口（吴塔）巡检司	冶长营、永仓营、永仓敌楼	双浜村营	元和塘（通常熟）
娄门（东北线）		官渎桥营			跨塘木城、跨塘敌楼	小唯亭营	浏河（通昆山）
葑门（东南线）		葑门外敌楼	黄石桥营	斜塘营		唐浦巡检司	斜塘（通吴淞江）
葑门（南线）		蔑渡桥营		尹山营		长桥巡检司	大运河（通吴江）
盘门							

里；第三圈层位于最外层聚落和护卫城门的第二圈层聚落之间，起到联络和阻截的作用；第四和第五圈层则位于苏州附郭的吴县和长洲县外部边界附近，是最外圈的防御据点和前哨。

可以看到这些聚落基本上都是沿水道分布，在苏州城南的盘门近郊一带没有直接对外的水道，就没有设置营寨。由此可以看出苏州地区水路交通对海防的重要性。另外值得注意的是，以上提到的防御聚落多数都设置在临近河道的陆上塘路的一侧。但有几处防御聚落有所不同，它们是成对分列于河道的两岸。如东出娄门，位于陆泾坝外，浏河两岸构筑的木城、敌楼；北出齐门，位于元和塘两侧的无量营、石家浜营和陆墓营、南桥镇营两处营寨。可见位于东北的两线是苏州外围防御的重点，这也是海寇由长江口进犯苏州最近的路线。

（二）苏州外围防御聚落

除了苏州核心防御圈的密集布防，在苏州外围的几个重要战略方向也做了周密的布署。

1．吴江防御聚落

吴江位于苏州南部，是苏州的南大门。西部为太湖，东部众多湖泊湿地，中路为大运河连接南北，境内河湖纵横，四通八达。吴江的平望镇位于江浙两省交界之处，是通往浙江嘉兴、湖州的要道。吴江重点防御由杭州湾登陆北上之敌，是苏州南部的重要屏障。[①] 吴江以平望县城为中心，统领4座敌楼、8处巡检司，各巡检司下又在各水口设多处水栅。水陆军士扼守各水陆要冲并往来巡逻，防守严密。《江南经略》云："七县水兵，惟吴江为最，乃倭奴之所深畏也。"吴江一县在明初就设了8处巡检司，苏州府其他县一般设4处巡检司，而长三角地区多数县一般只设1～3处巡检司。由此可见吴江在防御上的特殊重要性。

吴江防御聚落构成表[②]　　　　表3-18

	名称	位置	附注	修建年代
城	吴江县城	苏州南四十五里	城周五里二十七步，高三丈一尺，月城四，旱门六，水门三，敌台二十六座，铺设四十座，羊马墙一千八十四丈	元末张士诚重筑，明嘉靖年间加筑
敌楼	石塘敌楼	石塘甘泉桥北		嘉靖三十四年杨芷建
	盛墩西敌楼	盛墩官塘袅腰桥北（属震泽）	楼下设置铁门，楼顶有扶栏箭堞；基方1丈7尺，高1丈9尺	嘉靖三十四年杨芷建

---

① （明）郑若曾. 傅正，宋泽云，李朝云点校. 江南经略[M]. 合肥：黄山书社，2017：216.
② （明）沈启，徐师曾. 嘉靖吴江县志. 卷4. 城池. 敌楼附.

续表

	名称	位置	附注	修建年代
敌楼	盛墩东敌楼	盛墩运河东		嘉靖三十六年曹一麟建
	长老桥北敌楼	平望镇长老桥北（属震泽）		嘉靖三十四年杨芷建
巡检司	长桥巡检司	县东二里松陵驿东	设弓兵四十名，往来巡逻	
	简村巡检司	县东南十五里充浦	设弓兵四十名，往来巡逻	
	因渎巡检司	县东南一百里吴溇村	设弓兵四十名，往来巡逻	
	震泽巡检司	县西南九十里震泽镇	设弓兵四十名，往来巡逻	
	平望巡检司	县东南四十五里平望镇	设弓兵四十名，往来巡逻	
	同里巡检司	县东北十六里同里镇	设弓兵四十名，往来巡逻	
	汾湖巡检司	县东南六十里芦墟村	设弓兵四十名，往来巡逻	
	烂溪巡检司	县西南十八里烂溪镇	永乐间移至县东南九十里严墓村	

2．太湖防御聚落

太湖在苏州西南，距苏州城仅三十余里，水域宽阔，水系四通八达，便于敌寇流窜。从太湖可通过水道或登陆抵达苏州城，太湖中有东西洞庭山，为苏州西南屏障，可控扼太湖水域。因此嘉靖三十四年，在东洞庭山设司马寨、梁山哨、渡船营、北湖口营、长圻寨、烽圻寨、毛园哨、嘶马哨，在西洞庭山置鼋山寨、用头寨、石公寨、圻村寨。与原有的用头巡检司和东山巡检司相配合，驻扎水陆兵守御（图3-29、表3-19）。

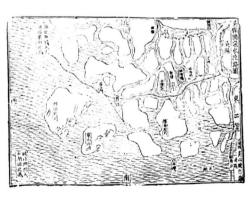

（来源：《江南经略》）

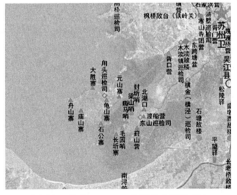

（来源：作者以Google地图为底图绘制）

图3-29 太湖东西山军事聚落分布图

太湖东、西山防御聚落构成表　　　　表3-19

	巡检司	营	寨	哨
洞庭东山岛	东山巡检司			封圻哨
			北湖口寨	梁山哨
		渡船营		
				嘶马哨
		莳山营		毛园哨
洞庭西山岛	甪头巡检司		长圻寨	
			大胜寨	
			元山寨	
			舟山寨	
			龟山寨	
			庙山寨	
			石公寨	

3. 吴淞江防御聚落

吴淞江是《禹贡》中记载的三江之一，是太湖的入海之道，也是从长江入海口和上海一带进入苏州的重要水道。在浏河有太仓、镇海卫重兵把守的情况下，海寇可经由吴淞江长驱直入，进犯上海、苏州，因此战略地位重要，为攻防双方所重视（中日甲午战争爆发之前，日本间谍偷绘的吴淞江布防图也说明了这一点）。吴淞江下游为太仓、松江界河，防守相对薄弱，因此需要在这里加强设防。因此明代从吴淞口沿吴淞江流域到吴淞江与斜塘交汇处，从东往西一路设置有南跄、吴淞江、中槎、吴塘、石浦、塘浦六处巡检司，下辖有秦家店、大场、南翔、夏驾口等二十多座烽墩。烽墩的排列基本与吴淞江走向一致，但在下游整体偏北，分析下来应该有两个原因。一是根据历史资料可知：吴淞江下游原址在现在位置的北侧；二是烽墩总体取直线排列，可以走捷径，以最快的速度将敌情传到苏州核心防御圈（图3-30、图3-31）。

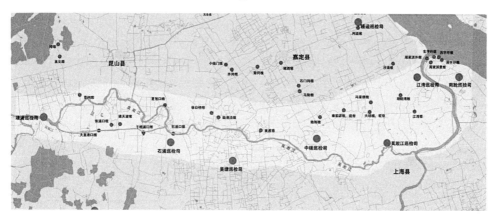

图3-30　吴淞江流域军事聚落分布图
（来源：作者以Google地图为底图标绘）

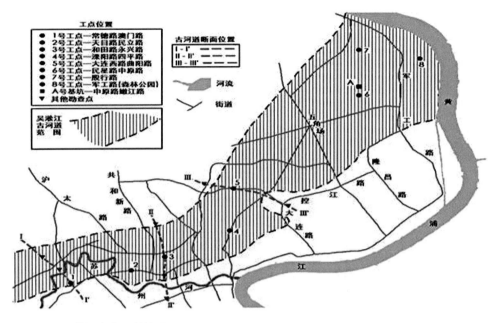

图3-31 吴淞江古今河道范围图
(来源:《吴淞江如何变身"苏州河"》①)

第二节 长三角地区海防聚落体系的空间结构

一、海岸、江、河交织的总体"井"字形防御架构

从长三角地区海防聚落的总体格局上看,**海岸防御带与江防聚落带(长江、钱塘江)形成的两个"T"字形结构组成的"π"形结构,与大运河聚落带的"I"字形结构交织在一起**,再加上位于长江入海口和杭州湾口的崇明岛,就与舟山岛连接成了"井"字形的海防聚落体系的总体空间结构(图3-32)。

"井"字形结构可以从线、点、面几个层次来理解:

1. 线性结构分析。长三角地区的海防堤墙、长江、钱塘江和大运河组成四条驻防线,防御聚落沿着这四条线排列最为密集。其中,海岸防御带是整个防御体系的前沿;两江防御带是防御体系的主要联系和支撑;运河聚落带是防御体系的后方和补给线。

2. 基于GIS核密度分析的核心点结构分析,在海防聚落密集区域可形成核心点结构。GIS核密度分析用于计算要素在其周围邻域中的密度。由核密度分析图和分布图可知:以上"井"字形结构的四个节点处聚落的聚集度最高,是重兵防守的要地。具体分别是:长江口两岸—崇明岛聚落群,核心在吴淞所、浏河所和崇明一带;杭州湾前端的舟山—定海聚落群;运河、长江交汇处的扬—镇—仪三

---

① http://www.sohu.com/a/225750253_100117298《吴淞江如何变身"苏州河"》。

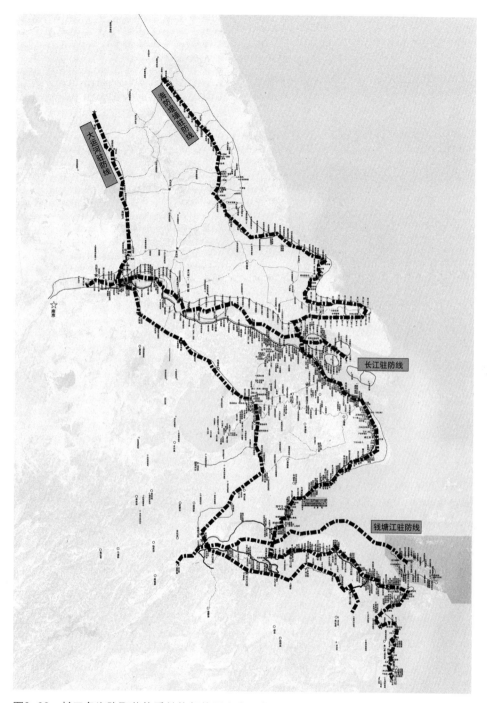

图3-32 长三角海防聚落体系总体架构图(底图审图号:GS(2021)3715号)

卫;运河钱塘江交汇处的杭州前、后二卫。"井"字结构前端的崇明岛和舟山是防御体系的前锋,同时也是海寇进攻的跳板;"井"字结构的后端为南京和杭州,是南直隶和浙江两省防御体系的大本营(图3-33)。

3. 面域结构,由四条驻防线围合成三个面域。由北往南依次是苏中平原、

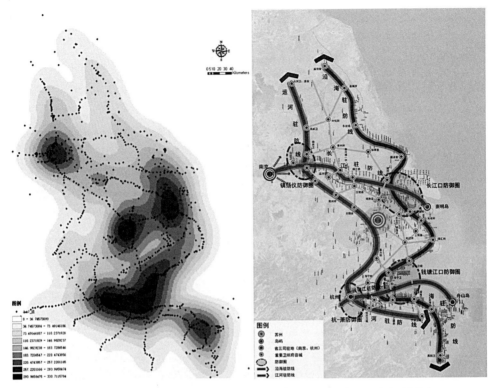

图3-33 长三角海防聚落体系总体架构分析图（底图审图号：GS（2021）3715号）

江南太湖平原、宁绍平原。其中，由四线完全围合的江南地带是整个长三角区域的中心区域，是以苏州为中心，包括南直隶的苏、松、常、镇四府和浙江的杭、嘉、湖三府的沿海、沿江、沿河区域。这里是整个帝国最重要的经济中心、丝绸及棉纺业中心，也自然成为海盗和海商觊觎的最主要目标。苏中平原主要为江北扬州府辖区，其盐业地位重要。宁绍平原为宁波、绍兴辖区，其海外贸易和经济文化较发达。

二、沿海岸"分区防守"的横向结构

从海防全线来看，沿海岸线从北往南可以分为辽东、山东、南直隶、浙江、福建、广东六大防区。长三角地区地处南直隶南部和浙江北部，也沿海岸由北往南分为数个防区。根据大江河和省界可分为四个大区，设四大兵备道，派驻兵备使或兵备副使管辖，分别是淮扬海防道、苏松常镇兵备道、杭嘉湖分守道、宁绍分守道四大区域（杭嘉湖分守道也曾分为嘉湖、杭严两兵备道）。再往下细分，则是由参将分守一路防区，由北往南沿海依次是盐城参将、扬州参将、常镇参将、苏松参将、杭嘉湖参将、宁绍参将共六路，外加长江防区共七路防区。参将下有各卫和守御千户所，沿海岸分别是盐城守御千户所、泰州守御千户所（东台场)、通州守御千户所、镇海太仓卫、金山卫、海宁卫、临山卫、观海卫、定海卫、昌国卫。各卫所和下辖的堡寨、烽墩各司其责,守卫一段汛地,形成了横向分区的海防聚落体系空间结构(图3-34、表3-20)。

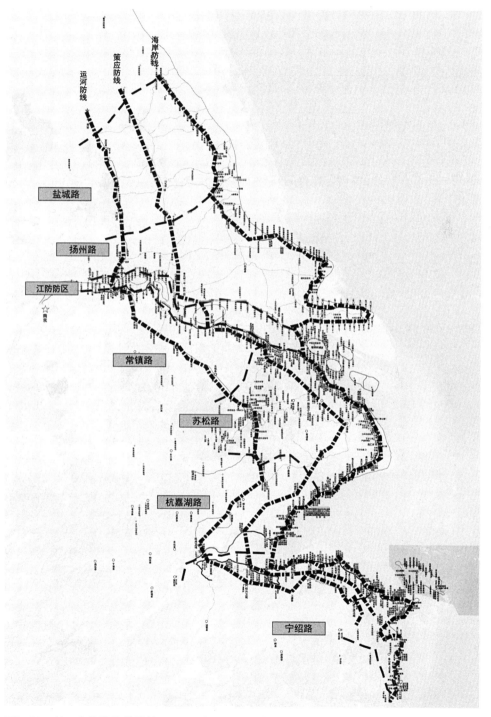

图3-34 长三角海防聚落结构图A——分区、分层结构(底图审图号:GS(2021)3715号)

长三角地区海防聚落分区构成表　　　　表3-20

道	路	运河防线（三线）	策应防线（二线）	沿海防线（一线）
淮扬海防道	盐城路	**高邮卫**	兴化所	**盐城所**（盐城参将）
淮扬海防道	扬州路	**扬州卫**（扬州参将）	**泰州所**（淮扬海防道副使）	东台城（场）
淮扬海防道	扬州路			**通州所**（副总兵）
淮扬海防道	扬州路	仪征卫		
苏松常镇兵备道	常镇路	**镇江卫**（常镇参将）	泰兴所	
苏松常镇兵备道	常镇路	丹阳县 **常州府** 无锡县	靖江县 江阴县	
苏松常镇兵备道	苏松路		**镇海卫**	崇明所
苏松常镇兵备道	苏松路		**太仓卫**（苏松常镇兵备使）（苏松参将）	浏河所
苏松常镇兵备道	苏松路			**吴淞所**（副总兵）
苏松常镇兵备道	苏松路	**苏州卫** 吴江县	**上海县**（海防佥事）	宝山所
苏松常镇兵备道	苏松路			南汇所
苏松常镇兵备道	苏松路		松江所	青村所
苏松常镇兵备道	苏松路			金山卫
嘉湖分守道	杭嘉湖路	**嘉兴所**（嘉湖兵备副使） 湖州所	平湖县	乍浦所
嘉湖分守道	杭嘉湖路			**海宁卫**
嘉湖分守道	杭嘉湖路			澉浦所
嘉湖分守道	杭嘉湖路	崇德县		
嘉湖分守道	杭嘉湖路	**杭州卫**（参将）	海宁所	
宁绍分守道	宁绍路	绍兴卫（参将）	三江所	沥海所
宁绍分守道	宁绍路	上虞县		临山卫
宁绍分守道	宁绍路	余姚县		三山所
宁绍分守道	宁绍路			观海卫
宁绍分守道	宁绍路			龙山所
宁绍分守道	宁绍路			**定海卫**（总兵）
宁绍分守道	宁绍路	慈溪县		舟山所
宁绍分守道	宁绍路			穿山所
宁绍分守道	宁绍路	**宁波卫**（浙江海道副使）		郭巨所
宁绍分守道	宁绍路			大嵩所
宁绍分守道	宁绍路		象山县	钱仓所
宁绍分守道	宁绍路			爵溪所
宁绍分守道	宁绍路			**昌国卫**
宁绍分守道	宁绍路			石浦所

三、"分层防守、前后联系"的纵向结构

长三角地区的海防聚落并非只是沿海岸分布的单一防线，而是由前、中、后三条主要防线构成的分层次、有纵深的防御体系。第一道防线由海防堤墙和烽墩、堡寨、卫所等组成，它是警戒和防御敌人登陆的前沿，其显著的特征是卫所、营堡、烽墩均沿海防堤墙排列并与之紧密配合组成严密的海岸防御体系；第二道防线是由海岸和运河之间的一系列卫、所及加强了城防设施和地方防御力量的县城组成，它们为一线的海岸防御聚落提供就近的兵力和后勤支援；第三道运河防线主要由沿大运河分布的一系列卫所城和府县城及驿站、递运所、递铺组成。第三道防线为前面两道防线提供后勤补给和战略预备军，同时运河是帝国南北的交通大动脉，该防线上集中了苏州、杭州、扬州等长三角地区最重要的城市和帝国的经济命脉，是海寇入侵的目标和海防保护的中心。

三个副总兵：提督狼山副总兵（驻通州）、协守浙直地方副总兵（驻金山后迁吴淞）、镇守浙江总兵（驻定海）驻扎在海防一线。与之相对应的是三个海防道官员：淮扬海防道副使（驻泰州）、海防佥事（驻上海）、浙江海防道副使（驻宁波），以及另两个兵备道：苏松常镇兵备使（驻太仓）、嘉湖兵备副使（驻嘉兴），共五个道员驻扎在海防二线。一方面作为监军督战，另一方面，作为第一线的策应和预备队，一旦倭寇突破海岸的第一道防线，立即调兵围剿。海防道和兵备道署主要位于第二、第三防线，也与兵备使的监军和管理地方兵马、筹措钱粮的职能是相符合的。

这前后三条防线不是孤立的存在，而是由江河、运河水道和塘路运输人员、物资，由急递铺沟通信息连接成一个前后联系的整体。

早先有的学者依照海防卫城的分布将长三角的苏州卫、绍兴卫、宁波卫、嘉兴守御千户所等卫所排除在长三角地区海防聚落体系之外，那么这一体系就不完整了。例如扬州卫、高邮卫远离海岸二百多公里算作海防卫城，与之同样处于大运河沿线的绍兴卫距离海岸仅有数十公里却不属于海防聚落，显然并不合理。但扬州、高邮等卫与镇海、金山等沿海岸驻防的卫城在海防布署的位置上显然又是有着明显区别的，因此有必要加以区分。由此，前沿、策应与后勤补给三个层次防线的布局，海防卫所城也分为前沿海岸防御卫所和运河驻防卫所。

四、"众星拱月"的半树型、半网络内部结构

受到"卫—所—堡寨（巡检司）—墩"和"总兵/副总兵—参将/游击—守备—把总"军事聚落体系多层级金字塔形组织结构的影响，海防聚落在空间上形成了以高一级聚落为中心的辐射型内部空间分布特征。

受到地形的影响，海防聚落的辐射结构在江南腹地太湖平原表现得最为典型，在海岸线和长江沿岸区域辐射结构则趋于扁平化。但其内在仍是星月交映、多层发散的辐射型结构。这一结构使得大小各异、数量众多的海防聚落形成了组织有序、层次分明具有整体性的防御聚落体系（图3-35）。

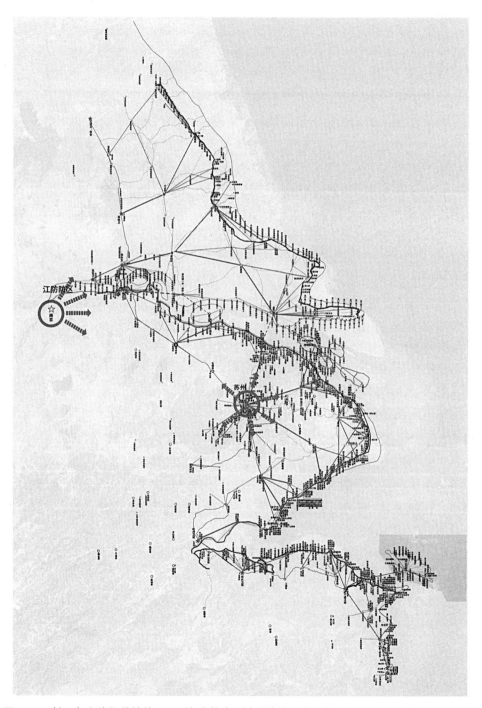

图3-35　长三角海防聚落结构图B—前后联系、树型结构（底图审图号：GS（2021）3715号）

值得注意的是，在军政组织的树型结构基础上形成的长三角地区海防聚落在空间分布上却并非单纯的树型结构，而具有明显的半树型结构特征。防区的重叠和防区与政区的"犬牙交错"是这种半树型半网络结构在空间分布上的主要特点。

原先都司卫所制是比较典型的树型结构，虽然有层次清晰、便于管理的优点，但也存在各组成部分彼此分离、割裂的缺点。众多史料里都有倭寇从防区的间隙乘虚入侵及在防区交界处盘踞的记载。

而长三角地区军事聚落因为防区的重叠和聚落在防区边界地带的连接形成了半树型结构，这在一定程度上弥补了各防区各自为战的漏洞，将这一地区的海防聚落连接成具有半树型、半网络结构特征的较为严密的防御体系。例如，江北的泰兴县属于江北的扬州备倭都司防区，而驻扎泰兴的千户所却隶属江南的镇江卫；盐城行政上隶属淮安府，军事上却隶属扬州卫管辖；嘉兴府隶属浙江省，在军事上嘉兴千户所则隶属苏州卫管辖。还有许多巡检司位于省、府、县的交界处，以至于形成了某镇部分属于二个行政单位的情况。

这种半网络结构还体现在：不同部门的协同管控。例如扬州卫，根据都司卫所制，其隶属于扬州备倭都司。后由于镇戍制的实行，扬州卫官兵也归狼山提督管辖，还可被漕运总督乃至操江都御史调遣；还有巡检司，名义上是府州县下属的负责治安的武装警察机构，但卫所、兵备道、巡江、巡盐御史都有权调动。类似的情况还有烽墩，有的属于卫所管辖，有的归于地方巡检司管辖，还有的由盐场管辖。[1]（图3-36）

这一情形体现了明代军政制度的复杂性，一方面很多军政机构都有多重职能；另一方面又鲜有军政机构有垄断式的专门权力，而是受到其他部门的分权和制衡。这样制度的优点是在一定程度上遏制和制衡了地方军阀和地方官员的势力，使之不能专权从而威胁到中央政府的权威。但缺点是容易责权不明晰，相互推诿。这也体现了长三角地区防务的复杂性，防御的对象为作为外敌入侵的倭寇、走私贸易的商人、本国的盗贼。

通过GIS密度分析，我们可以将测量得来的点生成连续表面，从而找出哪些地方点比较集中。也就是，密度分析是根据输入要素数据计算整个区域的数据聚集状况。点密度分析工具用于计算每个输出栅格像元周围的点要素的密度。从概念上讲，每个栅格像元中心的周围都定义了一个邻域，将邻域内点的数量相加，然后除以邻域面积，即得到点要素的密度。图3-37为将海防聚落和急递铺聚落点合并后，通过GIS中Spatial Analyst中的点密度分析可见各聚落点的聚集程度，由图可见沿海岸、江岸、大运河由连续的聚落聚集形成的主廊道和沿各区域性运河、水道和驿路形成的次级廊道的分布情况。[2]

---

[1] 吕进贵. 明代巡检制度：地方治安基层组织及其运作//吴智和主编. 明史研究丛刊[M]. 台北：明史研究小组印制，2002，8：150.
[2] 空间分析之密度分析https://blog.csdn.net/u010763324/article/details/41322151。

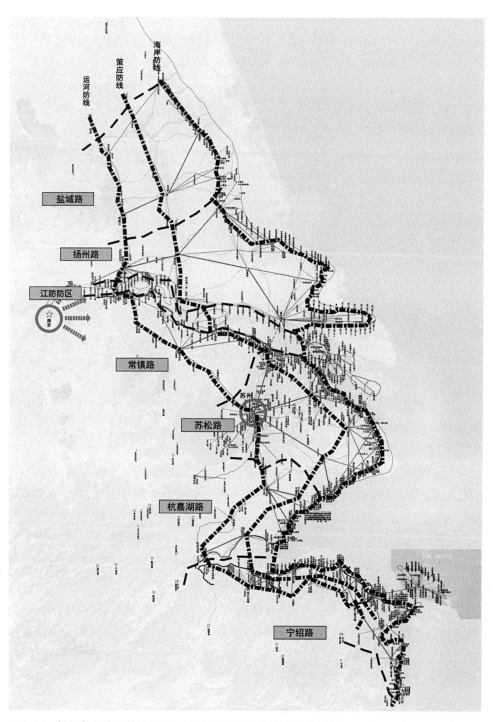

图3-36 长三角海防聚落结构图C—半树型网络结构（底图审图号：GS（2021）3715号）

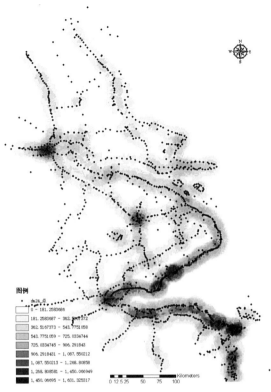

图3-37 长三角海防聚落点密度分析

第三节 海防聚落分布的影响因素

一、政治、军事因素

1. 拱卫京畿

明初定都于南京，张士诚、方国珍的余部以东海诸岛屿为巢穴，勾结倭寇伺机反扑，对新兴的政权构成了重要的威胁。因此朱元璋命汤和经略海防，在江浙沿海经略海防，保卫京畿地区。虽然后来朱棣迁都北京，但南京始终作为留都保留了整套的政府系统和朱元璋的陵寝。明代中后期的倭患严重威胁到留都的安危，因而有必要在江浙沿海、长江下游加强各级海防聚落的建设，以拱卫南都京畿地区。因此布署了三道防线严密防守，层层阻截来犯之敌。

通过与各防区比较，长三角地区海防聚落的密度是整个海防线上最高的。尹泽凯以《筹海图编》等史料依据统计得出的数据为基础，得到明代海防各防区卫城和千户所城总量和密度，可以看到位于整个海防线中部的南直隶和浙江是聚落数量最多和密度最高的地区。经过比较研究可知，处于江浙地区的中部长三角地区，又是这一地区海防聚落数量和分布最为密集的地区。而且在长三角地区内部也呈现出江南和浙东聚落分布更密集的特点（图3-38、表3-21）。

明清长三角地区海防体系与军事聚落

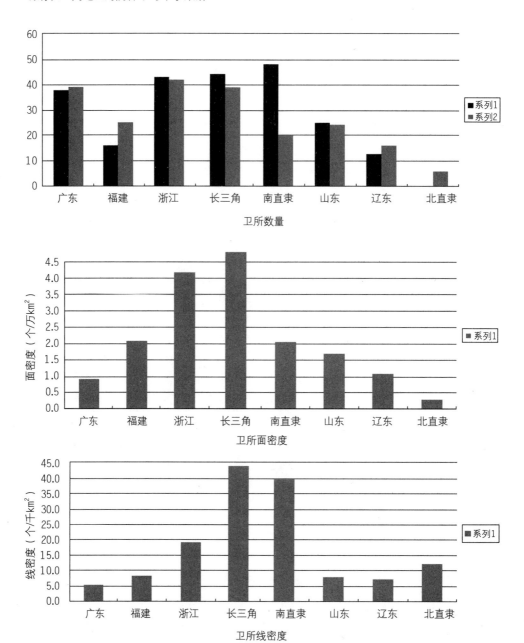

图3-38 明代长海防各防区卫城和千户所城总量表
（资料来源：作者结合尹泽凯博士论文对比整理）

明代海防各防区卫城和千户所城总量表　　　　表3-21

防区	卫所数量	
	系列1《筹海图编》	系列2《明代倭寇史略》
广东	38	39
福建	16	25
浙江	43	42

续表

防区	卫所数量	
	系列1《筹海图编》	系列2《明代倭寇史略》
南直隶	48	20
山东	25	24
辽东	13	16
北直隶	0	6
长三角	44	39

（资料来源：作者结合尹泽凯博士论文对比整理）

2. 保卫漕运安全

元末明初，海寇的袭扰，使得元代以海运为主的漕运受到威胁，明初定都南京，漕运的重要性有所下降，在朱棣以"天子守国门"定都北京后，京师和九边的给养主要依靠漕运从南方运米。而海运面临被海寇劫掠或为风暴、海浪摧毁的风险和以农业为本的思想促使永乐年间以后大力发展了以运河为主、海运为辅的漕运。为了保卫漕运的安全，政府加强了运河沿线的军事部署和沿运河军事聚落的建设，沿运河的卫所城堡得到完善，并建设了驿站、递运所、急递铺等一系列以军事物资运输和信息传递为主要职能的军事聚落。在运河上部署了包括运军在内的大量军队，而沿海防堤墙的第一条海岸防线和第二条防线都基本与大运河平行，成为保卫漕运安全的屏障。

3. 严守海岸防线

对于海上侵略最有效的战略是歼敌于海上。由于明永乐朝以后较保守的战略思想和当时海军力量、技术条件的限制，明清二朝的海防更多的是倚重于海岸防线，因此长三角地区海防聚落明显是沿海岸密度最大、投入兵力最多的，其次是沿长江和钱塘江。由于海岸线漫长，只要防线上个别点失守就会被突破。所以沿海防堤墙各级海防聚落的间距须控制在一定范围内，以便于敌情出现时及时驰援。根据在ARCGIS9.3中加载卫所矢量文件，通过arc toolbox-analysis tools-proximity-point distance命令，计算出各个卫所间的最近距离，由此得出浙江海防卫所间距折线图（图3-39）。

由折线图可知：江南到浙北的沿海卫所间距平均在20公里左右，只有钱塘江驻防线沿岸卫所间距平均在40公里左右，类似的长江防线的卫所级大型聚落的平均间距在50公里左右，而江北的卫所聚落间距则要大得多。经研究，长江和钱塘江的卫所分列江河两岸，如果按江的长度来计算平均间距则应该为二十几公里，与江南、浙北沿岸差不多。江北沿海防堤墙的盐场聚落间距大概在15公里。这样海岸全线从卫、所、盐场聚落行军至多数海岸距离平均在10公里左右，以明清军队的行军速度可在一个时辰也就是两小时到达。从沿岸烽墩发现

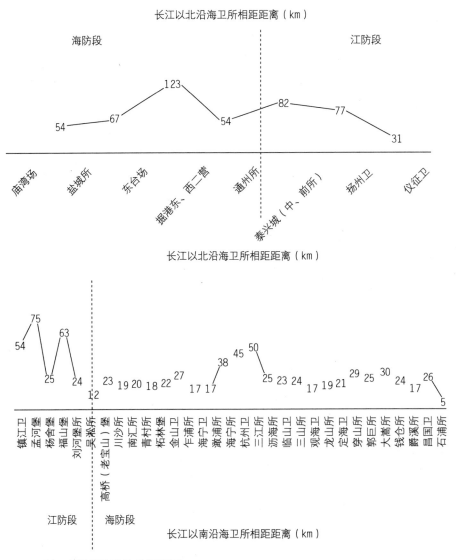

图3-39 长三角沿岸海防聚落间距图

敌情到援军到达,这是一个可以接受的时长。沿海军事聚落的建设发展过程也证明了20公里间距的合理性,在明嘉靖年以前,南汇所到宝山所得间距有40多公里,结果倭寇多次在两地中间的川沙附近突破防线。嘉靖三十六年在川沙筑堡城,以千户驻扎,从而弥补了海防线上的薄弱环节。川沙城距南汇和老宝山约20公里。

二、经济因素

1. 海寇的经济目的对设防区域的影响

经济上,江浙特别是长三角地区经济繁荣,富商大贾众多,而且盛产丝绸,海寇在江浙抢劫往往获利颇丰。丝绸等纺织品因其紧俏价高、便于携带，最为倭寇和西方侵略者青睐。《筹海图编·倭好》中记载的倭寇最喜好的物品中前六位均为丝绸等纺织品，在日本，"番舶不归则无丝可织，每百斤值银五六十两，取去者其价十倍。"所以，到距离最近，富庶而盛产丝绸的江浙长三角地区劫掠或走私成为海寇的首选。

明清以来作为国家经济中心的江浙地区为国家提供了半数的赋税，并通过大运河为北方提供大量的物资给养，战略地位重要。清初，礼科给事中张惟赤称："国家财赋，半取足于江、浙，而江、浙二省，尤以杭、嘉、湖、苏、松、常、镇七郡为重。"这就是在迁都北京后明清政府仍十分重视江浙长三角地区海防建设的原因，也就可以解释为什么在以丝绸闻名的江南经济中心苏州周边部署了大量各级防御聚落，形成了严密的防御圈。

长三角地区的海防聚落还具有反走私的职能，为了打击海外和境内的走私贸易，以巡检司为代表的各级聚落往往在江海岸和省府边界的关津要道设防，盘诘过往行人商贾。

2．屯田与运输职能对海防聚落布局的影响

明初实行卫所制，各卫所均有屯田，以实现自给自足，从而减轻国家和人民的负担。因此屯田的位置和面积也是海防军事聚落布局考量的因素之一，多数卫所都位于利于灌溉的平原区域，聚落附近有适于耕种的田地，并具有可以灌溉的水源条件。例如，兴化在城三营六总，在乡七屯，每屯所田1500亩、屯军350名。各屯田均在兴化所周边适宜耕种和运输之处，同时距离所城也较近（表3-22）。

兴化所屯田分布　　　　表3-22

管屯百户	屯田位置
宋典	八尺沟、北芙蓉
吴应祯	火烧铺、南芙蓉、孙家窑
贾守正	上下五旗、卢家旗
周凤	官庄营、果园庄、李王庄
黄正色	黄庄营
袁继祖	车家营、安丰营、钟家窑、葛垛营
李永年	横泾营

长三角地区多数卫所还担负着军队和物资运输的职能，而在河网密布的长三角地区水运无疑是更有效力的运输方式，所以以卫所城为代表的主要军事聚落基本上都处于主要的运河、水道和官道沿线和节点位置。

三、地理气候因素

海防军事聚落的分布除了受到政治、经济、军事的影响外，还受到地形、地质以及水文、气候等地理因素的综合影响。

1. 风暴潮汐的影响

明清时期海寇入侵大陆主要依靠东南季风和潮汐，因此潮汐和风环境是沿海地区登陆和抗登陆作战需要考虑的重要因素。长三角的长江入海口地区和杭州湾是我国涌潮最显著的区域，同时也是台风等风暴气候高发区。长江口一带的高潮差可达到2.5~3米，在杭州湾的湾口，潮差可达到3~4米，在澉浦则能达到5米以上。钱塘江涌潮的潮头可高达3.0米，潮流的速度达9~11节。加之处在强热带气旋的登陆点上，所以一旦发生风暴潮，**如果没有海防堤墙阻隔，海寇可以乘船冲上地势低平的滩岸，或沿江河迅猛地侵入内地**。《筹海图编》载："……在船亦候潮大水满之时才敢深入"。这就使得在这些区域修筑海防堤墙阻挡敌人乘风潮入侵海岸并沿堤墙构筑各级城堡防御守卫成为必要，而修筑的位置、形制、高度等也与相关的水文地理条件密切相关。

根据《自然灾害》(*Natural Hazards*) 中的《明清时期我国东南沿海地区台风频次序列重建及特征分析》(*Typhoon frequency sequence reconstruction and characteristics analysis in the Southeast Coastal Area over China during the Ming and Qing dynasties*)[①]一文中可知：明代东南沿海台风频发的时期是1517~1558年，台风次数较少的是1562~1572年。这与明代嘉靖时期倭寇猖獗的年代和隆庆时期倭患趋于平息的时期相一致。这也佐证了风暴潮为海寇的入侵提供了便利，风暴潮剧烈的时期更需要加强海防。

北京大学王洪波在《明清苏浙沿海台风风暴潮灾害序列重建与特征分析》[②]一文中，统计了明清苏浙地区19府（州）、87县（卫所）的两千余条风暴潮灾害记载。从其绘制的分布图（图3-40左图）中可以看到：明清江浙地区风暴潮的空间分布与海防聚落的分布位置和分布密度（图3-40右图）具有很高的对应性和一致性。按常理说，风暴潮灾剧烈的地区应是一般聚落选址要避免的地方，但这些地方又是海防线最容易被突破的地方，出于海防的需要在这些地方选址筑城就成了必然选择。

---

① Sun L, Bi S B, Chen C C, et al. Typhoon frequency sequence reconstruction and characteristics analysis in the Southeast Coastal Area over China during the Ming and Qing dynasties [J]. Natural Hazards, 2020, 100（3）: 1105-1116.
② 王洪波. 明清苏浙沿海台风风暴潮灾害序列重建与特征分析 [J]. 长江流域资源与环境, 2016, 25（02）: 342-349.

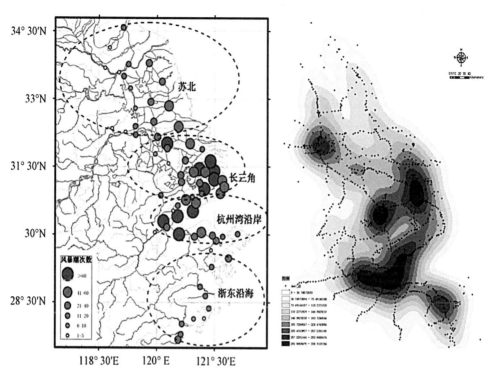

图3-40 明清苏浙地区台风风暴潮空间分布（左图）与海防聚落分布（右图）比较

2．河流水系的影响

长三角大部分地区地势低平、河湖纵横、自然江河与人工开挖的各级运河形成了发达的水系。船只是这一地区最重要的交通工具，有"**南船北马**"之说。海寇入侵和海防部队调动补给都主要通过船只运送。

因此，要防御敌人进袭，守卫江河湖海的交汇口就成了关键。因为，倭寇从海上来，沿海岸正面有海防堤墙—墩堡防线阻隔防卫，登陆作战相对比较困难。要进入内地劫掠并将劫掠所得运到海外，最方便的是先进入沿海江河入海口，再通过各级河道深入内地，在水网、江河湖泊间流窜，得手后再沿水路返回海上。由此，作为防守一方就须在**大的江河口两岸设卫所城堡驻重兵**，**并派驻水军巡逻、江上设通江铁链和桩栅、两岸设炮台**；在中、小江河的各河口**设置水闸等水口防御设施**，然后在水闸、水栅等各级水口防御设施旁设巡检司城、**大小汛等各级海防军事聚落**，并派官兵控扼把守。控制好了这些水道的关键节点，就能以最少的成本有效地控制长三角地区广阔的水网地域，抵御海寇侵略（图3-41）。

以江河水系最为发达的江南地区为例，江南地区东部沿海（今上海东部）历史上曾经有吴淞江、东江等较宽阔江河流入东海。而为了防止海寇从河口入侵，这些大河在东海的入海口被封堵，并依托沙堤建起了海防堤墙，从而改变了江南东部沿海地区的江河水系的走向，原来向东流入大海的河流改道汇入黄

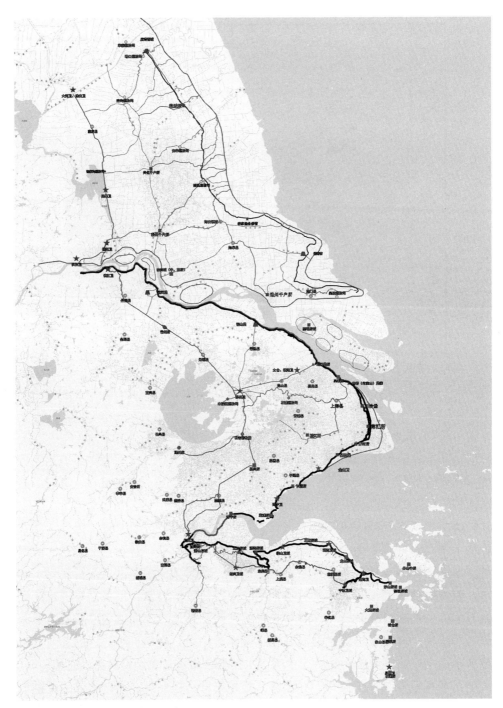

图3-41 长三角海防聚落结与河流水系关系图
（资料来源：作者以BIGEMAP全国水系图为底图标绘）

浦江，再向北由长江口入海。从清代《江南水道图》中可看到上海东部已无大江河入海，重要的水道均向北流入长江，重要的水闸主要分布在江南北部长江沿岸，东部基本只有堤墙下的涵洞通海。相应的，原东江入海口处的金山卫城

（原金山备倭都司驻地）在海防聚落体系中的地位逐渐被黄浦江下游的吴淞所城和上海所取代。

江南地带向北流入长江的江河河口有的比较宽阔，难以修筑水闸，就会在水口上游数里的地方修筑水闸，并在附近设置城堡军士守卫。河口则处以炮台控扼，并掩护水闸。黄浦江下游江面更是特别宽阔，难以修建水闸，在黄浦江的吴淞口两岸分设吴淞所城和炮台，一直到吴淞江与黄浦江交汇处修建水闸，在水闸对面设炮台，控制这条伸入江南腹地的关键水道。上海城与土寨汛、曹家渡汛这三个军事聚落呈三角形守护上海新闸这一关键水口防御设施（图3-42、图3-43）。

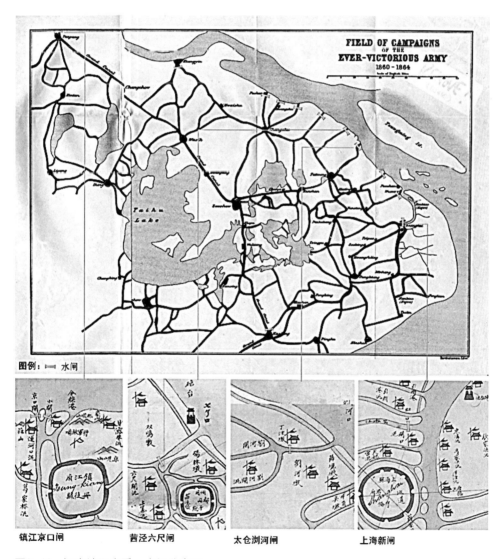

图3-42　江南地区水系、水闸分布图

[资料来源：作者以《江南水道图》(blog.sina.com.cn/kcj)、大英图书馆《江南水陆营汛图》为底图标绘]

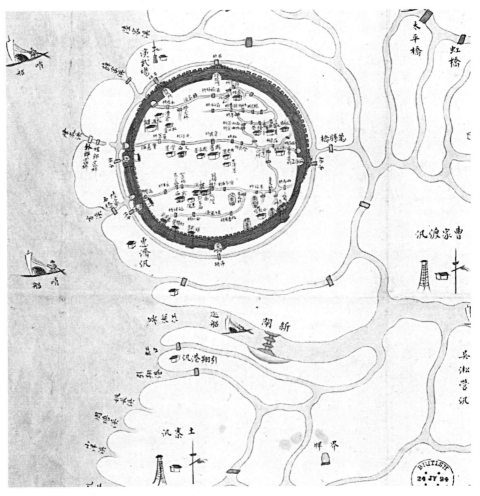

图3-43 上海新闸周边布防图
（资料来源：选自大英图书馆《山海县水道营汛图》）

3. 高程地势的影响

高程地势是聚落选址的重要因素，主要包括高程、坡度和坡向。高程，也就是海拔高度；坡度，指地表面在该点的倾斜程度；坡向，定义为坡面法线在水平面上的投影方向。长三角大多数地区地势低平，西南部有局部丘陵山地。北至小洋口，南临杭州湾，海拔多在10米以下，间有低丘（如惠山、天平山、虞山、狼山等）散布，海拔200~300米。卫所等规模较大的聚落，考虑到城池建设、耕地资源的选择、军队的集结、城内日常生活的方便程度等因素，其聚落多选址在地势平坦之处；对于浙东的卫所城很多会依托附近的丘陵山地，在山顶设置瞭望台和烽堠，如观海卫城、龙山所城；有的会将部分城墙沿山脊分布，借助山体以增强防御效果，而主要居住区在山脚平地，方便生活，如昌国卫城和钱仓所城；还有的考虑到日照和风向等因素，将城堡建于丘陵的南坡，以获得良好的日照和避风效果，典型的如穿山所、爵溪所，都是如此（图3-44）。

第三章 长三角地区海防聚落体系空间格局

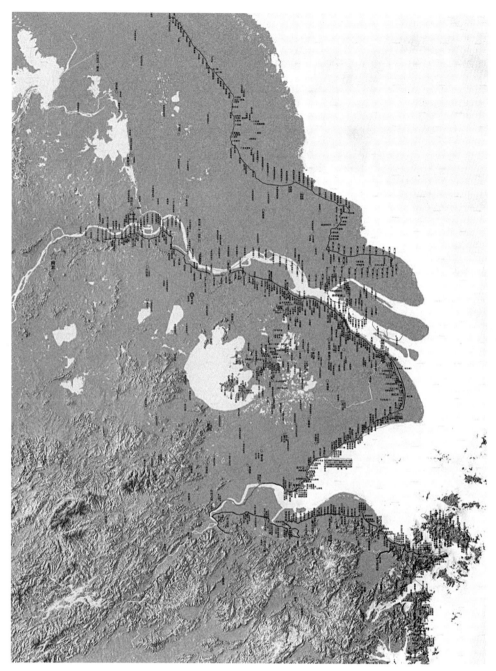

图3-44 长三角海防聚落结与地势高程关系图
（资料来源：作者以BIGEMAP高程地形图为底图标绘）

4. 地质条件的影响

长江三角洲基底为扬子准地台的一部分，是喜马拉雅构造运动中断沉降而形成。第四纪新构造运动中，地壳和海平面频繁升降，最后一次大海侵结束后，长江携带的泥沙不断沉积，开始在江口发育三角洲。长三角地区为燕山—喜山期的裂谷盆地，堆积有数千米厚的新近系、古近系。前第四系岩层和岩体组成了西部与南部周边的山系，出露于平原中零星分布的山地、丘陵。广阔的三角洲平原内覆盖着具有明显韵律变化的第四系沉积物。第四系厚度受基底构造和古沉积环境控制。太湖地区、浙江南部及上海金山等地有零星的前第四系地层出露，形成零星丘陵。①

　　大多数卫所等海防聚落位于长江下游的冲积平原；少数烽墩、炮台、旱寨、城堡修筑于沿江海的丘陵，这些长江三角洲上散布的一系列海拔100～300米的残丘，大部由泥盆系砂岩和石炭、二迭系灰岩构成，少数由燕山期花岗岩和粗面岩组成；滨海区多为淤泥质海岸，在地质学上属于"海陆交互相沉积砂层区域"。这种海滩低平、沙质松软，适合小型船只抢滩登陆，却不适合巡防船只驻泊。《江南经略》载："自此至吴淞一带，虽有港汊，每多砂碛，贼可登岸，兵难舣舟，非选练步兵巡塘据守不可。"因此，为控扼倭寇抢滩登陆，在这种海岸修筑了海防堤墙作为屏障加以防卫；也使防守部队可以在淤泥偏布、河汊众多难行的千里海岸线上利用稳固平坦的堤墙驻兵防守巡逻；而且可以将连绵于海岸的堤墙作为"海防高速公路"，机动驰援。相应的沿海岸大多数卫所烽墩均位于海防堤墙沿线。

---

① 张丽，龙翔，苏晶文，甘义群. 长江三角洲经济区工业用地地质环境适宜性评价 [J]. 水文地质工程地质，2011, 38（03）: 124-128.

第四章 长三角地区海防聚落体系演化

明代为抵御倭寇入侵加强海防,在中国历史上首次建设了完整的海防军事聚落体系。在这一体系中,长三角地区是防线的中心和防御的重心。清承明制,为防御东南沿海反清力量从海上对长三角地区的进攻和江南地区民众的起义反抗,清政府在清朝初年,在继承明代的军政制度和海防军事聚落体系的基础上,进一步加强了海防聚落的建设和对长三角地区的控制。清中期,随着全国统一,海防卫所逐步归并州县城镇或转化为专职的漕运卫所;营汛和巡检司在江南市镇行使基层军管政区职能。

本章主要以长三角的核心地带——江南地区为例,还原和追踪明清海防聚落的演化历程,通过ArcGIS的空间统计分析和专题地图显示功能,分析聚落体系的时空演进过程,并运用中心地理论和施坚雅模式探究海防军事聚落的转化对江南城镇体系发展的影响。

第一节 海防聚落体系演化历程

明代,政府通过三司管理国家,对疆域的控制主要由"布政司"和"都司卫所"两套系统来实现。沿海卫所很多为实土或准实土卫所,具有军管政区的性质,另有部分非实土卫所没有独立的治区。海防卫所统辖一定面积的人口和土地,并实行军户制。由各地征调的军人,来到沿海驻防地建筑城堡,以家庭为单位编户居住,平时拓边屯垦,战时作战。沿海地带由此得到开发,人口迅速增加。各"府、州、县"的地方行政管理职能和沿海、沿运河地带兵农一体的"卫所"军管职能长期共存。

清代建立之初,南明的反清力量在长三角地区不断进行反清复明的斗争。这一时期的反清斗争主要是以郑成功为首的海上力量对长三角沿海和长江下游地区的反攻和江南地区人民的反抗和策应。为了防御和镇压反清复明势力,清政权继承了明朝在这一地区的主要海防军事力量和军事体制,并进一步加强了海防军事部署和海防军事聚落的建设(图4-1)。

清代中期,全国统一后,竟裁屯卫并入所在州县。运河驻防线上的卫所得以保留,改专职漕运。沿海地区的卫所则在府县一级上,由明朝的卫所军管政区向民治型政区转变;江南腹地则增设营汛,并以汛和巡检司在市镇一级行使军管政区职能,突破了我国历史上在行政上国权不下县的传统。

一、发展——长三角地区海防聚落建设的强化

从明代初年海防军事聚落体系建立以来,长三角地区海防形势随着海内外的

图4-1 清初长三角地区海防聚落分布总图（底图审图号：GS（2021）3715号）

政治、经济局面和朝廷的相关政策而时有起伏。到了清代初期随着来自海上的威胁增长,长三角地区的海防建设也进一步加强。

(一)海岸防御聚落密度增加

清初,以郑成功、张煌言为首的南明反清力量除了从海上对宁波、崇明等几个战略要地进攻外,还不断在长三角地区沿海各处袭扰。清政权不得不在长三角整个沿海岸地带都加强了防御,最显著的一点就是沿海岸墩台的设置密度大大增加。例如:掘港营下辖墩台就由明代的10座增加到清初的25座;东台中十场下辖墩台也由20座增加到35座,增加了15座;南汇、川沙一线在原有沿钦公塘排列的烽墩外修筑了一道外护塘,沿外护塘海防堤墙增设20座烽墩,形成了两道严密的堤墙——墩堡防线(图4-2)。

杭州因为距离被南明势力控制的舟山群岛较近,除了在杭州屯驻重兵外,更是大大加强了钱塘江沿岸的防御。钱塘江在清初改道后,清政府钱塘江北岸修筑了高大厚重的海防堤墙,又沿堤墙从杭州到尖山共修筑了50座墩堡(明代为墩台11座)。其中,从杭州到海宁33座墩堡,间距在1公里左右;海宁至尖山17座墩堡,间距在1.5公里左右,排列均比较密集。而明代钱塘江北岸的墩台总共为11座,间距则大致为4~6公里,由此可见清军对这一段海岸的防御极为重视(表4-1、表4-2)。

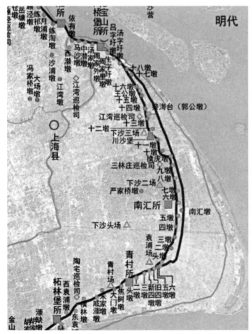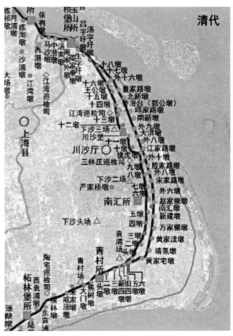

图4-2 明、清,南汇、川沙辖区海防堤墙——墩堡防线分布对比图
(资料来源:美国国会图书馆藏《江南海塘图》)

明清钱塘江北岸墩堡分布对比表　　　　　　表4-1

清代舆图	清代墩堡	现地名	区位	明代墩台	西
			杭州卫城		
	头堡	庆春门			
	二堡				
	三堡	三堡			
	四堡				
	五堡	五堡			
	六堡	六堡			
	七堡	七堡			
	八堡	八堡			
	九堡	九堡镇			
	十堡		杭州至海宁段岸线		
	十一堡				
	十二堡	十二堡		赭山烽堠	
	十三堡	十三堡			
	十四堡	十四堡		岩门山烽堠	
	十五堡	十五堡			
	十六至十八堡			横路台	
	十九堡	西盐仓			
	二十至二十三堡				
	二十四堡	老盐仓		赭家团台	
	二十五至三十二堡			松林台	

续表

清代舆图	清代墩堡	现地名	区位	明代墩台	西
	二十五至三十二堡	万年清晏	海宁所城	庙前烽堠	
	三十三堡				
	头堡	镇海门	海宁至尖山段岸线	下馆台	
	二堡	春熙门			
	三堡	三里港、三里桥			
	四堡	七里庙			
	五堡	十里亭、龙干庙		丁家村台 潘家浦台	
	六堡	廖家石桥			
	七至十堡				
	十一堡				
	十二堡、十三堡	新仓镇			
	十四至十六堡				
	十七堡	石坝			
				尖山烽堠	
	50墩堡			11墩台	东

清钱塘江北岸海防堤墙、墩汛及兵力布署表　　　　表4-2

营	汛	海塘长度	墩堡	把总	千总	马兵	战兵	守兵	总计
海防右营	八仙石汛	2668丈	4处	1员	1员	6名	13名	63名	84名
	章家菴汛	2733丈	3处	1员	1员	6名	13名	63名	84名
	翁家埠汛	1725丈	3处	1员	2员	8名	20名	10名	131名
	观音堂汛	1205丈	3处	1员	2员	4名	13名	62名	82名
	老盐仓汛	1972丈	4处	1员	2员	5名	14名	70名	92名
	靖海汛	1975丈	3处	1员	2员	4名	11名	56名	74名
	合计	1227丈	20处	6员	10员	33名	84名	41名	547名
海防左营	镇海汛	3491丈	7处	1员	2员	10名	20名	92名	125名
	念里亭汛	2664丈	7处	1员	2员	6名	14名	70名	93名
	尖山汛	1332丈	6处	1员	1员	5名	14名	70名	91名
	合计	1246丈	20处	3员	5员	21名	48名	23名	309名
	总计	2544丈	40处	9员	5员	54名	132名	83名	1087名

（二）加强岛屿和海口的防御

在长三角地区的长江和钱塘江入海口分别有崇明岛和舟山群岛等岛屿。这些岛屿是长江和钱塘江的天然屏障，也是攻守双方争夺的重点。历史上崇明岛和舟山群岛曾经多次被敌方攻入甚至占领。明末清初的南明鲁王政权和郑成功军事集团更是曾经以这些岛屿为根据地和前进基地对长三角地区进行反攻。因此清政权大力加强了这两处岛屿的防御。

1. 海口岛屿驻防的加强

崇明岛：崇明岛扼江海要冲，为长江门户，作为一个典型河口沙岛，成为江苏江海防的天然屏障，历来为长三角沿海兵家重地。元末以来倭寇、海盗之患不绝，戍边镇海的地位尤为重要。崇明在明朝作为江海防重镇，设有崇明守御千户所、巡检司和众多烽墩，并驻扎水师，被称为"大江门户，十郡屏藩"。明代崇明岛坍涨不断，崇明所城多次坍塌入海，又因其海防地位重要屡次异地重建。

清代的崇明县城池为明万历年间始建，又名长沙城。清初南明郑成功、张名振水师多次攻打崇明，并进入长江，攻克瓜州、镇江，威胁南京。清廷随后在崇明派驻重兵防御。以苏州镇水师驻防，提督以下水师官兵达万余名。具体为左、中、右、前、后、奇六营，以及左协左营、左协右营共八营驻守崇明岛，又有右协右营、右协左营二营分筑长江口南岸的太仓、上海策应。在明末一城一堡的基础上加强了崇明县城池，增筑了得胜堡等九座堡城，又围绕崇明岛沿岸修筑了墩台72座（康熙年间存63座）。

《雍正崇明县志》中收录了10座堡城和63座墩台的名称，但并没有说明位置和排列规律，通过将墩台名称表与《雍正志》中《现在各沙设备汛守图》、《康熙志》中《现在各沙设备汛守图》、大英图书馆藏《江南水陆营汛全图》进行比较，再与谷歌地图等现在地图地名比对，基本确定了堡城和各墩台位置和排列规律：（1）堡城分布以崇明县城周边最密集，岛西比岛东密集，岛南比岛北密集；（2）炮台主要位于岛的西南岸（七处）和西北端（二处）；（3）墩台是以崇明县城附近的施翘河口南为起点，县志中按逆时针顺序环岛排列，到施翘河口北结束，最后3个烽墩则位于崇明岛北侧的沙洲；（4）墩台多数位于岛的江海岸边的河口和水道入海口处；（5）在重要河口处，通常设炮台、烽墩分列两侧（图4-3）。

崇明岛的各海防军事聚落分布，总体呈现以西南侧为重，其次为西北端，再次为北侧，而东部则分布较稀疏的规律。究其原因：首先，南侧长江口水道较窄，对岸的吴淞江、浏河等河港均是进入江南苏松地区的重要水道，需要严密防控；第二，对岸有吴淞（宝山）、茜泾等城堡和沿岸密布墩台，可以两岸呼应协防；第三，西北端是崇明北侧水道最窄处，便于防控；第四，西部沙头在江水冲刷下，水深更利于船只登泊，东部沙尾泥沙沉积淤涨，靠泊登陆则相对困难，故西部是防御重点（表4-3）。

第四章 长三角地区海防聚落体系演化

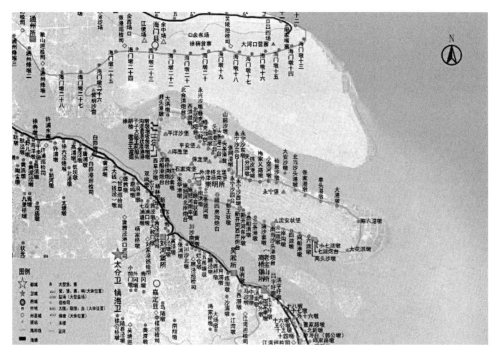

图4-3 清代崇明岛海防聚落分布图

崇明驻防营堡墩汛一览表　　　　　　　　　　表4-3

所城	堡城	营	墩台	方位
崇明千户所城（长沙城） 万历十一年至十六年间：规划城基为七里九分，后减为四里七分，高2丈、厚2丈；有东、南、西、北、东南，共陆门5座、东水门1座，环壕18步，门楼4座，月城5座，敌台11座；砖城	平安堡（广60亩） 保定堡（广40亩）（康熙年间筑）	左协右营 防守城西路要地（标下划线墩台属左协右营） 后营 防守城西路（未标下划线墩台）	徐胡子沟墩、楼子港墩、大套墩、邋遢港墩、吴王状墩、王家港墩、渡船港墩、掘头港墩、西阜沙墩、渡船港炮台、高桥洪炮台、烂沙套墩、朱华港墩、施翘河北岸炮台	北
	得胜堡（广40亩） 南关顾春状堡 外津桥北堡 外津桥南堡 （均顺治年间筑）	奇营 防守城南路	施翘河南岸墩、南洪墩、三条竖河墩、顾四房沟炮台、郁王状墩、新开河西岸炮台、新开河东岸墩、盘船洪墩、三条港墩	
	沈安状堡 （万历年间筑）	左营 防守城东南路	蒲沙套墩、南当沙头港炮台、二滧墩、岸沟墩、四滧墩、网船港墩、六滧墩、七滧炮台	
		前营 防守城东路	高头沙墩、小七滧墩、北当沙头港墩、大花洪墩、陈六港墩	南

续表

所城	堡城	营	墩台	方位
顺治年间：增筑外土城，四围五里，高2丈8尺，厚2丈6尺，堑新壕20余步于土城外，建5栅门 康熙年间：瓮外城5门，并建5楼	永宁堡（广40亩）（康熙年间筑）	右营 防守城东北路	大港墩、拳头港墩、张家港墩、仙景沙墩、小竖河墩、梅家义路墩、挑皮港墩、天分汊墩、	
			大安沙墩（驻大安沙）	
	北关石家湾堡（顺治年间筑）	中营 防守城北路	永宁沙东墩、永宁沙西墩、永宁沙三台、永宁沙四台、张网港墩、头条港台、头条港二台、头条港三台、	
			山前沙墩（驻山前沙）	
	平洋沙堡（康熙年间筑）	左协左营 防守城西北路	盘汊墩、蛏壳汊台、蛏壳汊二台、北竖河炮台、西洪汊墩、北合洪炮台、大洪墩、湃头港墩、	北
			永新沙墩（驻永新沙）	
		右协左营 防守城西北路	驻防上海	
		右协右营 防守城西北路	驻防太仓	
1城	10堡	8+2营	63墩台（其中9处炮台）	

舟山岛：舟山，明代设定海中中、中左所。明末清初，清军与南明水师在舟山群岛展开激烈争夺，几度易手。清军在顺治年间最终收复舟山岛，康熙二十三年，移原定海镇总兵驻舟山，二十六年舟山改称定海镇。雍正九年设定海镇标左、中、右三营，增设烽墩、炮台，战守兵共计2841名驻扎舟山岛。由大英图书馆《定海县全图》可见：舟山岛外围大部为海防堤墙环绕，并在高处设瞭望台和炮台。镇城城墙外护城河环绕，护城河由东港碶通海，炮台分列入海口两岸（图4-4）。

2．加强海口防御

为了防止敌方船只通过江河入海口进入长三角腹地，清军对各江河入海口严加封堵，在主要河口普遍钉桩，并增设木楼警卫。

例如，《阜宁县新志》记载："顺治十八年严海禁，时明遗臣常出没海上，诏

第四章 长三角地区海防聚落体系演化

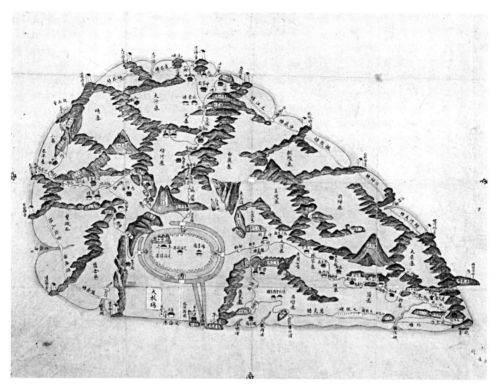

图4-4 清代舟山岛海防聚落分布图
(资料来源：大英图书馆《定海县全图》)

严海禁，以梅花桩钉塞云梯关海口"①；关于河口增筑木楼瞭望，《阜宁县新志》还记载："防海口把总初驻下川，其地沿滩淤陷，不可设墩，乃于射河口以南之通洋港起迤逦而北，经射河口汛地、黄河口汛地至北垛止，共建有通洋港木楼、双洋木楼等十二座木楼，具体为设兵瞭望海东。"②木楼分布在盐城以北的射阳河等河口，大约每隔10里一座。类似的情况在长三角地区的浏河、白茆浦、甬江等江河入海口均有实行。

（三）增设营汛加强海防和对江南腹地的控制

江南地区是明清时期国家的经济中心，清朝实行"剃发令"后反抗也最为激烈，在郑成功从海上反攻时，江南地区人民纷纷响应。因此清政府除了沿海岸和海口的防御，还进一步加强了对江南腹地的控制，大力加强了营汛等军事聚落在江南的部署，江南腹地的营汛数量明显增加。本节将要重点还原清代江南营汛的分布情况（图4-5）。

---

① (民国)吴宝瑜. 庞友兰. 阜宁县新志. 卷首. 大事记. 据民国23年铅印本影印//中国方志丛书[M]. 台北：成文出版社，1975：24.
② (民国)吴宝瑜. 庞友兰. 阜宁县新志. 卷8. 军备志. 兵事. 据民国23年铅印本影印//中国方志丛书[M]. 台北：成文出版社，1975：717.

明清长三角地区海防体系与军事聚落

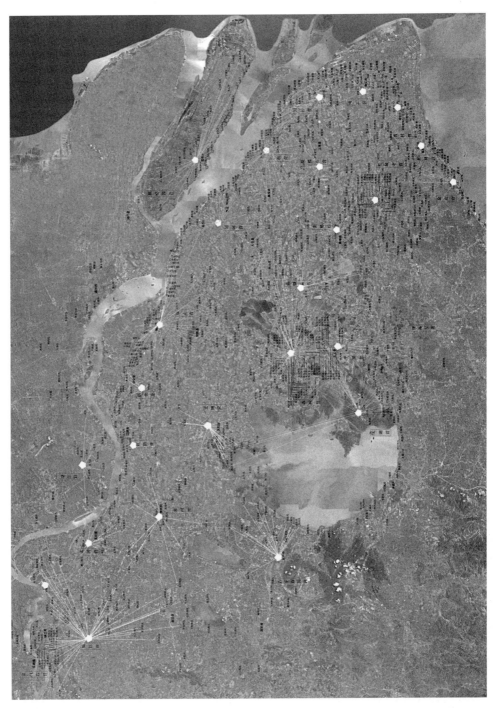

图4-5 清代江南营汛分布图

从长三角地区绿营层级结构图中,可以明显看出苏松镇驻防的江南地带是设防的核心,营的密度明显大于江北的狼山镇和浙北地区。苏松镇的精锐提标营主要分布在松江周边和江浙交界处,其中城守和右营主要分布在松江、上海周边;左营和中营驻守在江浙边界的震泽、枫泾、朱泾一带;前营和后营主要分布在苏松边界的昆山、青浦一带。

江南地区水网密布,海盗常流窜作案,并与部分当地人内外联络。清政府为加强控制,在江南腹地构建营汛组成的基层海防军事聚落网。汛作为基层军事单位,在明中后期出现,在清代成为主要的基层军事组织。以千总、把总等军官分领汛地,并于关津要隘、大路通衢等按段设立墩塘,分驻弁兵防守,称为防汛。因为地处海防要地,江南地区巡检司和汛的设置密度大于全国多数地方。例如,仅苏州一府的巡检司就有29个,汛则多达一百多个,超过了山西、陕西、京师等北方省全省设置总数的一半。营汛除了军事防御职能,还须承担地方治安等职责,主要包括治安巡查、缉捕盗贼、缉私违禁三个方面,类似于今天的武装警察和公安。

另一方面,因为中国封建时期的行政机构通常只到县一级,有"皇权不下县"的说法。县以下的管理主要是通过宗族、士绅、乡里的自治来完成。而清政府作为外来的少数民族政权,在统治初期并未得到长三角地区汉族社会的认可,特别是"剃发令"的实施,更是激起了江南士绅和民众的激烈反抗。因此,除了军事控制之外,营汛还具有一定的地方行政职能,清政府通过如毛细血管一样分布于市镇一级的营汛体系加强对江南地区的管控。并把它作为营汛缉私的重点。

江苏地区的营汛主要由驻扎松江的江南水陆提督统辖,下辖苏松镇总兵、狼山镇总兵、京口镇水师和苏州镇水师,另有驻苏州的江苏巡抚抚标营。江南四府一洲地方,主要由提标各营、抚标营、提督下辖各营、京口镇水师各营、苏州镇水师各营驻防。营下分防各汛,各汛下又设小汛和墩、塘。

1. 镇江营汛

镇江扼守长江和运河咽喉要地。明末清初,郑成功大军多次从海上反攻长三角地区,并于顺治十五年(1659年)进入长江攻占镇江威胁南京,收复长江下游四府、三州、二十二县。故清政府在镇江部署重兵防御。镇江府的驻防分为沿江驻防和镇江城守两部分。沿江驻防作为江海防的主力,设镇海将军一员、副都统二名,统京口八旗大营,并设京口镇水师营、巡江营、提督营、圌山营等水陆各营(随旗营应为临时调防);镇江城守营设参将一员,主要负责镇江一府,丹徒、丹阳、金坛三县(千总、把总)和运河等处的防御和治安各事务。仅京口沿江驻防中的八旗营为满汉驻防八旗,其余均为绿营(图4-6)。

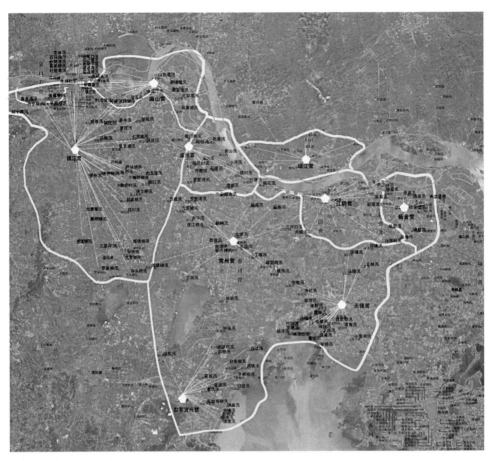

图4-6 清代镇江、常州营汛分布图

镇江沿江驻防营汛一览表① 表4-4

	营	防区及设官	墩汛	木楼	附注
镇江沿江驻防	镇海大将军固山额真八旗营	顺治十二年京口屯演武场（北固山下）			顺治十五年被郑成功军击溃
	镇海将军都统八旗大营	顺治十六年，八旗官兵共甲二千副，左右二路水师随八旗驻镇江镇守沿江沿海地方；城内西南文昌儒林黄佑怀德等坊居民居			顺治十六年重建八旗大营
	安南将军八旗大营	康熙十三年，统八旗官兵共甲二千驻京口丹徒县；驻扎北固山下演武场，建营房一千五百间			
	随旗营	顺治十六年，调防各路绿旗兵马四千游击守备八员随八旗圈城西北东三门外民房屯驻			

① http://www.guoxuedashi.com/gjtsjc/2273nn/方舆汇编.职方典.镇江府部.汇考十一.第七百三十五卷.镇江府兵制考.

续表

营		防区及设官	墩汛	木楼	附注
镇江沿江驻防	提督营	顺治十四年,以提督汉兵昂邦章京管效忠镇京口屯演武场(北固山下)			
	左路水师总兵营	顺治十六年,兵二千,圈西城外阳彭山左右民房,康熙十年移驻江阴县			
	右路水师总兵营	顺治十六年,兵二千,圈城外西北演武场,康熙十年移驻瓜州,大港镇;守备1			
	巡江营	顺治初与圌山营并隶提督操江标下,后裁操江,改隶总督标下屯驻京口江上			
	圌山营	仍明制,改把总设守备一员;驻扎大港镇,后因海警移屯京口;防区沿长江南岸上自高资镇,下至安港百五十里;沙船唬船三百只,建厂于高资港	宝盖墩 洪信墩 乐亭墩 七里墩 银山墩 窑湾墩 永丰墩 吴山墩 碳滩墩 刘湾墩 化山墩 郭家墩 萧连墩 新连墩 朱秀墩 金坛墩 三圣墩 赵港墩 化晟墩 (21墩)	木楼 木楼	坐落费家港 坐落乐亭铺 坐落钱家港 坐落银山顶 坐落七里港 坐落破桥 坐落马步桥 坐落炭渚 坐落大凹口 坐落高资营 郭家港前 坐落萧家港 坐落蔡家港 坐落祁家港 坐落刘线港 坐落荡网洲 罗家港 坐落赵家港 坐落莫家港

镇江城守各营汛一览表　　　　　　　　　　　表4-5

营	分防各县	分防各汛(大汛)	小汛(墩)	建筑设施
镇江城守营(参将)	城内兵204名分守四城门、两水关	镇江城守,派兵100名城外巡防		
	分防丹徒县(共把总4员、外委4员、额外1员,共兵91名)[①]	分防东关厢汛(把总1员、外委1员、汛3、兵21名)	丹徒汛	营房3、烟墩3、木楼1
			杨巷汛	营房3、烟墩3、木楼1
			卢坟口汛	营房3、烟墩3、木楼1

---

① (清)何绍章等修. 杨覆泰等撰. 丹徒县志. 卷20. 武备. 据清光绪五年刊本影印//中国方志丛书,华中地方(11). 台北:成文出版社,1970:365,366.

续表

营	分防各县	分防各汛（大汛）	小汛（墩）	建筑设施
镇江城守营（参将）	分防丹徒县（共把总4员、外委4员、额外1员，共兵91名）	分防西关厢汛（把总1员、外委1员、额外1员、汛11、兵28名）	浮桥汛	卡房1
			葛家桥汛	营房3、烟墩5、木楼1
			龙王庙汛	营房3、烟墩5、木楼1
			香露巷汛	营房3、烟墩5、木楼1
			永丰桥汛	营房3、烟墩5、木楼1
			马步桥汛	营房3、烟墩5、木楼1
			双石碑汛	营房3、烟墩5、木楼1
			石马庙汛	营房3、烟墩3、木楼1
			宝堰汛	营房3、烟墩3、木楼1
			水井栏汛	营房3、烟墩3、木楼1
			长山巷汛	营房3、烟墩3、木楼1
		分防朱张圩汛（把总1员、外委1员驻辛丰、汛兵19名）	派扎东乡一带专缉私枭	
		分防内河汛（设把总一员驻扎丹阳，外委二员一驻新丰、一驻吕城）	分防内河丹徒境汛（把总1员、外委1员驻辛丰、额外1员、汛6、兵23名）	南闸汛	营房3、烟墩5、船篷1、木楼1
			猪婆滩汛	营房3、烟墩5、船篷1、木楼1
			窑湾汛	营房3、烟墩5、船篷1、木楼1
			桃庄汛	营房3、烟墩5、船篷1、木楼1
			辛丰汛	营房3、烟墩5、船篷1、木楼1
			黄庄汛	营房3、烟墩5、船篷1、木楼1
	丹阳县汛[①]（存城并各汛兵丁122名）	分防内河丹阳境汛（把总1员、外委1员驻吕城、额外1员、汛7、兵35名）	张官渡汛	汛兵5名、巡船1只
			七里庙汛	汛兵5名、巡船1只
			尹公桥汛	汛兵5名、巡船1只
			青阳铺汛	汛兵5名、巡船1只
			陵口镇汛	汛兵5名、巡船1只
			大王庙汛	汛兵5名、巡船1只
			吕城镇汛	汛兵5名、巡船1只

---

① （清）刘浩等. 徐锡麟等. 重修丹阳县志. 卷10.兵防. 据清光绪十一年刊本影印//中国方志丛书[M]. 台北：成文出版社，1970：(365，366)

续表

营	分防各县	分防各汛（大汛）	小汛（墩）	建筑设施
镇江城守营（参将）	丹阳县汛（存城并各汛兵丁122名）	分防丹阳汛，雍正八年抽镇海将军标下军兵添设汛7、兵35名	道士桥汛	每汛兵5名
			圈门桥汛	
			访仙桥汛	
			埤城汛	
			张庄汛	
			姚庄桥汛	
			九里铺汛	
		丹阳城守		马步战守兵52名
	金坛县汛①（千总1员、外委1员、辖兵丁116名）	金坛城守		马步战守兵36名
		分防金坛汛，康熙十三年城外设6汛、镇海将军分拨；雍正七年添设10汛，提标镇江营分拨；共16汛）	钟桥汛	每汛营房3、烟墩5、望楼1、汛坊1，兵5名
			三里岸汛	
			下壩汛	
			九龙桥汛	
			罗家寨汛	
			涑渎铺汛	
			岸头桥汛	
			尧塘汛	
			湖头汛	
			王母观汛	
			指前标汛	
			东墟桥汛	
			直溪桥汛	
			新河镇汛	
			西阳镇汛	
			薛埠镇汛	
		9大汛	50墩汛	

---

① （清）刘浩等. 徐锡麟等. 重修金坛县志. 卷7. 武备志.据清光绪十一年刊本影印//中国方志丛书［M］. 台北：成文出版社，1970：（365，366）

2. 常州营汛

常州府在明代并未设卫城，在清代防御力量有所加强。常州府境内的驻防可分为沿江驻防和常州营两部分。沿江驻防为京口左路水师，驻扎江阴，江阴营设游击一员，兼辖孟河、靖江、杨舍三营（守备），主要负责常州府北边的沿江防御并兼顾辖区内的江防。常州营则主要负责常州一府，武进、无锡、宜兴三县和运河等处的防御和治安等事务；常州营设游击一员，兼辖武进、无锡、宜兴三营（守备），重点是负责运河沿线的城镇和运河的防务（图4-7、表4-6、图4-8）。

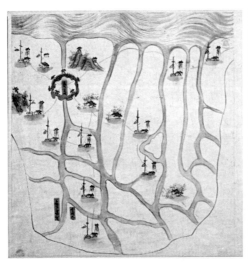

孟河营汛全图

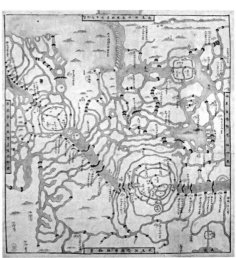

常州营汛境地界驻兵全图

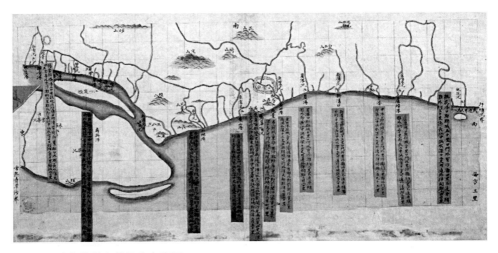

图4-7 清代常州府营汛分布舆图
（资料来源：大英图书馆）

第四章 长三角地区海防聚落体系演化

常州府各营汛一览表[①]   表4-6

营 （参游级）	营 （守备级）	设官及防区 （大汛）	小汛（墩）	木楼、台	兵力
常州营 （康熙十一年添设游击1员，分守武进、无锡、宜兴三县）	中军营 （驻常州府武进）	守备1： 城内巡防			马战兵20名、步战兵65名、守兵202名，共287名；巡船9只、小快船2只（共6汛、6木楼）
		左司把总1： 城外东南	丁堰 横林	丁堰木楼 横林木楼	
		右司把总1： 城外西北	连江桥 奔牛 南丫河（九里铺） 北双桥（新闸）	连江桥木楼 奔牛木楼 南丫河（九里铺）木楼 北双桥（新闸）木楼	
	左军无锡营	守备1： 城内巡防（东至洋尖与苏州府常熟交界，计70里）	兵150名		马战兵20名、步战兵40名、守兵140名；巡船9只、小差船2只
		千总1： 城外东南（南至望亭与常州交界，计45里）	阚王庙 白龙桥 马墓铺 望亭 （共4汛、每汛5人）	庙塘龚家坟头 小白龙桥 马墓铺 望亭 （共4瞭望木楼）	
		把总1： 城外西北（西至青城与武进交界，计50里）	西定桥 黄埠墩 潘葑 窑头浜 五牧 （共5汛、每汛5人）	北放生池、黄埠墩、潘葑、窑头浜（洛社）、五牧（共5瞭望木楼）	
	右军宜兴营	守备1： 城内巡防			战兵50名、守兵150名，共兵200名；巡船12只（共12汛、12瞭望木楼）
		千总1： 城外 把总1： 城外 （东至太湖40里，西至溧阳县界80里，南至长兴界100里，北至武进界60里）	东氿口 西氿口 徐舍 下樟桥 湛渎桥 和桥 钟溪 下邾桥 张泽桥 城塘 杨巷 关王庙口	东氿口 西氿口 徐舍 下樟桥 湛渎桥 和桥 钟溪 下邾桥 张泽桥 城塘 杨巷 关王庙口	
3	6		27	27	

[①] （清）于琨．陈玉璂．康熙常州府志．卷6．兵御．//中国地方志集成，江苏府县志辑（36）[M]．南京：江苏古籍出版社，1991：110-113．

续表

营 （参游级）	营 （守备级）	设官及防区 （大汛）	小汛（墩）	木楼、台	兵力
江阴营 （京口左路水师镇标右营；沿江驻防） 游击1		江阴以南内河要地墩汛9	汛9	山河口木楼 对洞桥木楼 海姑尖木楼 四河口木楼 北角木楼 八字河木楼 南角木楼 华墅镇木楼 马镇木楼	
		江阴以东沿江东路各墩汛11	鹅鼻嘴烟墩 大石烟墩 黄山烟墩 萧山烟墩 石西烟墩 石中烟墩 石东烟墩 新宁沙烟墩 正兴沙西烟墩 正兴沙东烟墩	黄山炮台 石牌炮台 巫山西嘴炮台	
		江阴以西沿江西路各墩汛9+3	五保烟墩 夏港烟墩 孟济烟墩 徐村烟墩 申港烟墩 芦埠烟墩 利港烟墩 横丹烟墩 种九烟墩	夏港炮台 新沟炮台 申港炮台	
	孟河营 （堡城1座，周围3里，东西南北小南门、西水关、北水关俱有城楼1座；汛地9处）	守备1，千总1，把总1；武进县境，沿江马路55里（东自桃花起、西至界港止）；南去40里至罗墅湾，北去3里孟河港，共145里	桃花港墩汛 圩塘墩汛 原村墩汛 魏村墩汛 大河墩汛 剩港墩汛 小河墩汛 黄山墩汛 孟河墩汛	桃花港炮台 澡港炮台 小河炮台 孟河炮台	马战兵10名、步战兵70名、守兵200名，共兵280名；墩汛9处、沙船3支、唬船3支

第四章 长三角地区海防聚落体系演化

续表

营 （参游级）	营 （守备级）	设官及防区 （大汛）	小汛（墩）	木楼、台	兵力
	杨舍营 （康熙十一年改 归京口水师营）	守备1，把总1	壳渎港墩汛 范港墩汛 泗港墩汛 善港墩汛 蔡港墩汛 东嘴墩汛 东兴墩汛 新港墩汛 西四墩汛 北角汛 华墅汛	壳渎港炮台	11汛9烟墩、 1炮台
	靖江营	守备1，千总1， 把总2	烟墩22座		战守兵280 名、唬船2支
			71		
			共98墩汛	炮台11	

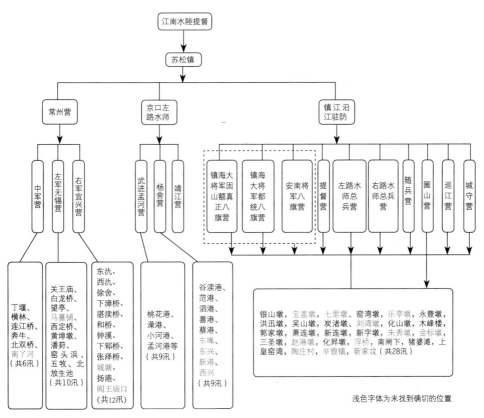

图4-8 清代常州、镇江营汛关系图

3. 苏州营汛[①]

苏州是清代江南巡抚所在地和明清时期的经济中心，防守严密，墩汛总数达280处。苏州府境的驻防分为北部沿江驻防、中部苏州驻防、南部太湖提标驻防三大部分。北部沿江驻防主要为福山营防区，负责长江南岸和常熟、昭文二县的防务和治安等事宜；中部苏州驻防力量则主要由抚标营、苏州城守营、平望营组成，负责苏州府中心区，长洲、元和、吴县、昆山、新阳、吴江、震泽七县包括运河等处的防御和治安等事务；南部太湖提标驻防，主要由负责苏州西南太湖一带防御的太湖营和负责苏州东南一带防御的提标营组成，负责苏州南部江浙两省、苏州、松江、常州、嘉兴、湖州五府交界处的防务、治安、缉私等事宜。

福山营墩汛沿江驻防排列紧密，平均2里多就设一烽墩，是长江防线聚落最密集的区域，设防密度比明代提高了一倍；苏州城守营汛聚落继承了苏州明嘉靖以来的军事聚落分布特点，以苏州城为中心，以各方向城门为端点沿水陆通道向外辐射排布；太湖营和提标营皆为跨区域的军事聚落集团，在苏州府境驻有部分营汛，重点防控两省多府交界区域的水道要口（图4-9、图4-10）。

顺治十八年，清廷为应对郑成功等反清势力的威胁，派祖永烈率汉军八旗进驻苏州，以加强江南地区的军事防御力量。苏州八旗驻防官兵数量达数千人，驻营于苏州城北部。康熙三年，由于反清武装对江南的威胁减轻，清廷重新调整了军事部署，并将苏州八旗驻防裁撤（表4-7～表4-9）。

4. 松江营汛

松江为江南海防前沿，又是清代江南提督府所在地，防守最为严密，墩汛总数达300处。松江府境的驻防分为中西部的松江城守营和提标左、中、右、前、后各营驻防、东部沿海的提标沿海五营驻防两大部分。松江城守营主要负责松江城和华亭、娄县二县的防务和治安等事宜；提标左、中、右、前、后五营负责松江西部与江浙两省、苏州、松江、嘉兴、三府交界处的防务和治安、缉私等事宜；东部沿海的金山、柘林、青村、南汇、川沙、五座提标营及下辖沿海墩汛171处沿海塘排列，负责松江海防一线的防御任务（图4-11、表4-10、表4-11、图4-12）。

[①]（清）李铭皖等，冯桂芬等撰. 同治苏州府志. 卷28. 军制. 据清光绪九年刊本影印//中国地方志集成，江苏府县志辑（7）. 南京：江苏古籍出版社，1991：672-680.

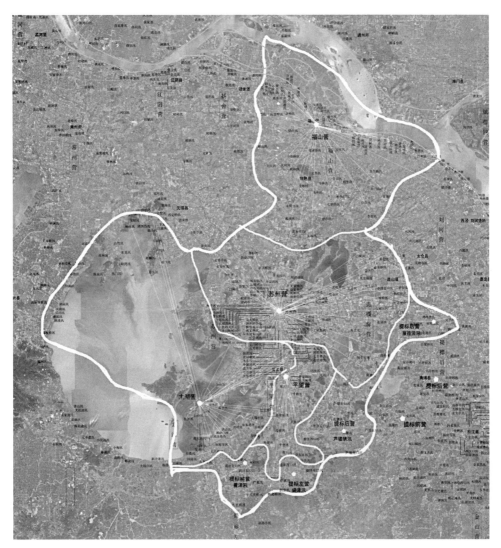

图4-9 清代苏州营汛分布图

明清长三角地区海防体系与军事聚落

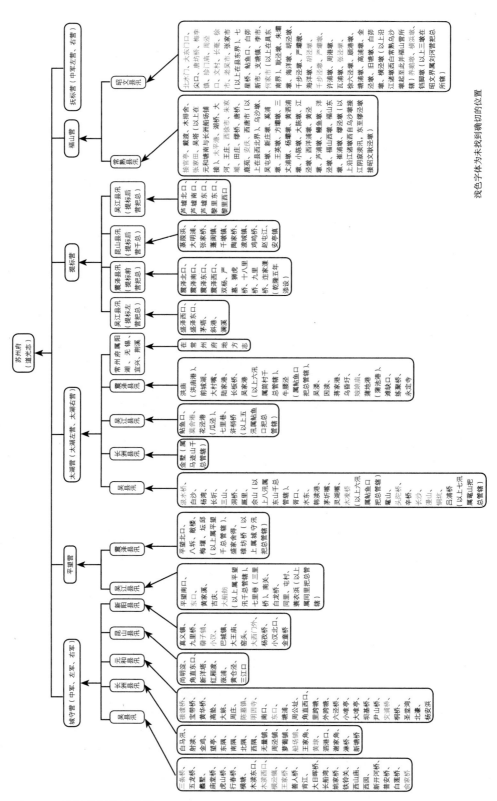

图4-10 清代苏州营汛关系图

第四章 长三角地区海防聚落体系演化

苏州抚标营、城守营、平望营驻防营汛一览表

表4-7

营（参将级）	营（守备级）	防区（大汛）	墩汛（小汛）	兵力
抚标营 设参将1；管辖左右二营；专备巡抚衙门调遣，无巡察地方之责	抚标中军左营 守备1 千总2 把总4			马兵64名（外委6在内，经制外委3，额外外委3）；战兵130名；守兵152名；营坐马24匹；兵战马64匹
	抚标中军右营 守备1 千总2 把总3			马兵56名（外委5在内，经制外委3，额外外委3）；战兵116名；守兵151名；营坐马14匹；兵战马56匹
1	2			
苏州城守营 设参将1； 驻扎府城； 管辖左、中、右三营； 分设墩台汛地84处 防守长洲、元和、吴县、昆山、新阳五县地方；	中军营 守备1 额外外委2	西城汛（千总1，经制外委1，驻扎府城）	吴县汛23：三条桥、五龙桥、蠡墅、庙堂桥、虎山桥、行春桥、横塘、木渎东口、木渎西口、横泾镇、王家桥、善人桥、胥江、大日晖桥、长船湾、姚家桥、铁铃关、西山庙、西园、新开泾桥、普安桥、白莲桥、俞家桥	存城兵342名； 专防坡内对卡汛地43处

187

续表

营（参将级）	营（守备级）	防区（大汛）	墩汛（小汛）	兵力
东至昆山县蔡陵浜与松江营分界；南至吴江县平望营分界；西至吴县太湖营分界；北至无锡县与常州营分界	驻扎府城；下辖4汛	周庄汛（把总1，经制外委1；驻扎元和县角直镇）		带兵80名；专防莳门外水陆汛口13处
		木渎汛（把总1，经制外委1；驻扎吴县木渎镇）	长州县汛18：白马汛、射渎、金鸡、望亭、东隅、南隅、北隅、西隅、黄埭、泗港口、周泾铺、无量铺、淋泾铺、萝葡铺、谢家角、接渡桥、宝带桥、船场铺、新塘桥	带兵62名；专防盘门外水陆汛口14处
		沙河汛（把总1，经制外委1；驻扎元和县夷亭镇）	元和县汛25：陈墓镇、明因寺、南口、东口、黄华桥、高垫、大姚、周庄、里跨塘、外跨塘、六泾桥、塘浦、周公址、角直西口、坝基桥、尹山桥、夹浦桥、桐桥、小唯亭、大浩亭、杨安浜	带兵47名；专防娄门外水陆汛口7处
	左军营 守备1，额外外委2；下辖4汛；驻扎吴县社坛；营兵98	枫桥汛（千总1，经制外委1；驻扎闾门外）		带兵54名；专防阊门外水陆汛口9处
		社坛汛（把总1，经制外委1；驻扎胥门外）	昆山县汛7：尚明淀、角直东口、新洋塔、红眼渡、涨浦、黄仓泾、三江口	带兵47名；专防胥门外水陆汛口9处
		浒关汛（把总1，经制外委1；驻扎浒墅）		带兵43名；专防浒墅一带水陆汛口6处
		黄埭汛（把总1，经制外委1；驻扎黄埭）		带兵58名；专防齐门外水陆汛口10处

第四章 长三角地区海防聚落体系演化

续表

营(参将级)	营(守备级)	防区(大汛)	墩汛(小汛)	兵力
	右军营 守备1,额外外委1; 驻扎昆山县城, 城兵82; 管辖昆山汛	城守 (守备1,额外外委1, 驻扎昆山县城)	新阳县汛11:真义镇、九里桥、萌子铺、小汊、巴城镇、大王庙、窑头、大西门外、扬茇桥、小汊北口、金童桥	带存城兵82名; 专防昆新城内堆卡汛地16处
		昆山汛 (把总1,经制外委1,驻扎昆新城外)		带兵88名; 专防昆新城外水陆汛15处
1	3	10	84	兵903
平望营 设都司1; 驻扎 吴江县城(顺治3年设游击于平望,后移驻吴江县城); 下辖18汛 防守吴江、震泽二县		平望汛, (千总1,分驻平望镇,下辖10小汛);	平望南口、平望东口、黄家溪、吉庆、大船舫(5汛属吴江县) 平望北口、八坼、敌楼、梅堰、坛丘(5汛属震泽)	马战兵24名(外委3名在内); 步战兵75名; 守兵219名; 营坐马14匹; 兵战马24匹; 巡船17只 注:吴江县、震泽县同城; 额外外委2,随营差操
	1	同里汛 (把总1,外委把总1,分防同里镇)	七里巷(三里桥)、南关、白龙桥、同里、屯村、裹衣浜(6汛属吴江县)	兵318
	3	城守汛 (把总1,外委千总1,驻防震泽县城)	盛家舍得、稚坊桥(2汛)	
	5		18	
			102墩汛	

苏州沿江驻防营汛一览表　　　　　　　　　　　　　　　　　　　表4-8

营	设官	防区（大汛）	墩汛（小汛）	兵力
苏州沿江驻防	中军守备1	驻防常昭城	沿江诸墩：乌沙墩、三文浦墩、吴屯墩、黄泗浦墩、小陈墩、新庄墩、王英墩、方坝墩、杨舍墩、芦浦墩、鳗鱼墩、大陈墩、江泾墩、西洋浦墩、黄泾墩、缪泾墩（以上西自乌沙墩接江阴敔浜汛，东至缪泾墩接昭文县境）、21墩汛属常熟县境；耿泾墩、朱坝墩、海洋墩、胡泾墩、千步泾墩、许浦墩、周港墩、瓦浦墩、张泾墩、徐六泾墩、顾港墩、塘浦墩、高浦墩、金泾墩、旧塘墩、白茆墩（以上18墩汛属昭文县境西自常熟县境乌沙墩起至西并福山营所辖）；腹里诸汛：接官亭、戴渡、木排头、张家田、吴塔（以上6汛在常熟县境元和塘南与长洲船场铺接）；太平港、鹿苑、庆安、大河、王庄、西徐市、朱家坝、田庄、梅李镇、唐桥、鹿苑、庆安、大东门、王庄、西徐市、珍门庙、周泾口、文村、长鹿、徐市、老吴市、张家市、白茆新市、李市、何家市（以上12汛在昭文县境东北界）；七星桥、鲇鱼口、支塘镇、横浜墩、铛脚墩（以上3墩在昭文县界刘河营把总所辖）；养鹅鸭、横浜、支塘镇	马步水陆战守兵774名；马战兵50名（外委9在内）；步兵575名；守兵149名；管坐马32匹；兵战马50匹；沙船4只、内河巡船15只
	千总2	驻福山城，分防：昭文徐六泾		
	把总4	驻防常昭城外，分防：常熟鹿苑镇、常熟唐市、昭文支塘镇		
	外委千总2	随防：福山城、徐六泾		
	外委把总4	随防：常昭城外；随防：鹿苑镇、唐市、支塘镇		
	额外外委3			

福山营游击1，驻扎常熟福山城堡；下辖：常熟县汛39、昭文县汛36；养鹅、横浜、铛脚3墩在昭文县界属刘河营把总所辖

第四章 长三角地区海防聚落体系演化

大湖营、提标营苏州地区驻防营汛一览表

表4-9

营（参将级）	营（守备级）	防区（大汛）	墩汛（小汛）	兵力
大湖营 副将1，驻扎洞庭东山；分设墩台汛地70处，左右营各35处；分防宁、长洲、吴县、吴江、震泽四县及常州府属之阳湖、无锡、宜兴、荆溪四县	大湖左营 都司1（驻扎洞庭东山），千总2，把总2，外委千总1，外委把总2，额外外委2，分设墩台汛地35处	洞庭东山汛 东山千总1（8小汛）	汲水桥、白沙、杨湾、长圻、三山、洞乔、厥里、佘山（8汛属吴县境）	陆兵 马战兵22名（外委10在内）、步战兵161名、守兵594名，官坐马34匹、兵战马22匹；
		简村汛 简村千总1，分防震泽简村（12小汛）	肾口、水东、韩溪港、茅坜嘴、灵湖嘴、木凌桥（6汛属吴县境）；洪浦（洪浦港）、前坡湖、大村埔、陆家港、吴家港（6汛属震泽县境）	
		鲇鱼口汛 鲇鱼口把总1，分防（6小汛）	鲇鱼口、莫舍港、花泾港（瓜泾）、七里巷、浒梢桥（5汛属吴江县境）；牛腰泾（1汛属震泽县境）	战哨船54只，其中 沙船2只（左右营各一只）；
		吴溇汛 吴溇把总1，分防吴江吴溇（9小汛）	吴溇、因渎、蒋家港、乌嘴圩、娘娘庙、浦地港（浦池港）、淮缺口、练聚港、永定寺（9汛属震泽县境）	吧喇船16只（左右营各8只）；大快船6只（左右营各3只）；小快船20只（左右营各10只）；浆船10只（左营8只，右营2只）
	大湖右营 守备1驻扎宜兴周铁镇，千总1，把总2，外委千总1，外委把总2，额外外委2（苏州境外汛地8处）	马迹山汛 马迹山把总1	金墅（1汛属长洲县境）	
		鼋山汛 鼋山把总1，分防大湖鼋山	鼋山、头陀桥、辛桥、长沙、漫山、铜坑、吕浦桥（7汛属吴县境）	
		凤川汛 凤川把总1	分防常州府荆溪县凤川	
提标左营		盛泽镇汛 盛泽把总1，驻防盛泽镇	盛泽西口、盛泽东口、芧塔、斜港、澜溪（5汛）	
提标前营		震泽镇汛 震泽把总1，驻防震泽镇	震泽北口、震泽南口、震泽东口、震泽西口、十八里桥、九里桥、连家漾（10汛）	
提标后营		裹陵浜汛 裹陵浜千总1，驻防裹陵浜镇	裹陵浜、大明浦、张家浜、蓬阆镇、千墩镇、陶家桥、双杨、严墓、狮虎桥、渡城镇、鸡鸣桥、赵屯江、安亭镇（12汛）	
		芦墟镇汛 芦墟千总1，驻防芦墟镇	芦墟北口、芦墟南口、芦墟东口、黎里东口、黎里西口（5汛）	

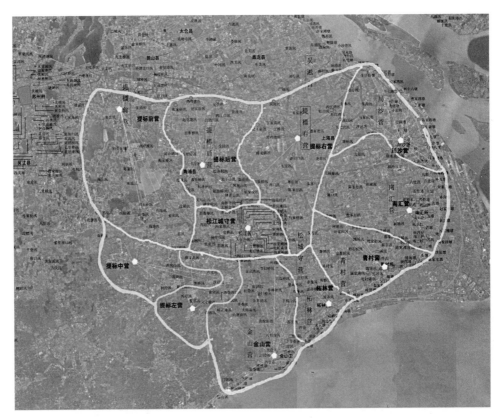

图4-11 清代松江营汛分布图

第四章 长三角地区海防聚落体系演化

松江城守营、提标营驻防营汛一览表

表4-10

营（参将级）	设官	防区（大汛）	墩汛（小汛）	兵力
松江城守营 （驻扎在松江城内，管辖华亭、娄、金、青4县，分设墩台小汛35处）	游击1 守备1 千总2 把总4 外委千总2 外委把总4 额外外委4	松江东门汛 左哨千总1	东城门汛、县署前汛、道院卫汛、萧王庙汛	兵共650名， 马兵100名， 步战兵166名、今兵384名； 坐马22匹， 战马100匹； 船6只
		松江城东汛 左哨把总1	东门外三角地汛、东禅寺汛、牢阳桥汛、林家桥汛、斜泾汛	
		松江北门汛 右哨千总1	北城门汛、里仁桥汛、稻君仓汛、德枫桥汛	
		松江城西北汛 右哨把总1	北门外新桥汛、郡万墰汛、善应庵汛、采花泾汛	
		松江城南汛 把总1	秒严寺汛、采花泾汛、西林寺汛	
		松江城西汛 把总1	姚家桥汛、茗亭汛、打铁桥汛、大张泾汛、米市塘汛	
提标中营 （管辖华、娄、金、青4县，分设墩台小汛13处）	参将1 守备1 千总2 把总3 外委4	朱泾汛	前街汛、将泾桥汛、水云亭汛、大仓桥汛、仓城门汛、大桥汛、马家塘汛、斜塘汛、西汉汛、鸦雀度汛、陈泾汛、白莲阙汛、泖汛、朱泾东栅汛、朱泾西栅汛（《松江志》记载朱泾东、西栅汛为小泾汛管辖或为笔误）	兵共619名， 马兵95名， 步战兵162名、今兵362名； 坐马22匹， 战马96匹； 船20只
		小泾汛	福田寺汛、张壮汛、石湖塘汛、贾田汛、枫泾汛、小泾东栅、大泾汛	
提标左营 （管辖娄、金、青及苏州吴江震泽，分设墩台小汛9处）	游击1 守备1 千总1 把总4 外委千总2 外委把总4 额外外委2		兴塔汛、蒋泾汛、大毛塘汛、韩家乌汛	马兵97名， 步战兵164名、今兵361名； 坐马20匹， 战马98匹； 船22只
		盛泽镇汛 位于苏州吴江震泽	（盛泽镇5汛见苏州营汛）	

续表

营（参将级）	设官	防区（大汛）	墩汛（小汛）	兵力
提标右营（驻扎在上海县城，管辖华、上、娄、青4县）分设墩台合小汛33处	游击1 守备1 千总3 把总4 外委千总3 外委把总4 额外外委4	泗泾镇汛 把总1 驻娄县泗泾镇	浦北陈家行汛、莘壮汛、颛桥汛、朱家行汛、泗泾西口汛、杨家汊汛（6汛）	马兵54名、步战兵199名、守兵580名；坐马24匹、战马50匹、船14只
		北簳山汛	塘桥汛、真圣塘汛、七宝汛、蟠龙口汛、打铁桥汛、杨家汊汛、北镇山汛、斜泾庙汛、松泽村汛、郑泽村汛、凤凰山汛、陈坊桥汛（13汛）	
		浦西汛	天妃宫汛、龙华汛、关上汛、林家寺汛、闵行汛、语儿泾汛、引翔港汛、惠济汛、土汛（9汛）	
		沿吴江	闸口汛、野鸡墩汛、曹家渡口汛、新汛（4汛）（马桥、浦东西）	
提标前营（管辖青浦县及苏州之昆山元和）分设墩台合小汛25处	游击1 守备1 千总2 把总3 外委千总1 外委把总3 额外外委4	震泽镇汛 震泽把总1 驻防震泽镇	章练塘汛、龙安桥汛、安壮汛、沈港汛、泖塔汛、秦来桥汛、封澳塘汛、金泽汛、杨扇汛、商榻汛、关王庙汛、山秦汛、西陈庵汛、扫垢庵汛、钱盛汛（15汛）（震泽镇10汛见苏州营汛）	马兵99名、步战兵163名、守兵357名；坐马20匹、战马100匹、船26只
		天马山汛	戚家村汛、天马山汛（2汛）	
提标后营（驻扎在青浦县，及昆山、新阳）分设墩台合小汛44处	游击1 守备1 千总1 把总4 外委千总2 外委把总2 额外外委4	黄陵沵汛 黄陵沵千总1 驻防黄陵沵	东城门汛、南城门汛、大西门汛、小西门汛、北城门汛、昆监堆汛、八字桥汛、白鹤江汛、古塘桥汛、泖江口汛、百树桥汛、屈家圩汛、黄渡市汛、重固汛、贾山汛、皇甫林汛、柘泽桥汛（17汛）	马兵99名、步战兵164名、守兵360名；坐马20匹、战马100匹、船13只
			贾枋汛、泖湾汛、北六里庵汛、西口汛、安沵汛、明正庵汛、山塘汛、千巷汛、太史庵汛、叶泾行汛（10汛）（黄陵沵10汛见苏州营汛）	
		芦墟镇汛 芦墟把总1 驻防芦墟镇	159（其中30在苏州境）（芦墟沵5汛见苏州营汛）	

提标沿海各营驻防营汛一览表　　　　　　　　　　　表4-11

营（参将级）	设官	防区（大汛）	墩汛（小汛）	兵力
金山营 （驻扎在金山卫，管辖华、金、奉及嘉兴府之平湖县） 分设墩台小汛44处	参将1 守备1 千总2 把总4 外委千总2 外委把总4 额外外委3		浦南官桥汛、山洋汛、平等庵汛、蒋壮汛（4汛）	马兵54名、 步战兵156名 守兵549名； 坐马24匹、 战马54匹； 船13只
		亭林镇汛 把总1	亭林镇汛、南林家汛、寒字圩汛、后港汛、上横泾汛、下横泾汛、欢庵汛、金门楼汛、望湖泾汛、阮巷汛（10汛）	
		张泽镇汛 把总1	金门楼汛、望湖泾汛、张泽镇汛、大洋泾汛、叶榭镇汛（5汛）	
		江门营汛 把总1 驻浙江江门营	筱管墩汛、戚家墩汛、金山墩汛、金山厂汛、西薪墩汛、东薪墩汛、胡家墩汛（7汛）	
		张堰镇汛	张堰镇汛、泰山汛、泰山水汛、南六里庵汛、北仓汛、裴家桥汛、西仓汛、白泾汛、松隐汛、柳港汛（10汛）	
		海汛	江门墩汛、白沙湾汛、葛蓬墩汛、江门营汛（4汛）	
			新庙墩汛、独树墩汛、横沥墩汛、人礁一汛（4汛）	
柘林营 （驻扎在柘林堡，管辖华、奉、南3县） 分设墩台小汛22处	都司1 千总1 把总2 外委把总2 额外外委2	崇阙汛 把总1	漕泾镇汛、崇阙汛、胡家港墩汛、三垒墩汛、龙王墩汛、周公墩汛、陆鹤墩汛、崇阙墩汛（8汛）	马兵26名、 步战兵83名、 守兵193名； 坐马10匹、 战马26匹； 船4只
			壮行汛、南桥汛、李匠桥汛、法莘桥汛、南新市汛、翁壮汛、金汇桥汛、游桥汛、赣村汛、萧塘汛、胡家桥汛、孙家桥汛、西袁埠墩汛、东袁埠墩汛（14汛）	
青村营 （驻扎在青村所，管辖奉贤县） 分设墩台小汛35处	都司1 千总1 把总1 外委把总2 额外外委2		东门汛、西门汛、南门汛、北门汛、堆子汛、高桥汛、青村港汛、青村港水汛、屠家湾汛、陶家汛、梁店汛、坍石桥汛、周家行汛、叶家行汛、湾周汛、头桥汛、二桥汛、东薪市汛、蔡家桥汛、蔡家桥水汛、陈家湾汛、翁家港汛（22汛）	马兵20名、 步战兵57名、 守兵220名； 坐马8匹、 战马20匹； 船3只
			横林墩汛、戚崇墩汛、朱家墩汛、大门墩汛、椒墩汛、头墩汛、二墩汛、荒三墩汛、新四墩汛、书四墩汛、五墩汛（11汛）	
			新场汛、盛家桥汛（2汛）	

续表

营（参将级）	设官	防区（大汛）	墩汛（小汛）	兵力
南汇营（驻扎在南汇所，管辖南汇、奉贤）分设墩台小汛29处	都司1 守备1 千总1 把总2 外委把总2 额外外委2	西路	航头汛、鲁家汇汛、闸港汛、杜家行汛、坦石桥汛、下沙汛、六灶汛（7汛）	马兵17名、步战兵120名、守兵330名；坐马14匹、战马17匹；船6只
		东路	一团汛、四团汛、大勒口汛、二勒口汛（4汛）	
			一墩、二墩、三墩、四墩、五墩、六墩、七墩、八墩、靖海墩、董家棚墩、靖氛墩、黄家洼墩、方家棚墩、新建墩、赵家棚墩、外六墩、宋佳棚栏墩、外八墩（18汛）	
川沙营（驻扎在川沙堡，管辖上海、南汇、宝山）分设墩台小汛41处	参将1 守备1 千总3 把总5 外委千总3 外委把总4 额外外委4	浦东	白莲泾汛、东汉汛、马家浜汛、洋泾汛、周浦塘汛、杨师桥汛、塘桥汛（7汛）	马兵73名、步战兵224名、守兵760名；坐马28匹、战马73匹；船15只
			三林塘汛、陈家行汛、高家行汛、曹家路口汛、东家湾口汛（5汛）	
		宝山界	外塘曹家路墩、外塘十六墩、界北三墩（3汛）	
			汤宇圩墩、吕字圩墩、生字圩墩（3汛）	
			陆团湾汛、横沔汛、张江棚汛、北蔡汛、周浦汛（5汛）	
			九墩、擒虎墩、十墩、十一墩、十二墩、添设墩（6汛）	
			殷家路墩、外十墩、江家路墩、大洪墩（4汛）	
			十五墩汛、陈水关桥汛、十三墩汛、十四墩汛、川沙灶汛、杨家路汛、南新墩汛、邱家路汛（8汛）	
			171墩汛	

第四章 长三角地区海防聚落体系演化

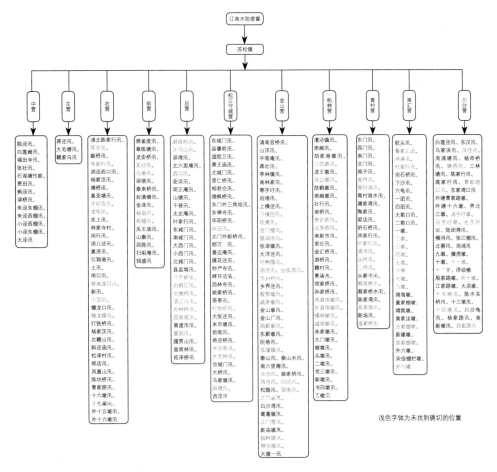

图4-12 清代松江营汛关系图

5. 太仓营汛

太仓扼守长江入海口，明代设有太仓、镇海二卫。因其战略地位重要，清雍正二年（1724年），太仓升为江苏的直隶州，并析地置镇洋县，辖崇明、嘉定、宝山三县。太仓州境的驻防主要分为：崇明岛和长江口南岸两部分。崇明岛因其处于江海防关键节点，特布署苏松镇镇标诸营重兵镇守；长江口南岸则设吴淞、浏河二营及川沙营下辖的宝山营汛，与崇明守军势为犄角，相互声援，并防止敌人由吴淞江、浏河等水道入侵苏松。吴淞江口的防御由江口以西的吴淞营和江口以东的宝山营汛负责。吴淞营继承了明代吴淞江千户所辖区，参将和守备署驻扎在清代宝山县城内；宝山营汛防区在吴淞口以东，为明代宝山所辖区，又称老宝山，清代属于川沙营管辖。两营与吴淞口两岸各设炮台控扼江口（图4-13、图4-14、表4-12）。

长江南岸的营汛又分为沿江营汛和腹地营汛。沿江营汛沿长江南岸及吴淞口一字排列，主要有七丫炮台汛、浏河炮台汛、宝山炮台汛和宝山所汛；吴淞所下辖的左哨、左哨头司、左哨二司这三汛的墩汛以沿江排列为主，纵深分布为辅；

197

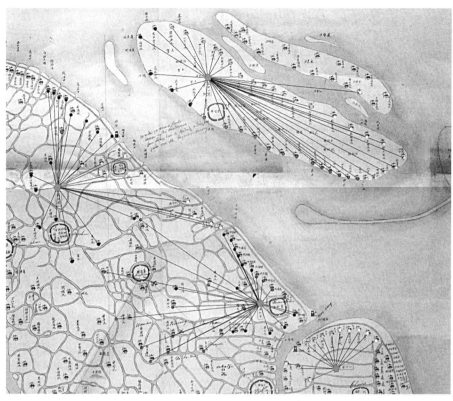

图4-13 清代太仓营汛分布图
（资料来源：作者以清《江南营汛全图》为底图标绘）

图4-14 清代太仓营汛分布图

右哨、右哨头司、太仓城守汛、土寨汛则为腹地营汛，主要负责太仓、茜泾、嘉定三城和吴淞江的防御和治安等事宜。另外，还有浏河闸汛、璜泾汛、右哨二司（吴淞炮台汛）这三汛均扼守江海防要地，并无下辖墩汛。

太仓营汛一览表（不包括崇明） 表4-12

营（参将级）	营（守备级）	防区（大汛）	墩汛（小汛）	兵力	
吴淞营		左哨	采淘、大场、杨行、小沙背、采淘墩、顾隆浜（6汛）	千总1员，外委千总1	
参将1员，统辖诸汛，驻吴淞城西门内大街；		右哨	外岗、六渡、安亭、娄塘、罗店（5汛）	千总1员	兵额：896名；其中，马兵62，战兵175，守兵659
		左哨头司	江湾东、江湾西、胡巷桥、殷家行、吴家浜（5汛）	把总1员，外委把总1	
		左哨二司	练祁、月浦、施家浜、刘家行、薛家滩、顾泾墩、五岳墩、黄姚墩（8汛）	把总1员，外委把总1	
中军守备1专防宝山城等汛，驻吴淞城南门内		右哨头司	南翔、封家浜、黄渡、纪王庙、真如、广幅（6汛）	把总1员	
		右哨二司	炮台汛（1汛），设炮台1，与川沙营炮台对峙	把总1员，外委把总1；发熕炮8位	
		大汛6	炮台1、小汛31		
宝山属于川沙营管辖		宝山炮台汛	海口炮台1	把总1员，外委把总1；统兵40名；红彝炮2位，其他炮6位	
			炮台、庙港、张家浜、周家浜、镇海、对江、界浜		
		宝山所	宝山城	千总1员，外委千总1	
			黄家湾、界浜、汤字圩、吕字圩、生字圩、高家行、东沟		
		大汛2	炮台1、小汛15		

续表

营 （参将级）	营 （守备级）	防区 （大汛）	墩汛 （小汛）		兵力
浏河营 游击1员，统辖诸汛，驻茜泾城； 中军守备1 专防茜泾城辖： 大汛7、炮台2、小汛28 兵744名（含百总8、管队22、红旗16名，城守营汛兵624名、水兵64名）， 其中： 马兵66名 战兵148名 守兵530名		太仓州城守营汛	州城守汛	州城水陆城门	千把总1员，外委千把总1员，统兵120名
				璜泾仓场、直塘、双凤	
				西马拨、南马拨①	
			县城守汛	吴塘、古塘、盐铁塘、半泾湾、六渡桥	
		七鸦炮台汛	海口炮台1		千把总1员，外委千把总1员；统兵72名，炮台设发熕炮②2位，决胜炮6位
			州墩汛	双鸣、浪港、鹿鸣、唐茜泾、钱泾	
			县墩汛	铠脚、养鹅（野鹅）	
		土寨汛（州汛）	土寨、六尺、岳王镇、沙溪镇		千把总1员，外委千把总1员；统兵25名
		璜泾汛	（无下辖小汛）		千把总1员，外委千把总1员；统兵20名
	茜泾中城营	茜泾城守汛	（守本城，无下辖小汛）		守备1员，统兵275名
		浏河炮台汛	海口炮台1		千把总1员，外委千把总1员；统兵82名；炮台设发熕炮2位，决胜炮6位
			牛角尖、薛敬塘、浏河、丁泾、新塘、杨林		
			大川沙（宝山境）		
		浏河闸汛（即天后闸汛）	（驻守天后闸，无下辖小汛）		千把总1员，外委千把总1员；统兵30名
		水手兵			水手兵64名，船6只
		大汛7	炮台2、小汛28		兵688
合计		大汛15	炮台4、小汛74		

---

① 马拨，又称"马拨飞递"，是明清时期传送紧急公文的机构。根据《直隶太仓州志》记载，太仓州的西、南马拨二汛主要职能是江宁到苏松一带的马拨飞递，并不承担防御职责。

② 发熕炮，明清时期南方的一种大型火炮，见《筹海图编》。可能源于葡萄牙人之falcon，详见郑诚先生《发熕考》。

（四）战略要地的八旗驻防

清代军队由八旗兵和绿营兵两部分组成。在长三角地区绿营兵是江海防的主力，驻防八旗则作为江海防的精锐力量，同时也起到监视和控制绿营兵的作用。

清政权建立后，八旗兵分为禁旅八旗和驻防八旗。禁旅八旗负责保卫皇帝和拱卫京师，驻防八旗则分驻于全国各地。长三角地区的八旗军为驻防八旗，在长三角地区主要有三处：京口（镇江）八旗驻防营、杭州八旗驻防营、乍浦八旗水师营。驻防的位置均为江海防要地，是重点驻防和集中机动相结合的体现。其中京口和杭州为运河与长江、钱塘江的交汇处，是保卫运道和省府城的关键；乍浦为长三角地区海岸防线的中间点，并且为江浙两省的交汇处，是长三角地区海岸防线的中枢，便于八旗水师居中向两翼机动防御。

京口（今镇江）八旗驻防，顺治十二年始设，屯演武场。顺治十六年，被郑成功大军击溃后，复设重镇。命都统刘之源挂镇海大将军印，统八旗官兵共甲2000副，左右二路水师随八旗驻京口，镇守沿江沿海地方，驻扎城内西南文昌儒林黄佑怀德等坊居民居。

杭州八旗驻防（满城），顺治七年设杭州满蒙八旗，满汉兵共4000多人，在杭州府城内修筑界墙，南至军将桥（今开原路），北至井字楼（今法院路），西至城（西湖边），东至大街（今中山路）。城高一丈九尺，宽六尺，围长九里，穿城径一里，门五。城内将军衙署以下房屋两万余间。大教场在城外北首（今湖滨公园一带）。

浙江乍浦八旗水师，设立于雍正六年，由杭州、江宁两地派出满洲、蒙古旗丁1600人组建，置大小战船22艘，杭州与乍浦驻防互为犄角，一旦有警，互为应援。

二、演化——长三角地区海防军事聚落的转化

清代总体上继承了明代军政系统，也延续了明代军民两套相对独立的军政管理体系。待清政权稳定以后，随着军政管理体系的调整，军事聚落也发生了相应的转化。清雍正年间，卫所的行政职能逐步并入所在州县，海滨的实土和半实土卫所部分设置新县、部分归并到附近府县；长三角地区卫所的运输后勤职能归并到扬州、太仓等几个主要的专职漕运卫所。在"卫所—府县"级别上实现由军管型政区向民治型政区转变。军队继承明代的省镇营兵制，实行绿营制，以营、汛为主要军事单位，在"营—县"级别以下设置由把总、千总管辖的大小汛地，由这些基层武官行使一定的行政权力，形成了次县级基层的军管型政区；巡检司作为州县以下的军警机构，有的转化为县，有的由关津要地迁往镇区中心，继续在镇一级聚落行使次县级基层行政职能。清代在长三角地区形成了：县级以上军民双轨转民治政区（海防厅除外）、县级以下由乡里自治转化为有驻镇武官管理的军管型次县级政区（图4-15）。

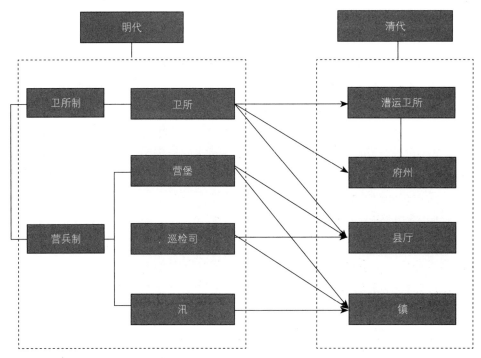

图4-15　清代长三角军事聚落转化示意图

（一）长三角地区卫所的演化

清廷定鼎中原后，鉴于原有的卫所制度早已名存实亡，开始着手整顿改革。因军事防御主要由绿营兵和八旗兵负责，卫所不再具有防务职能，但仍旧执掌屯垦和漕运。原来的卫所军则主要承担运输职能，并保留一定的屯田作为补给，卫所军则改称为屯丁。顺治三年"兵部奏言，指挥、千（户）、百户名色，既已尽裁，而卫所必不可裁。应每卫设掌印官一员，兼理屯事，改为卫守备；千户改为卫千总，每所设一员，俱由部推；百户改为卫百总，每所设一员，由督抚选委。其不属于卫之所，俱给关防。卫军改为屯丁。凡卫所钱粮执掌及漕运造船事务，并都司、行都司分辖，皆宜照旧。从之。"

康熙十八年，各地卫所大量奉旨并所归县："则运军即吾民……经历两朝其指挥千百户世职已罢，而军独存，卫所之实已废，而长运、屯田独不废。"[①]雍正二年又下令："除边区无州县可归之卫所及漕运卫所外，其余内地所有卫所，皆归并于州县。"到了雍正五年，江苏巡抚陈时夏提请江苏卫所改隶府辖："今都司已裁，其征收钱粮、盘查仓库，应归附之府州专辖结报。请将上江之新安等卫归徽州等府管辖，下江之苏州等卫归苏州府管辖，江淮、兴武等卫归江宁府管辖。"[②]

---

① （清）张可立修. 兴化县志. 卷2. 兵御. 据清康熙二十四年抄本影印//中国方志丛书［M］. 台北：成文出版社，1983：110-111.
② 华文书局股份有限公司. 清世宗实录一［M］. 华文书局股份有限公司，1969.

雍正十二年，浙江布政使张若震提请浙江卫所改隶于府。但江浙两省的漕运卫所与全国其他地方的多数相比变化较小，仍然掌管漕运、屯田、屯户户口等事务，仍具有一定行政职能。咸丰以后河运漕粮不断改为海运清运卫所，并且也在不断裁汰，到了光绪二十八年全部废除。非漕运的卫所，仍不断被改设州县或裁归州县（图4-16、表4-13）。

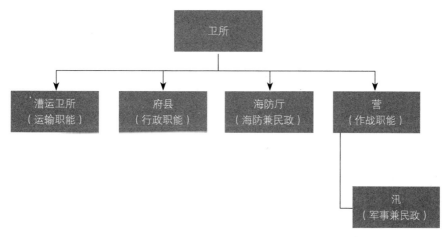

图4-16 卫所转化示意图

长三角地区清代卫所转化一览表　　　　　　　　　　　表4-13

防区	明代卫所	清代卫所	清代府州县	清代绿营
	扬州卫	扬州漕运卫	扬州府	扬州营（游击）
	通州守御千户所	并入扬州卫	升通州直隶州	狼山镇（总兵）
			析海门海防厅	通州镇标营
	泰州守御千户所	并入扬州卫	泰州	泰州营（游击）
	镇江卫中前所（泰兴）		泰兴县	泰兴营（守备）
	高邮卫	并入扬州卫	高邮州	
	盐城所	并入扬州卫	盐城县	盐城营（游击）
	兴化所	并入扬州卫	兴化县	
	仪真卫	并入扬州卫	仪征县	
江南	镇江卫	镇江漕运卫	镇江府	镇江营（参将）
	苏州卫	苏州漕运卫	苏州府	苏州巡抚 抚标营 城守营（游击）
	太仓卫	太仓漕运卫	升太仓直隶州	右协右营
	镇海卫（太仓州城内）	镇海漕运卫		

续表

防区	明代卫所	清代卫所	清代府州县	清代绿营
江南	崇明所	并入镇海卫	崇明县	苏州镇水师（总兵）、镇标六营、左协二营、
	吴淞（吴淞江）所	并入镇海卫	设宝山县	苏松镇（总兵）吴淞营（游击）
	浏河堡所			浏河营（守备）
	金山卫	并入镇海卫	设金山县	金山营（参将）
	金山卫后所（柘林堡所）	并入镇海卫	设奉贤县	柘林营（守备）
	金山卫中前所（青村所）	并入镇海卫	并入南汇县	青村营（守备）
	金山卫中后所（南汇所）	并入镇海卫	设南汇县	南汇营（守备）
	金山卫中后所（川沙所）	并入镇海卫	设川沙海防厅	川沙营（参将）
	松江所	并入镇海卫	松江府	江南水陆提督 松江营（游击）
	宝山中所	并入镇海卫	高桥镇	宝山营（守备）
浙西	嘉兴所	改嘉湖漕运卫	嘉兴府	嘉兴营（游击）
	湖州守御千户所		湖州府	湖州营（副将）
	海宁卫	海宁漕运卫	并入海盐县	
	乍浦所	裁撤	并入平湖县	
	澉浦所	裁撤	并入海盐县	
	杭州前、后卫	改杭严漕运卫	杭州府	杭州营（副将）
	海宁守御千户所	并入嘉湖	升海宁直隶州	
浙东	绍兴卫	绍兴漕运卫	绍兴府	绍兴营（副将）
	三江所	裁撤	并入会稽县	
	临山卫	裁撤	并入余姚县	
	沥海所	裁撤	并入上虞县	
	三山所	裁撤	并入余姚县	
	观海卫	裁撤	并入慈溪县	
	龙山所	裁撤	并入慈溪县	
	宁波卫	宁波漕运卫	宁波府	浙江提督 宁波提标营 宁波城守营
	定海卫	裁撤	归入镇海县	定海营（参将）
	舟山（中中、中左）所	裁撤	重设定海县	定海镇（总兵）镇标三营（游击）
	穿山所	裁撤	并入镇海县	
	郭巨所	裁撤	并入镇海县	
	大嵩所	裁撤	并入镇海县	
	昌国卫	裁撤	并入象山县	昌国营（守备）
	钱仓所	裁撤	并入象山县	
	爵溪所	裁撤	并入象山县	
	石浦（前、后）二所	裁撤	设石浦海防厅	

除归入附近府县的卫所外,清代长三角地区卫所的转化主要有下列几种情况。

1. 归并为漕运卫所

长三角地区运河主线的各卫,大多成为专职漕运、屯田的漕运卫。军事职能大为减少,其部分行政职能归当地府县代管。清代长三角地区保留的漕运卫所有扬州卫、镇江卫、镇海卫、太仓卫、海宁卫、绍兴卫、宁波卫。① 运河主线上的其他守御千户所和运河支线上的重要卫所,保留其漕运职能并入上述几个漕运卫。具体是江北的仪征卫、盐城所、通州所、兴化所、泰州所并入扬州卫。② 江南的松江所、吴淞所、青村所、南汇所于康熙十七年并入金山卫,而金山卫又于乾隆十五年并入太仓的镇海卫。浙北的情况较为复杂,海宁所于康熙二十五年并入嘉兴所,嘉兴所乾隆十五年改为嘉兴卫,乾隆二十六年嘉兴所与湖州所一起并入嘉湖卫。其中江南地区漕运卫所还受苏松粮道管辖,③ 共四卫九帮(苏州、太仓、镇海三卫各前、后帮,金山帮,镇江卫前、后帮)。④(图4-17)

2. 卫所并入附近州县

长三角地区并于附近州县的卫所主要在浙北沿海地区。浙北沿海很多卫所具有单独治城,且下辖有不少屯田,多为实土和半实土卫所,但仍然被裁撤并入附近州县。究其缘由,主要是因为:清政府认为郑成功、张煌言水师能屡次反攻大陆与沿海居民接应密切相关。为了封锁南明郑氏集团,在清初顺治十八年、康熙五年两次颁布迁海令,严令居民内迁30~50里,滨海地带不准进入。沿海卫所屯户整体迁离海边屯地,到内地居住。失去原有屯地的卫所屯丁也就并入附近州县管辖。具体有临山、观海、定海、昌国等四卫,澉浦、乍浦、沥海、爵溪、钱仓、郭巨等十二所。这些卫所均于顺治十八年被裁撤。康熙十九年逐渐放松海禁,这时原来卫所城址及其屯地数万顷已荒芜20年,浙江省议报,这些卫所均不再恢复(图4-18)。

3. 卫所设立新县

长三角地区,卫所设立新县的情况主要集中在江南东部沿海岸地带。这里的卫所多是具有独立的治城、下辖土地和屯田也较多的实土、半实土卫所。具体有吴淞、南汇、青村三个千户所和金山卫,这些卫所的漕运职能归并于镇海卫管辖。江南沿海的这些卫所并没有实施迁海令,人口逐渐增加,经济不断发展,因

---

① 毛亦可. 清代卫所归并州县研究[M]. 北京:社会科学文献出版社,2018.
② 凤凰出版社. 中国地方志集成. 省志辑·江南1. 康熙江南通志1[M]. 南京:凤凰出版社,2011.
③ 沈胜群. 清代漕运旗丁研究[D]. 吉林大学,2017.
④《钦定户部则例》卷36《漕运支给》,《故宫珍本丛刊》第284册,第287页。

明清长三角地区海防体系与军事聚落

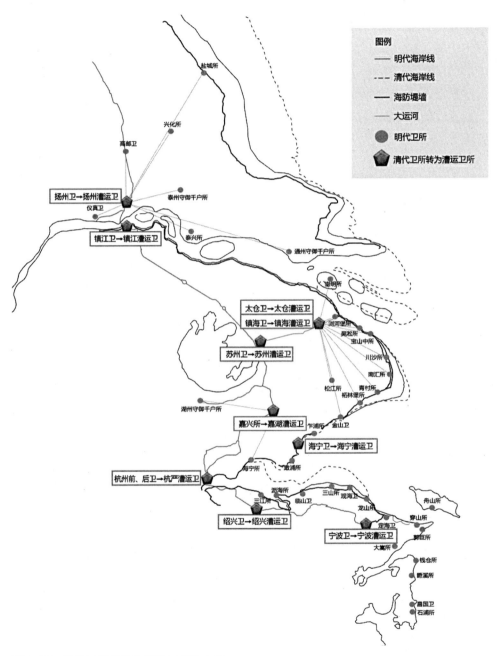

图4-17 清代卫所归并为漕运卫所分布图

第四章　长三角地区海防聚落体系演化

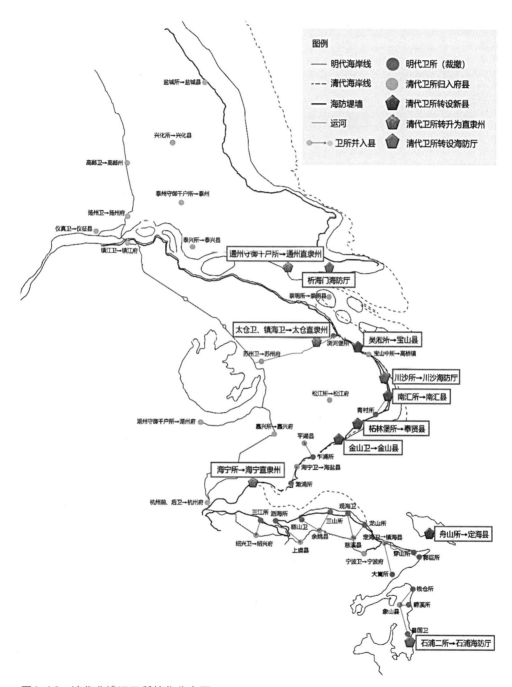

图4-18　清代非漕运卫所转化分布图

此在各自治城和辖地分别新设了宝山、南汇、奉贤、金山四座县城。

4．卫所改设海防厅

清中期，虽然海防的严峻形势有所缓解，但也并不能高枕无忧。清政府在长江入海口两岸的海门、川沙以及石浦三处海防要地，派驻海防同知，加强海防兼管民政，改设为厅，成为新的军管型政区。这三处海防厅均位于海防前沿的半岛。

海门厅：海门原为通州守御千户所管辖的海防要地。通州所漕运职能归并于扬州卫后，移原驻常熟负责督修海塘的苏州府海防同知解韬来治①，清乾隆三十三年（1768年）割通州之安庆、南安十九沙，崇明之半洋、富民十一沙及续涨之天南沙置海门直隶厅，治今江苏省海门市，直隶江苏省。②

川沙厅：川沙明代曾被倭寇占为巢穴，明嘉靖年筑川沙堡，初隶于南汇守军千户公署，后改设守堡千户公署于川沙，成为川沙千户所；清顺治二年（1645年），川沙堡设川沙营；清乾隆二十四年（1759年），派海防清军同知驻川沙；清嘉庆十年（1805年）设川沙抚民厅。

石浦厅、蓝田厅：道光三年，为加强石浦一带海防，移宁波府同知驻象山县石浦地方，次年铸给厅同知关防，也就是说在道光四年正式设立了石浦海防厅。③鸦片战争后为加强对英军的防御，又设蓝田厅于石浦南边的南田岛，但其设置时间不在本研究的时间范围内。

5．卫所驻地转升为直隶州或散州

长三角地区还有一种情况，卫所驻州县升为直隶州或散州。通州和太仓州由府下属的散州升为与府平级的直隶州，海宁则由县级升为散州。直隶州直属于省布政司，相当于现在的省辖市，与府（相当于地级市）平级，有下辖县；散州相当于现在的县级市，与县平级。但比普通县的重要性高，官员级别也稍高。此三地卫所转化后，驻地级别升高也与地处长江和钱塘江入海口的战略要地，海防相关事务繁忙有一定关系。

（二）长三角地区巡检司、营堡和汛的演化

明清时期，除了卫所以外，还有巡检司、营堡、汛等军事单位及其聚落。这些军事聚落也随着历史的进程逐渐演化（表4-14）。

---

① 徐枫．从太通道到海门厅：雍乾时期长江口沙务管理机构的变迁[J]．史林，2016（01）：84-93，220．
②《江苏巡抚明德奏为沙地开辟日广请移设厅员以资吏治折》（乾隆三十三年二月初七日），《宫中档乾隆朝奏折》第29辑，台北故宫博物院1984年版，第570-571页．
③ 祝太文．清代浙江省行政区划变动的海防因素[J]．求索，2015（03）：158-162．

第四章 长三角地区海防聚落体系演化

长三角地区巡检司、营堡设县一览表　　　表4-14

巡检司	设巡司年代	设营及年代	县	设县年代
庙湾巡检司（庙湾场）	洪武十八年	万历二十年设庙湾营，万历二十一年设海防厅，万历二十三年筑城	→阜宁县	清雍正九年设县
魏塘巡检司	洪武八年		→嘉善县	明宣德五年设县
新泾巡检司	洪武六年		→青浦县	明嘉靖二十一年设县
震泽巡检司	洪武四年		→震泽县	清雍正二年设县
西溪巡检司（东台场）	洪武元年		→东台县	乾隆三十三年设县

1. 巡检司驻地、营堡设县

明清二代，在一些没有卫所驻防的江海海防要地，陆续设立了巡检司和营堡。这些海防聚落，随着军弁的入驻，再加上多数都地处交通要道，经过明清两代的发展，经济迅速繁荣起来，人口也逐渐增加。其中有的规模较大，各项事务日益繁杂，仅靠地方派驻的佐贰官已难以应对，只有设县才能更好地治理一方。长三角地区营堡设县的主要有庙湾营，设阜宁县；巡检司设县的有魏塘、新泾、西溪、震泽四巡检司，分别设立了嘉善县、青浦县、东台县、震泽县。如《明史·地理》载："嘉善，本嘉兴县魏塘镇巡检司，宣德五年三月改为县。"就反映了嘉善县由魏塘镇巡检司演化而来的情况。

2. 巡检、守备、汛官驻镇、汛地成为基层军管政区

营堡和巡检司最后发展为县的毕竟是少数，多数营堡、巡检司还有汛都发展为规模较大的镇。在古代中国，地方政府多为三级行政体系。明清为"省—府—县"三级，县官为最基层的行政官员，有"皇权不下县"的说法。县级以下的地方治理之前主要是以乡里自治为主。而明清，特别是清代，为了加强对江南的基层控制，派驻在这些镇的守备、巡检、千总、把总等武官除了军事防御职责外，通常还担负着管控地方的行政职能，而镇和汛地往往成为基层的军管型政区。江南地区，巡检司和汛等基层军事聚落网的构建促进了江南市镇的兴起并影响了江南市镇的空间分布，促进了江南地区县以下市镇的发展，这一地区的城镇体系逐渐形成和完善（图4-19）。

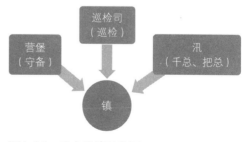

图4-19　武官驻镇示意图

第二节　基于GIS的海防聚落体系时空演进分析

长三角地区海防军事聚落分布点多面广。在海防聚落时空分布研究中，利用地理数据分布的先验知识研究数据的分布特征，按传统方法对较大量的地理数据进行分析处理无疑是比较困难的。我们通过ArcGIS的地理信息处理功能可以快速有效地对江南地区数百上千个军事聚落的地理空间信息进行分析，并通过将大量数据可视化，找出其分布规律。

一、分布——江南地区海防聚落空间分布分析

江南地区是长三角地带的核心区，这一地区海防聚落的重要性和密集度都是长三角地区最高的。通过分析这一地区海防聚落的分布特征，可以对长三角海防聚落的分布规律有更进一步的了解。通过地方志、古代舆图和现代卫星地图的比对以及地名查找搜索，可以基本确定地理位置的江南地区卫所、巡检司、墩汛等聚落点有800多个。这一海防聚落GIS数据库的建立为下一步ArcGIS地理信息分析奠定了基础。

（一）海防军事聚落聚积倾向特征

江南海防军事聚落体系作为一种复杂的聚落集合，其分布的聚集和分散程度是了解该聚落体系的重要参数之一。聚落的聚集和分散是一对矛盾，在广大的防区地域内，有限的聚落和兵力如何分布是一个问题。聚集度强可以更多地集中优势兵力；而分散分布则可以广撒网，管控辖区内的每一处土地，不留空隙。GIS中的平均邻近距离工具（Average Nearest Neighbor）可以对聚落的空间邻近度进行统计分析，通过对比计算值与预先随机分布值，可以了解聚落之间的接近程度以及相互关系，从而把握聚落体系的宏观聚散趋势。由图4-20可知，清代江南墩汛聚落的最邻近值为0.764211，小于1，趋向于聚集分布。Z值得分为-12.153595，得分很低且为负值，表明聚落具有很明显的低值聚集特性，而不是随机分布和均匀分布。可见在江南地区的墩汛体系中，各墩汛更多地是在各军事要地集中部署，采取集中兵力的策略；而不是采取均匀分散部署的方式。

但根据K函数分析Multi-Distance Spatial Cluster Analysis（多距离空间聚类分析）分析点数据。汇总一定距离范围内的空间相关性（要素聚类或要素扩散）可知：在0.57距离值之内，聚落分布特征体现为聚集，而距离超过0.57时聚落分布趋于分散（图4-21）。这表明江南墩汛聚落在局部确实具有集中部署的特征，但在较大的空间尺度上又呈现了分散的空间分布趋势。也就是说在较大尺度上，本区域内各地均有墩汛派驻，以起到对各地方的控制作用，不留破绽；在较小尺度上，墩汛在江海岸、水道沿线、重点城市周边等战略要地聚集，集中有限

兵力于关键之处,使防守方在敌方最可能进攻的地方和我方最需要保卫的地方有足够的防御力量。

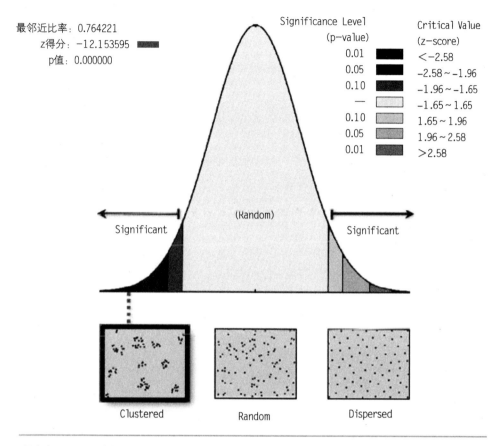

最邻近比率:0.764221
z得分:-12.153595
p值:0.000000

z得分为-12.15,则随机产生此聚类模式的可能性小于1%。

图4-20 清代江南墩汛聚落GIS平均邻近距离分析图

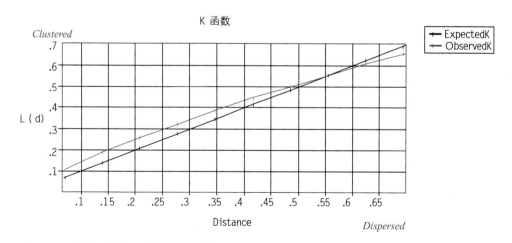

图4-21 清代江南墩汛聚落GIS多距离空间聚类分析

(二)海防军事聚落分布特征

营、汛是清代江南地区最主要的军事聚落。在了解了江南海防聚落的宏观聚集倾向后,还可通过对聚落密度的分析了解江南营汛聚落的区域分布规律。聚落密度是聚落地理学描述某聚落或要素空间聚集特征的重要指标,反映了一定区域内聚落的聚集程度。根据算法的不同,ArcGIS9.3内置有核密度分析、点密度分析、线密度分析三种算法,分别可以了解海防聚落体系的防御核心和发展联系轴的分布和形成情况。

1. GIS核密度分析——增长极

对于海防军事聚落的防御核心可以通过ArcGIS中的核密度分析来呈现。核密度分析用于计算要素在其周围邻域中的密度。此工具既可计算点要素的密度,也可计算线要素的密度。

根据江南墩汛GIS核密度分析图所示(图4-22):江南墩汛的核密度,总体表现为东部高于西边的趋势;存在"苏州—吴江""松江—上海"两大高聚核心区;在"松江—上海"核心区中,上海副核心已开始分离,形成上海副核心区;另外还存在常熟、镇江两处聚集度一般的核心区。

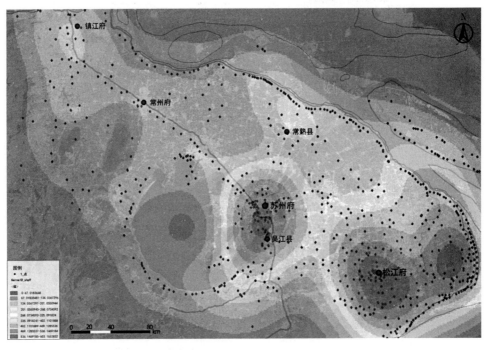

图4-22 清代江南墩汛聚落GIS核密度分析图

越往东部聚落聚集的密度越高,体现了江南墩汛总体靠近海防前线部署的趋势,表明了江南墩汛体系总体上还是以海防为首要防御职能。

江南四府中松江、苏州、镇江三府城附近均形成了高聚集度核心，反映了江南墩汛聚落以重要城池为聚落核心的趋势，表明了清代江南军事防御体系对于保卫重要城市的重视。但常州府城附近没有形成聚集核心，反而是常熟附近存在聚集核心，说明了常州在海防上地理位置相对次要，而常熟作为苏州北方的江防门户，地位更为重要。

苏州、松江两地具有最高聚集度的核心，表明其作为江南地区经济、军事中心的重要地位，这与苏州成为江苏巡抚驻地、松江为江南提督驻的情形是一致的，清朝在各省督抚下设专管财赋和人事的布政使一员，只有在江苏省设二员，一驻江宁（南京），一驻苏州。这不仅显示了江苏作为全国财赋重地的特殊地位，更说明苏州在财赋征集方面的地位不在南京之下，甚至更重要，成为区域的增长极，俨然是江苏省并列的第二省会；在清代的核密度分析图中，松江的聚集度甚至比苏州的聚集度还要更高，这反映了在清代，松江经济和军事地位都有明显上升，成为新的增长极；松江东部的上海、川沙、南汇一带高聚集度副中心的产生和分离，则反映了上海作为位于长三角突出区域，海防前沿的城市，其海防地位日益重要。在上海设海防同知、苏松道台府，在川沙设海防厅等都与江南东部沿海墩汛聚落的积聚情况是一致的。

2. GIS廊道分析——点轴延伸

海防聚落在最初的防御核心形成后，又体现出沿廊道发展的趋势，形成点轴延伸。廊道，是指不同于两侧基质的狭长地带。廊道是线性的不同于两侧基质的狭长单元，具有通道和阻隔的双重作用。通过廊道分析有助于发现聚落点集合中隐藏的线性空间关系。[1]

如江南营汛GIS廊道分析图所示（图4-23），清代江南地区墩汛聚落沿东部海岸线和东北部长江入海口岸线的海防堤墙呈现最密集的分布，具有非常明显的廊道特征；其次，太湖沿岸营汛聚落的廊道特征也比较明显；再次，沿大运河、吴淞江、黄浦江等江南地区主要河道也都呈现出一定的廊道特征。这些廊道均可看作是"点轴理论"中的"基础设施束"，也就是发展轴。而且明、清的聚落分布图相比较可以发现，这种轴线首先是区域的大中型聚落服务，但轴线廊道形成后，到了清代聚落明显在轴线两侧集聚，并产生新的增长点。清代的聚落点沿运河和海防堤墙逐渐增加，后来又形成新的分支轴线。各级点轴贯通，形成点轴系统，并明显呈现聚落点由核心沿交通线路向原交通不便的纵深地带扩张的趋势。

沿江海岸（海防堤墙）的廊道具有阻隔江海和陆地的作用，这是海岸防御聚落的首要职能——"固海岸"的充分体现；同时此廊道也具有沿海通道的作用。海防堤墙作为战时沿海战略机动公路（马路）的记载以及和平年代以海防堤墙作

---

[1] 张昊雁. 清代长城北侧城镇研究[D]. 天津大学，2016.

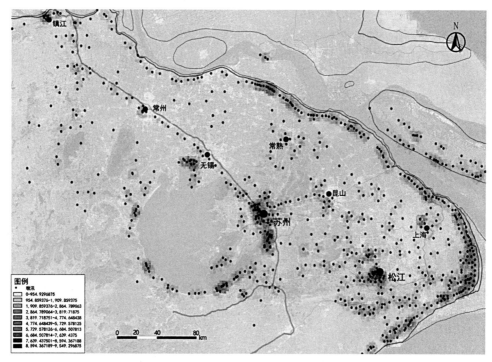

图4-23 清代江南墩汛聚落GIS廊道分析图

为重要民间交通道路的事实都说明了这点。

沿太湖的墩汛聚落廊道,几乎形成一个完整的圆圈,主要起到阻隔太湖和陆地的作用。因为太湖水面宽阔,又处于二省三府交界,常有盗贼出没流窜,沿太湖岸边设一圈墩汛严加防守体现了在江南地区海防中,"湖防"是仅次于"海防"和"江防"的防御要务。

沿运河、吴淞江等河流形成的聚落廊道,则主要体现了这些河道是江南地带交通上的最重要通道。需要沿河设墩汛,严加防御、管控。

二、动因——长三角地区海防聚落演化的内外机制

明清时期长三角地区军事聚落的演化受到了政治、军事、经济、交通等内外因素的驱动和影响。

(一)军事、政治因素——海防压力的变化、对江南腹地的控制

江南地区地处长三角地带,经济发达、文化繁荣,位于我国海岸线的中段,与日本距离较近,曾遭到倭寇等海上敌对势力重点进攻和劫掠,损失惨重。江南地区作为明清政府财政收入的主要来源地,还为北京和北边各镇提供了大量的物资供应,战略地位重要。因此,两代政府对江南地区的海防尤为重视,经过多年

的建设，建立起了比较严密的多层级海防军事聚落体系。江南地区海防军事聚落从空间上可分为前沿和腹地两部分。

明清时期，江南一带为加强控制，人们出府、县境去外地都须报官府批准后发路引，进出须经巡检司和汛塘检查。"凡百里之外，无官府发放之路引者概可擒拿送官。"由此导致在各关卡形成许多交通阻碍点，货物常常滞留在此，于是人们为了方便，往往就在位于省府县边境和交通要隘的巡检司和汛的驻地附近进行商品交换，形成了独特的区域边境贸易。很多巡检司和汛的驻地也因此逐步发展为繁荣的市镇。例如，位于桐乡的皂林镇，明代曾设置巡检司，逐渐繁华并发展为镇。到了清康熙年间，因防务需要，巡检司移往青镇，皂林镇不久就衰败了，成为一个普通村落。而青镇则日益繁华，与湖州境内的乌墩镇合称为乌青镇（乌镇），成为规模和繁华程度超过府县的巨镇。又如，位于松江和苏州府边界处的周庄在清雍正年间才开始分属元和县与吴江县，为加强控制而设置巡检司。很快，周庄由原来小集市迅速发展为商业大镇。①

（二）经济因素——棉纺业的发展与贸易

1．棉纺业

江南地区海防军事聚落前沿部分在江南东部沿东海和长江南岸一带，多为地势略高的沙地，不适合种植稻、麦。作为长江下游的边缘地带，这里在明代之前人口不多，除了少数几个港口城市和一些盐场，城镇发展一直滞后。为抵御倭寇，明代在这里建立了由卫所城堡组成的多层级海防军屯聚落体系，由沿海岸和长江南岸设置的卫、所、堡寨、烽墩组成。这些大小军事聚落呈新月形分布在长三角地区的沿海滨江地带，成为海防体系的一道防线。

明清政府大力提倡屯种棉花，为军队和民众解决衣被需求。江南地区的海防卫所多位于沿海、沿江的长江高沙平原，很适合种棉。很快长三角卫所屯垦区就成为全国最大的棉花种植基地。棉花种植大规模推广，棉花种植面积超过耕地面积的七成。徐光启在《农政全书》卷《木棉》中也有记载，上海县"官民军灶垦几二百万亩，大半植棉，当不止百万亩也"。到明中期以后已形成了西起江阴东到浙江平湖，包括常熟、太仓、昆山、嘉定、上海、青浦、华亭、平湖的全国最重要的棉花生产区，为全国特别是京师和北方九边的驻军甚至海外提供棉花和棉布。据史料记载，仅明代北边的陕西四镇年需布匹大约六十万匹，其中一半左右都来自松江、上海一带。从图4-24中就可以看出江南主要产棉区大多位于沿江滨海海防军事聚落最密集的区域。

棉纺业的兴起是江南市镇经济在明清时期蓬勃发展的最重要原因之一。棉花

---

① （光绪）《桐乡县志》卷一《疆域志上·市镇》光绪十三年刊本。

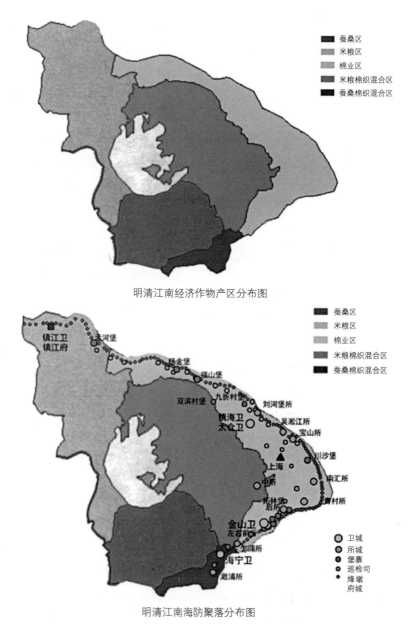

明清江南经济作物产区分布图

明清江南海防聚落分布图

图4-24 明清江南地区棉产区与海防聚落分布对比图

种植带动了松江、太仓一带棉纺业的发展,并出现了进一步的专业分工,如金山卫后来就专以纺纱业为主,枫泾以整染为主。在沿海卫所屯种棉花的推动下,最终江南城镇形成了以棉、丝、粮三大专业为主,包含多种细分职能的多样化市镇分工格局,并促进了商品流通。

2. 贸易

沿海地带因海防建立起来的聚落因其位置多处于便于泊船登陆的港汊之处,

海禁严厉、海寇猖獗的时候，一些沿海聚落被海寇占领，逐渐成为海上走私的基地；当海禁放松的时候，这些沿海聚落也就成了海上贸易的据点。虽然政府在有限度解开海禁的时期，通商口岸也非常有限，仅有宁波等屈指可数的几个。但事实上，以民间贸易和走私贸易的形式进行的商贸活动却是大量存在。在明清时期，因为中国古代商人的地位低，官方文献、志书中对商业和贸易的记载很少。但由于利润丰厚，海外贸易的规模实际上远远超过官方允许的朝贡贸易，大量的白银从境外输入就是证明。在江南，特别是苏、杭等地，富商、官宦甚至卫所官兵都有参与走私贸易的情况。而繁荣的贸易最终促进了这些沿海聚落的发展。

（三）交通因素——海防水陆交通体系的建设和利用

就像现代的高速公路、因特网的发明和建设最初是出于军事目的一样，长三角地区海防堤墙、驿路、运河的建设最初主要也是出于军事运输的需要。高速公路和因特网极大地推动了现代经济和社会的发展。而由海防堤墙、驿路、运河组成的交通体系的发展也对明清长三角地区的经济和社会发展起到了促进作用。

明以前长三角地区的主要城市基本都沿运河分布，沿海只有几个为数不多、相对孤立的对外港口城市。明代，随着沿海岸的海防聚落带和以海防塘路为代表的沿海交通线的建立，以及沿海贸易（包括走私贸易）的兴起，在海洋商业文明与大陆农耕文明的交界处形成了"沿海聚落带"。

明初到清中期的海防是传统的大陆农耕文明国家面对大航海时代新兴的武装海商集团。以兵农合一的卫所军为代表的军事力量防御兵商合一的海寇。长三角地区的防守方以堤墙为屏障，以堡垒为支撑，以运河为渠道组织防御；进攻方以海岛为基地，以江河为途径，以帆船为车骑进攻渗透。最初，固定在土地上的军队、僵化的战术，使防守方面对进攻方灵活机动的侵袭时遭到了失败。经过防守方与进攻的不断对抗，防守方调整了布署，在海岸、江河入海口和行政区划的交界处构建成了新的聚落聚集带。最终使得原来以运河、水道以及驿道为支干，呈树状分布的各级聚落发展为以运河相沟通，驿道和海防堤墙相联通，呈网状连接的防御聚落体系。

第三节 明清江南地区海防聚落演进转化的影响

明清时期，江南的各级军事聚落不断发展演进。由于人口的集聚和交通便利的优势，商业和手工业日趋发达，很多最终发展为各级城市和市镇。在崔溥的《漂海录》中有生动的记载："江以南，诸府城县卫之中，繁华壮丽，言不可悉。至若镇、若巡检司、若千户所、若寨、若驿、若铺……所在附近，闾阎扑地，市肆夹路，楼台相望，舳舻接缆……"[1] 从文中可以看到这些繁华的聚落除了府县城以外，多数都为各级军事聚落。

一、海防建设对江南地区及上海周边城镇体系格局的影响

（一）海防聚落向城镇聚落转化——促使江南城镇体系重心东移

明清二代长三角地区海防军事聚落开始建立并逐渐完善。清雍正以后，随着经济的发展、军制的改变，军管型的卫所逐步转为民治型的州县城镇，卫—所—巡检司的多层级军事聚落体系转化成了府（州）—县—镇的城镇体系的一部分，并与原有体系融合成新的整体。这促使了沿海地区城镇密度显著增高，推动了江南城镇体系范围的扩大和重心的东移。

由GIS分析的元末江南地区路府州县核密度分析图（图4-25）可知：元末江南地区的府县等行政聚落呈现环绕太湖的多核心分布，聚落分布整体较为分散、均衡。核密度最高的为湖州、苏州、嘉定一带；其次为镇江、长兴一带；再次为无锡—常州、嘉兴—海盐一带。聚落群的分布总体上以太湖、运河为中心，几何中心正好位于太湖中心附近。

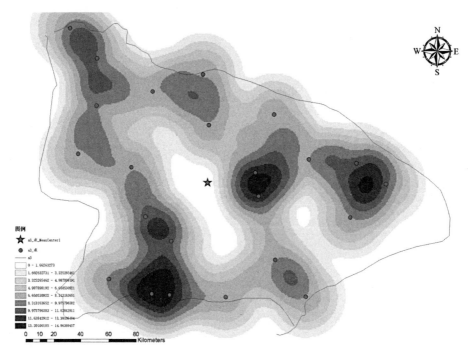

图4-25 元末江南地区路府州县聚落核密度及中心位置分析

---

[1] 葛振家．崔溥．《漂海录》评注［M］．北京：线装书局，2002：192-193．

明代因海防的需要，在上海东南的金山设金山备倭都司；在江南地区东部松江和上海以东的海滨设立了金山卫、太仓卫、南汇所、吴淞所等一系列海防卫所并修筑城池，这些卫所多数为实土卫所或半实土卫所，兼具军事和行政职能，并在清中期转化为州县；另在松江与苏州、嘉兴交界处设立巡检司以防御卫所间隙，其中魏塘、新泾两处巡检司也转化为县城。

清代江南地区府州县聚落群的GIS核密度分析图（图4-26）表明：清代江南地区的州县呈现明显的向东部沿海扩散聚集的趋势，西部的府县城基本没有增减，仅中部增加了一处。在上海一带形成了核密度最高的积聚核心。其次为嘉兴一带。元代后期的苏州、湖州、镇江等聚落核心其聚集度相比较而言反而明显下降了。聚落群的总体几何中心也东移了约四十公里，到达苏州吴江县以东。原来较为均衡、环绕太湖的多核布局转化为以长三角东缘上海一带为核心的沿海优势型布局。

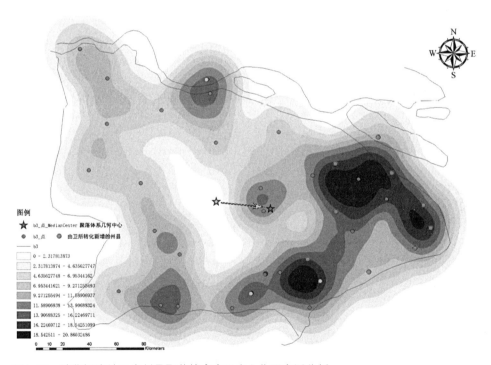

图4-26 清代江南地区府州县聚落核密度及中心位置变迁分析

松江府作为江南提督驻地，重要性有所提高，加上棉纺业的发展，松江的经济地位和人口都持续提升；雍正八年（1730年），太仓直隶州改属太（仓）通（州）道，苏松太道改为苏松道，道署驻地由太仓移至松江府上海县。因为道为低于省、高于府的一级军政机构，上海的地位也进一步提高。以后太仓又重新划归苏松道，并改称苏松太道，因为上海在城镇体系的核心地位已经日益显著，该道的驻地却没有再迁回太仓，以致人们逐渐习惯于将苏松太道称为沪道或上海道。

从江南地区的核密度分析图和重心图可以看到，这一地区的重心和中心从苏州逐渐往松江、上海移动，发生了明显的东移。这也体现了区域增长极由最初的苏州，向上海等地推进的趋势。

（二）明清海防建设对上海周边城镇体系格局的影响

在明清江南城镇体系的发展中，上海周边的城镇体系布局变化最为显著。而海防军事聚落的建立和发展在这一过程中起到了重要作用。

根据陆玉麟的论文《明清时期太湖流域的中心地结构》可知长期以来苏州一直是江南地区的中心城市，松江为二级中心地城市。上海直到元代才设县，在明初也仅是松江府下面的一个边陲县城。在江南地区中心地结构中属于第三级。明清二代，江南的海防军事聚落群因军事镇守和屯田种棉而迅速发展起来，在上海北、东、南三面的沿江滨海地带的太仓卫、吴淞所、川沙所、南汇所、青村所、金山卫等几座军事城堡逐渐发展为人口众多、经济繁荣的城镇，并在清代依次转变为太仓州、宝山县、川沙厅、南汇县、奉贤县、金山县等州县。而且上海周边新增加的县除娄县是从华亭县分出外，其余有四县一厅均是由海防卫所转化而来。而由宝山所和柘林所转化成的高桥镇和柘林镇也都发展为上海地区举足轻重的巨镇。上海被几个新兴州县城城镇环绕，再加上明嘉靖年间设的嘉定县，形成了环绕上海的多边形城镇群结构（图4-27），上海位于这一新增的环形城市带的几何中心。

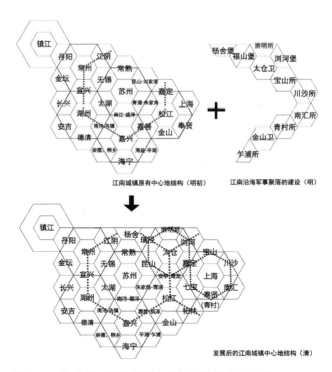

图4-27 江南地区城镇体系中心地结构演化示意图

按照克里斯塔勒和施坚雅的理论，(1)在交通地位上，因海防的需要松江府主要河流朝东的出海口被封堵，而改道汇入黄浦江再向北入长江口，使得位于吴淞江、黄浦江交汇口的上海成为这一区域的水陆交通运输中心（图4-28），上海周边新兴的卫所城镇主要经由上海连接其他城市。(2)在军政地位上，明嘉靖年间上海成为这一地区海防佥事的驻地，并为防御倭寇首次在上海修筑了城墙；到清代上海又成为副省级军政机构——苏松道的官署驻地，其地位高于周边的府县城，并为周边沿海岸呈新月形排列的海防聚落提供物资补给。

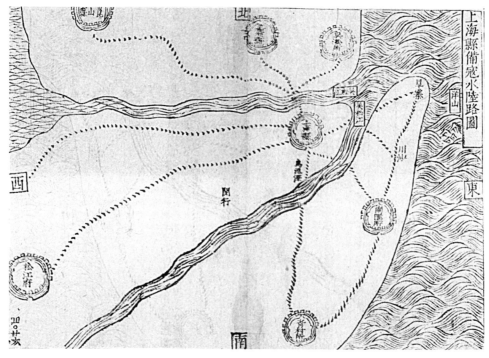

图4-28 上海县备寇水陆路图
（资料来源：《江南经略》）

虽然上海在明清时行政级别仍为县级，但作为新的水陆交通中心和军政重地，其手工业、商业也随之迅速发展。按照中心地理论，上海在江南地区城镇体系中心地结构中的重要性逐步提升，到清中期时已经上升为第二级中心地（图4-29）。事实也确实如此，随着周边海防聚落的发展，上海的经济规模和人口日益增加，很快超过了周边其他县城。按照清中期职守标记，上海被定为"冲疲繁难"，其地位已高于无锡、湖州和太仓，而与嘉兴和松江这样的府级城市差不多。到上海1843年开埠以前的嘉道年间，上海城市人口达约27万，其人口数已超过了松江、太仓等府州级城市，时称"江海之通津，东南之都会"，成为仅次于苏州、杭州的区域中心。

明清长三角地区海防体系与军事聚落

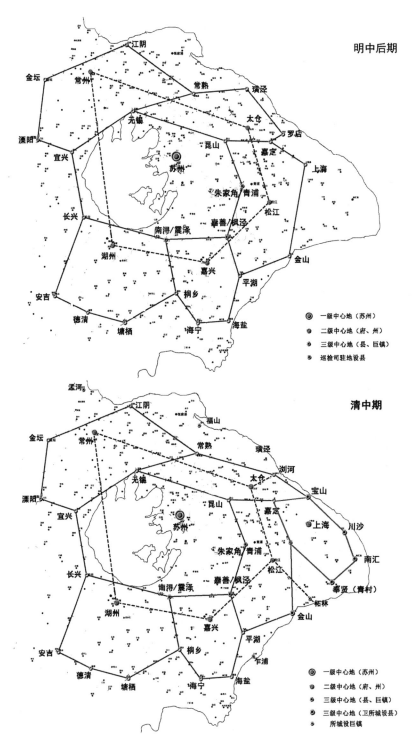

图4-29 明清江南地区三级中心地分布结构对比图
（资料来源：作者在李慧中心地分析图[①]基础上改绘）

---

① 李慧. 明清长江三角洲地区城镇化及城镇体系研究[D]. 天津大学，2007.

最终，在江南地区东部形成了以上海为中心，松江、金山、南汇、川沙、宝山等各层级府、州、县城镇环绕分布的城镇体系格局（图4-30）。

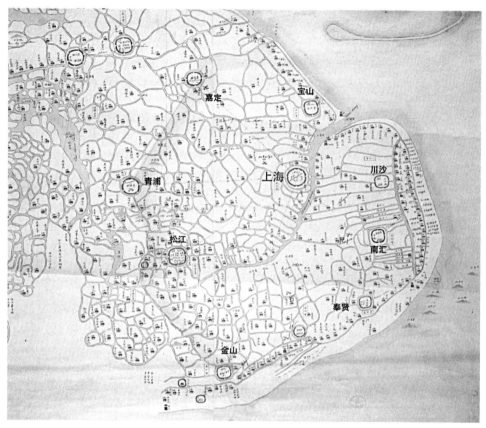

图4-30　清中期上海周边聚落分布图
（资料来源：作者在大英图书馆藏《江南水陆营汛全图》上标绘）

二、长三角驿传体系的建设和转化带动了江南交通运输体系的完善

江南地区历代都修筑了驿递水陆交通设施。明代更是建立了以驿站、递运所、急递铺为站点，官道、官河为线路的军管水陆交通体系。明代由于倭寇的袭扰，漕运的安全受到了严重威胁。为了防御海寇盗贼，明清设漕运总兵和漕运总督，建漕运卫所并由规模庞大的运军专门负责水运。"无事则操舟而运饷，有事则可列伍而水战，寄危于安，藏兵于食。"除了担负安全运送漕粮这个主要任务外，运军还要承担造船、修河、维护和建设等工作。在江南建立了以江南运河（俗称"官河"）为主线，澄锡运河、金丹溧漕河等多条运河为支线，沟通吴淞江等各河流水道的发达的运河水道网。除了漕运卫所军，政府还设置水陆驿站、递运所和急递铺等驿传机构，并在重要的水陆关口设置巡检司和汛对水陆交通进行管控，以保证水陆运输的安全和畅通。运军制度的成熟，标志着明清时期的中

国已经出现了一支专业性的运输队伍。以军运取代民运，以雇佣替代征役，不仅提高了漕运效益，而且减轻了社会负担。明清漕运，准许运军附载私货和旅客，不征税收，"军船多装私物，但遇市镇，湾泊买卖"，促进了民间贸易的繁盛，加强了城镇间的联系。由运军主导的运输体系，为江南城镇间的商品流通和社会文化发展提供了基础和保障。

急递铺的分布基本能体现官道体系的分布情况，江南地区的交通体系最初是以运河上的扬州、苏州、杭州、宁波为核心和主线，而沿海沿江地区基本位于交通体系的末端。

元代松江府急递铺共14座，明代急递铺增加为35座，清代增加为43座。元代，松江府在风泾、泥滑桥、朱泾、九里庵、李塔汇、吉阳汇、松江府前、张泾、蟠龙、新坟、钱坟、龙华、淡井及上海等14处设铺递，也称急递铺，专司传递官府文件。明初洪武年间，汤和奉朱元璋命令将唐、宋在江浙地区修的断续的海塘连成一线，并加高加固，又沿海塘每隔几里设立一系列墩台、塘铺。这些设施在明嘉靖年间和清朝初年又因海防的需要得到巩固和加强。海塘不仅能抵御敌人登陆，海塘之上宽阔平坦，还可以通行骑兵马队。每个墩台有军士数名，除了瞭望、守卫，还担负着在墩台间传递情报的职责。墩塘的兵力设置和传递功能与递铺比较类似；而海塘因为高大、坚固、平坦，在多雨、多洪水的江南水网地带作为道路的条件远好于多数官道。因此，海塘实际上成为沿江海的"高等级公路"，成为江南交通体系的重要组成部分。除了军事运输，海塘也大大促进了民间的人员和物资交往，一直到近现代江南东部的海塘都是重要的交通线，上海东部的川、南、奉公路就是在原海塘上修筑的。通过GIS的点密度分析，可以看到墩塘体系建立后，滨海沿江地带的交通条件大为改善。江南地区的交通也由枝状更趋近于网状。

值得一提的是，在江南运输中非常重要的水上交通也是同样的情况，明之前江南水上交通体系是以大运河和几条枝状延伸的官河为主线。而因建设和运输的需要，海塘内侧均开挖了宽阔的塘河，海塘连为一体后，塘河自然成为连接沿海各地的重要水上交通线，并与官河体系联通，使江南地区水上交通网更加完善。

三、海防军事聚落的部署影响了江南重要市镇的空间分布

因为江南很多市镇由巡检司和汛的驻地发展而成，市镇的空间分布不可避免地受到了这些基层军事聚落布局的影响。江南地区水网密布、河湖纵横。明清政府为了防止海寇登陆后经水陆交通网在江南腹地渗透，或在省界、府县交界等偏远处流窜，造成更大的危害，通常在这些水陆要冲之地设置巡检司和汛。

这些军事聚落的分布有三个特点：一是沿长江、东海和太湖沿岸分布，通常设置在通往长江、太湖的河口与水道口；二是沿运河设置，运河沿线每隔一段距

离或有重要的水道口都会设置;三是沿省、府、县的边界设置,在省府县界的一侧或两边要道重点布防。这些特点与江南主要市镇的分布特点是一致的。从表4-15中可以看出,江南的巨镇、名镇多数都位于省府县边界,而不是政区的腹地。例如,乌镇位于江苏、浙江两省,苏州、嘉兴、湖州三府,乌程、桐乡等七县交界之处;南浔位于江苏浙江两省交界处;江湾镇位于松江府上海县和苏州府嘉定县的府县交界处;安亭镇位于嘉定、昆山、青浦三县交界处;周庄位于松江府和苏州府的交界处等。

长三角地区名镇与巡检司位置对照表　　　　表4-15

镇名	军政机构	省界	府州界	县界
乌镇	青镇巡检司	江苏—浙江	嘉兴—湖州—苏州	乌程—归安—石门—桐乡—秀水—吴江—震泽
南浔镇	南浔巡检司	江苏—浙江	湖州—苏州	
新市镇	新市巡检司		湖州—嘉兴	
枫泾镇	枫泾北巡检司	江苏—浙江	松江—嘉兴	嘉善—华亭
周庄镇			苏州—松江	元和县—吴江县
王江泾	王江泾巡检司	江苏—浙江	嘉兴—苏州	
江湾镇	江湾巡检司		松江—太仓	上海—嘉定—吴淞
罗店镇	罗店汛			宝山—嘉定
盛泽镇	盛泽汛	江苏—浙江	苏州—嘉兴	
法华镇	曹家渡汛		松江—太仓	上海—嘉定
硖石镇	巡检司		嘉兴—杭州	海宁—海盐

四、基层海防军事聚落的防区,划分出江南镇域空间

对于明清江南市镇的疆域和范围,一直以来都比较模糊。美国著名学者施坚雅提出了市镇经济圈的概念,日本学者则关注于江南市镇的信仰圈,但对江南市镇范围的划定起决定作用的则应是基层海防军事聚落的防区(图4-31、图4-32)。

巡检司、汛等基层军事机构成为县下一级亚行政管理机构,在江南市镇代为行使管辖权。市镇通常由县或营派驻巡检使或千总、把总等武官作为地方长官(市镇一般不设文官)管理防务、治安及其他事务。因此镇域由所驻巡检司和汛的防区来划定。与市场圈和信仰圈不同,汛有着较为明确的地域管理范围。例如,同治《盛湖志》卷一《界域》记述:"今以营员所辖之隶吴江县五汛为界。""营员"即盛泽大汛的千总,而"吴江县五汛"是指盛泽汛以下,在四周

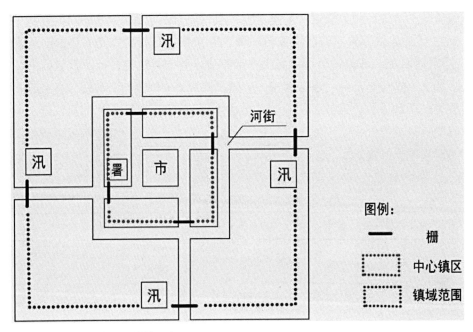

图4-31　江南镇域空间结构示意图

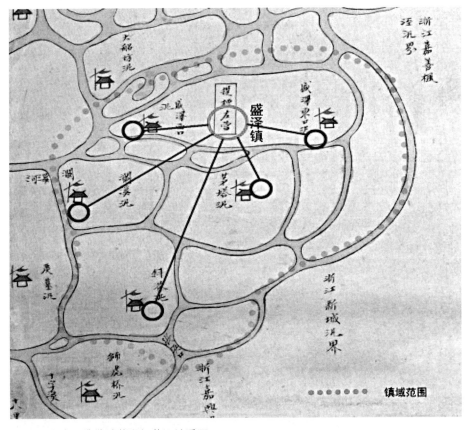

图4-32　盛泽镇镇域范围与营汛关系图
（资料来源：作者以大英图书馆藏《江南水陆营汛全图》为底图标绘）

主要水道要地又设烂溪汛、茅塔汛、斜巷汛、东口汛、西口汛等五个小汛派兵驻守。每个小汛有属于各自辖区的"都"与"图"。五小汛的辖区合起来就是盛泽大汛的防区，也就是盛泽镇的镇域范围。因为，出于防御和治安、缉私等需要，明清时期各地的人民并不能未经官府允许，自由地离开本地去外地，各小汛即控制人员进出的哨卡。大汛的防区和大小汛层级体系与镇辐射的市场圈基本吻合，而汛的防区也被各地居民逐渐认定为市镇的疆域。江南地区的市镇地处水网地带，多数并没有修筑城堡，却有着自己独特的镇域空间结构。其镇域可分为中心镇区和镇辖区两部分。中心镇区范围则四栅圈定。为防御倭寇和盗贼的入侵，明清两代，特别是嘉靖年间在各江南市镇周围的水口和要道均设置了木栅，木栅的启闭守卫由巡检司和汛派专人驻守负责。木栅作为防卫的关口，实际上成为各镇核心区的边界。

据《甫里志稿》[①]，"置水栅以备寇盗也，镇之四隅设立之以司启闭，其于防御之法实有裨益，里中共有九栅：一在西美桥、一在洋泾桥、一在安桥（永安桥）、一在南通桥、一在寿康桥、一在金鞍（安）浜、一在北港、一在正阳桥、一在通浦桥"，可见，甪直的镇域由这九座修在桥下的水栅所限定。市镇的栅门，清晨开启，晚上关闭，都有栅房的设置和栅丁的配备，而一般市镇都在东、西、南、北四个方向设置四栅，大型市镇水陆栅门则不止四个。江南处于水网地带，倭寇的进攻和劫掠得手后撤离多走水路。故水栅的设立更为重要，"须于离镇半里之外，择小水连接大水紧要处，两边密钉桩木三四层，中作水门，以通船只出入"。各村镇聚落在其四周水道上"甃石筑土为坝，列木通水为栅"，与水利无关，"端为监盗防故，皆属之巡司"，由此，根据防卫的需要设置的水陆栅门在地理范围上界定了明清江南的市镇空间（图4-33）。

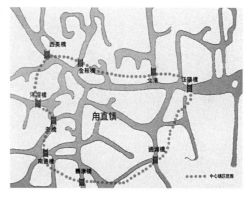

图4-33　甪直镇中心镇区范围与水栅分布图
（资料来源：以阮仪三《江南古镇》等为底图）

清代江南的汛作为基层军管政区单位，其辖区在地方志中往往语焉不详，我们尝试借助ArcGIS中的泰森多边形工具来分析汛地的范围和分布。[②]

泰森多边形的特性是：

（1）每个泰森多边形内仅含有一个离散点数据。

---

① 甫里又名六直、甪直，位于吴淞江边，旧志以元（和）界为甫里，昆山为六直，为苏州府元和县、昆山县、新阳县三县交界。
② 李莉，陈海燕，李壮壮，时健. 3G移动网络规划优化仿真软件的设计与实现［J］. 中国新通信，2014，16（2）：92-95.

（2）泰森多边形内的点到相应离散点的距离最近。

（3）位于泰森多边形边上的点到其两边的离散点的距离相等。

根据泰森多边形的这些特性，我们根据已知的小汛的位置就可以分析出各小汛控制的大致地理空间范围；再将各大汛下辖的小汛辖地连起来，就得出了各大汛辖区汛地的范围。由此可以得出江南地区次县级军管政区空间分布图。由江南地区墩汛泰森多边形分析图可知：沿江海、沿省府界汛地面积较小而密，这些地区正是江南市镇发展迅速、比较繁荣的区域，江南名镇、明清巨镇多出在这些地方；汛地范围较大之处多为湖泊湿地区域；汛地与县界并不完全吻合，存在跨越府县界的汛地（图4-34）。

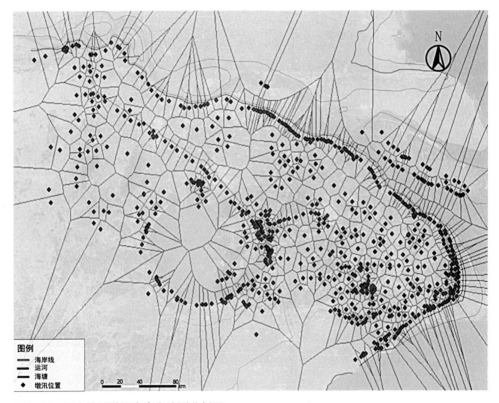

图4-34 江南地区墩汛泰森多边形分析图

第五章 长三角地区海防聚落及设施的防御性特征

从新石器时代晚期到春秋战国直到宋朝,长三角地区各个时期不断建设了诸多城池,元朝为了便于镇压江南地区人民的反抗,将本地区绝大多数城池均予以拆除。明代出于海防的需要,长三角地区主要沿海防堤墙新建了一系列的海防聚落,而沿运河和各级水道的府县城镇也因海防的需要增筑城池。清朝没有像元朝那样拆毁城墙,而是出于防御的需要,继续加以维修利用。因此长三角地区的很多古城,其格局从明代海防聚落建成后直到20世纪中叶都没有太大的变化。各类海防聚落作为体系中的基本单元,其外部形态和内部结构在各种条件的制约和影响下形成,并具有了各自的特点。长三角地区海防军事聚落体系是由作为防御核心的卫所府县城等大型军事聚落、巡检司、烽墩等数量众多的基层军事聚落和海防堤墙、运河水道等联系廊道组合而成的有机整体。本章将从轮廓形态、内部格局、功能结构等方面研究长三角地区海防军事聚落单体的型制,并通过田野考察了解这些建筑遗产的保存现状。

第一节 卫所府县城

卫所府县城设防级别高,规模较大,是长三角地区海防聚落体系的防御核心。长三角地区就城池级别而言,卫城与府城基本上是同一级别,不少卫城同时也是府城;所城与县城基本上可看作同一级别,很多所城也是县城。谭其骧先生主编的《中国历史地图集》中也是卫城与府城同级,所城与县城同级。长三角地区的府县多数从元末明初到明嘉靖年间因海防需要均修筑了城池,在清代多数都派守备等武官驻城,下辖营兵设防,从而奠定了这些府、县的城市格局。长三角地区卫所等海防军事聚落外围均筑有城池,内部拥有完整的街巷结构,这些构成了聚落的形态特征。这些特征的形成与聚落的海防职能、地理位置、内部组织都有着密切的联系。

一、卫所府县城外部形态特征分析

(一)卫所城墙与海防堤墙空间位置和形状关系

沿海卫所城均位于海防堤墙内侧,其城墙距离堤墙都很近,通常在几十到几百米之间。 从前述研究已经可以看到,负责海岸防御的沿海军事聚落的空间分布与海防堤墙关系密切,因此有必要量化分析各种海防聚落与海塘的距离关系。

距离均通过测量在GIS上已标定位置(确定)的聚落到标定的最近海防堤墙位置的垂直距离取得;以烽墩位置为点,海防堤墙位置为多段矢量线,已标定城墙轮廓的卫、所、堡、寨位置为以矢量线围合成的多边形。距离则为最接近的"点—线段"或"线段—线段"距离。举例说明：澉浦所城墙距离海防堤墙较远，间距约为四五百米，这与它所处位置两面临海有关；与堤墙距离最近的为定海卫城的北城墙，城墙与海防堤墙合二为一，距离为零；其他大多数沿海卫所的城墙与海防堤墙平均间距为200米左右。这样便于有敌情时，沿堤墙的烽墩迅速传达敌情到卫所城，卫所城内的驻军上也可以立即出动，上堤墙援助瞭守军，还便于各卫所兵力通过堤墙快速调动驰援。因此，在卫所城的面海一侧城门与海防堤墙之间通常都有道路直接相连。另一方面，堤墙与城墙提供了两道防御工事，平均200米的间距应该与明代武器射程有关，明代广泛应用的弓箭和轻型火器，在防守时其射程在50～200米（图5-1、表5-1）。

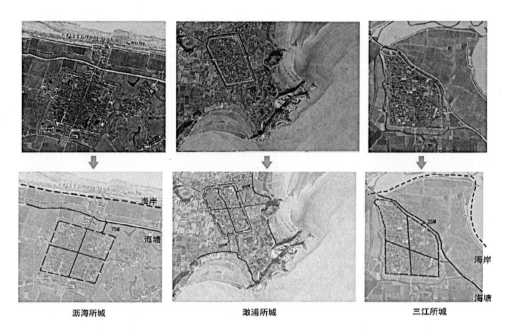

图5-1　卫所城与海防堤墙空间位置分析图
（资料来源：作者以美国锁眼卫星照片（https://earthexplorer.usgs.gov/）为底图标绘）

长三角地区沿海卫所与海防堤墙距离一览表（单位：米）　　表5-1

江苏境内		浙江境内	
海防聚落名称	与海防堤墙距离	海防聚落名称	与海防堤墙距离
盐城所城	250	乍浦所城	240
东台城	230	海宁卫城	360
崇明所城	400	澉浦所城	450
吴淞所城	150	海宁所城	80（清）
川沙堡城	240	三江所城	25（明）
南汇所城	240	沥海所城	110

续表

江苏境内		浙江境内	
海防聚落名称	与海防堤墙距离	海防聚落名称	与海防堤墙距离
青村所城	150	临山卫城	约150
柘林堡城	260	三山所城	60
金山卫城	350	观海卫城	0
		定海卫城	0
平均距离	252.2	平均距离	142.1
总平均距离		194.3	

护城河多与海防堤墙内侧的塘河（运盐河）相连通。卫所城都有护城河环绕，并由水道与海防堤墙内侧的塘河相连通。这样一方面可以保证护城河有充足的水源，更重要的是卫所城多开有水门，城内可以经水门由护城河连接塘河，方便城内与海防堤墙的水路联络，运送物资给养。有的护城河还经过海防堤墙下的涵洞闸口与堤墙外的海港相连通，这样水军就可以通过水道在卫所城和海港之间来往运输。

面向堤墙的城墙通常都与堤墙相平行。不论卫所城的外廓形状是怎样，这些城池朝向海防堤墙的那面城墙往往都与堤墙相平行。这使得很多城墙的轮廓倾斜成平行四边形、梯形甚至不规则曲线形。例如：三江所城的东北面城墙与堤墙平行，另外三面保持方形，使得城墙轮廓整体为梯形；海宁卫城东面城墙与海防堤墙平行，因这段海防堤墙呈弧形，使得海宁卫城整体成为不规则圆形；盐城所城的情况与海宁卫城类似，因海防堤墙呈弧形，再加上附近河道的关系，盐城所城轮廓为不规则的"瓢形"。

（二）府州县城城墙高度分析

海防聚落的城墙是其重要的防御设施，长三角地区的府州县城到明嘉靖年间均修建了城墙，但城墙高度不尽相同。经过统计可知，这一地区的城墙高度多数为一丈七到二丈八之间，平均在二丈二尺左右，最高的杭州城墙高度有三丈六。

长三角地区城墙的总体高度比北方同级别城的略矮，究其原因可能与气候有关，宋代军事家陈规在其城防专著《守城录》中对城墙的合理高度进行了科学的分析："城不必太高，太高则积雨摧塌，修筑费力。"而长三角地区湿润多雨，暴雨和洪水频发，因此不宜修筑太高的城墙。《守城录》中记载的德安城高度也仅为二丈五尺，并未达到文中推荐的三丈或三丈五尺，应与德安位于江西与长三角的浙江一带纬度差不多，且同样雨水较多有关。

长三角地区城墙最高的城池，如杭州、嘉定、桐乡、宁波等基本都位于海防二线。而位于海防一线的卫所城高度一般只有一丈三到二丈八，最高的金山卫城高度为三丈。这可能与一线卫所临海，海边台风猛烈，建太高容易被狂风暴雨所损毁。二线城市风力略小，又是后勤支援基地，故适合将城墙建得较高。

长三角长江以北的府州县城其城墙高度过高的和太矮的基本都没有。而浙北地区城墙高度相差很大，这应该与地形有关。长江以北地区基本为平原，城墙高度维持在一丈七尺到二丈八尺之间；浙北地区山地较多，有的城利用丘陵高地，即使修筑较矮的城墙也可获得不错的防御力，而位于海防二线的一些城市位于浙北的平原地带，又是重要的经济和交通节点城市，是倭寇进攻劫掠的重点，因此有必要高筑城墙（表5-2、图5-2）。

长三角地区卫所府县城高度一览表（单位：丈） 表5-2

	1.7以下	1.7~2	2~2.4	2.4~2.8	2.8以上
扬州府			仪真卫（2.0）	高邮（2.5）	扬州府（3.0）
		宝应县	通州所（2.0）	泰兴县	
		海门县	盐城所（2.3）	如皋县、泰州	
				兴化县（2.8）	
镇江府			丹阳县	金坛县（2.6）	
			镇江府（2.0）		
常州府		江阴县	无锡县	常州府	
			靖江县		
苏州府			崇明所（2.0）	苏州府（2.8）	
		太仓州	常熟县	宜兴县	嘉定县（2.9）
				宝山所（2.6）	吴江县（3.1）
				昆山县	
松江府	青浦县	松江府（1.8）	上海县	金山卫（2.8）	
		柘林所（1.8）	南汇所（2.2）	青山所（2.5）	
嘉兴府			乍浦所（2.0）	嘉兴府（2.6）	
			嘉善县	海宁卫（2.5）	桐乡县
			海宁所（2.2）	澉浦所（2.4）	
				平湖、崇德县	
湖州府			安吉州		长兴县
			孝丰县		
			德清县		

续表

	1.7以下	1.7~2	2~2.4	2.4~2.8	2.8以上
杭州府	于潜县	余杭县（1.8）		海宁县	余杭县（3.2）
	富阳县				杭州府（3.6）
	临安县				
	昌化县				
	新城县				
绍兴府	**绍兴府（1.6）**	**临山卫（1.8）**		**观海卫（2.4）**	
	三山所（1.6）	**三江所（1.8）**	**沥海所（2.2）**	**龙山所（2.5）**	
		上虞县			
		嵊县		萧山县（2.5）	
		余姚县			
		诸暨县			
		新昌县			
宁波府	象山县	**郭巨所（1.9）**	**昌国卫（2.3）**	**钱仓所（2.6）**	宁波府
		舟山所（1.9）	**穿山所（2.1）**		
			石浦所（2.0）	**定海卫（2.4）**	
	大嵩所		奉化县	**爵溪所（2.8）**	

注：字体加粗的为沿海卫所城墙。

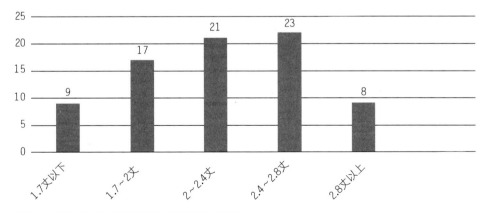

图5-2 长三角地区卫所府县城墙高度分析图

（三）山地丘陵对城池形态的影响

长三角沿海地带，北部多为平原，越往南丘陵山地逐渐增多。因此长三角南部海防聚落的布局和形态也免不了受到丘陵、山地的影响。在钱塘江两岸，有分散的丘陵分布，卫所城堡往往选址于丘陵侧后。具体是城池修筑在丘陵背海一侧，丘陵挡在城池与大海之间。这样布局，一方面可使丘陵作为遮挡台风、狂潮的屏障；另一方面，在丘陵上设置烽墩、炮台甚至营寨，居高远望海面军情，可为卫所城提供预警；居高临下，又可成为保卫海岸的支撑堡垒（图5-3）。

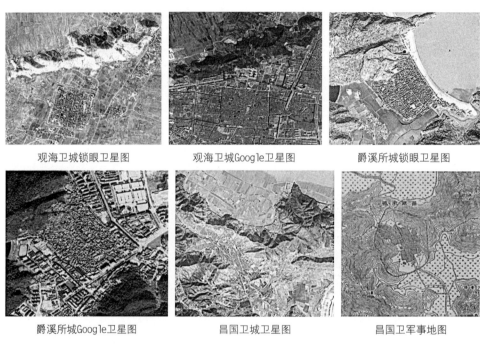

图5-3　丘陵山地与卫所城
（资料来源：美国锁眼卫星照片（https://earthexplorer.usgs.gov/）、Google卫星图）

宁波一带山地多，各军事聚落利用山地地形，城墙往往少则一面，多则两面，沿山脊修筑城墙。沿山脊筑城的同时，又在沿海平地或山间盆地建屋作为营寨和居住区。杭州湾南岸的卫、所、巡检司城多是沿北侧山脊修城墙，筑城于山南坡，北侧山脊可阻挡台风，可供瞭守，山南阳光充足、风调雨顺，为居住提供了较好的条件。这也与中国传统风水选址的理念相契合。象山南北的昌国卫和钱仓所城，离海边不远，却位于群山环抱之中，在周边山脊之上修筑城墙，军营设于山坳之中就成了自然的选择。朝海一面的城墙建于山脊之上，视野广阔，易守难攻。

（四）增建新城的双城结构

长三角地区的卫所府县城池中还有一种类型是因海防而设的双城格局。如扬州卫城、通州所城、余姚县城等都是如此。这些聚落均是嘉靖年间，在倭寇大举

第五章 长三角地区海防聚落及设施的防御性特征

入侵造成严重破坏后在原来城池一侧加建新城而成。为了防御倭寇再次入侵，当地军民在靠近运河一侧商业发达、建筑密集的城厢地带增筑新城以资防卫，形成了新旧城相互依靠的双城格局（图5-4）。

余姚城，明嘉靖三十六年（1557年）余姚一带受倭寇侵扰严重，避兵者北城不能容，且江之南有大量居民，许多具有重要功能的城市公共建筑（如学宫）

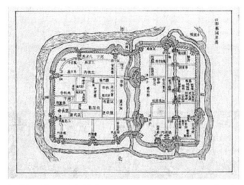

扬州双城图（资料来源：扬州市文物局提供《江都县城图》）　　扬州老城测绘图（资料来源：扬州市文物局提供1949年《江都城厢图》）

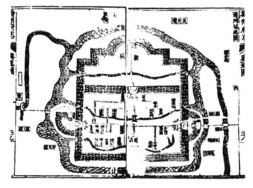

南通双城图（资料来源：《通州志》）　　南通老城图（资料来源：Google卫星地图2016年）

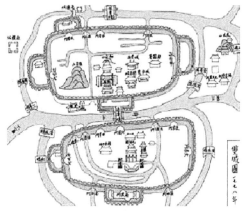

余姚双城图（资料来源：《余姚市地名志》）　　余姚县城区坊巷图（资料来源：《余姚县志》）

图5-4　卫所县城双城格局图

均在城南一带，损失很大。9月，邑人少保吕本疏（前吏部尚书兼武英殿大学士）请城江南，遂城之。明嘉靖三十七年（1558年）建成，周一千四百四十丈有奇，与北城相当，四周亦挖有护城河。陆门四：东泰门、西成门、南明门、北固门。小陆门二：恩波门、流泽门。水门二：左通门、右达门。万历二十三年（1595年），于城之南开一水门，又引九曲水入学官之前，名巽水门。四陆门之上皆建有重楼，北固楼枕江，与北城的舜江楼相直，通济桥亘其中，南北皆为月城。清顺治十五年（1658年）增修城墙。[①]

二、卫所城方格网模数化平面格局

在长三角地区的卫所府县城等大、中型军事聚落中，明代初年新建的卫所城多数为棋盘型方格网平面格局，如金山卫城、观海卫城、南汇所城、澉浦所城等；而没有设卫所的府县城多为自然有机的不规则形格局，如常州府城、上海县城、象山县城等；也有部分卫所城，如宁波、盐城等并不是方格网平面格局，究其原因，这些城在设卫所之前，已经是府县城，且在元代前后的历次战争中并未遭到严重破坏，因而基本沿袭了原有府县不太规整的街巷格局（图5-5）。

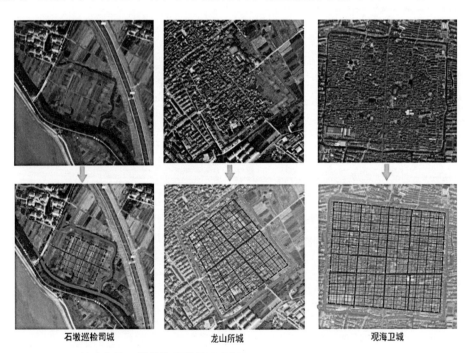

图5-5　卫所城方格网模数化平面格局分析图
（资料来源：作者以美国Google卫星照片（https://earthexplorer.usgs.gov/）为底图标绘）

---

① 徐萌，陈双辰. 余姚古城"一水双城"历史格局演变探析［J］. 城市建筑，2017（18）：64-70.

多数在明代新建设的卫所城内部有"十"字形或"井"字形的主街连接各城门，再由次级支路或巷道划分成小的矩形街坊或建筑组团，整体形成方格网格局。这是由于这些卫所城多为实土和半实土卫所，一般是在空地或废墟上新建的城池；这些城的居民原来主要为军人及其家属，且以军户编户居住；由于军队等级编制的既定序列造成编户居住的建筑街坊如军营般整齐划一。从观海卫、龙山所等沿海卫所现今的卫星照片中仍然可以看出这种均质的方格网肌理。观海卫城长、宽均750米左右，轮廓为规整的正方形，东西方向大约可分为39格，南北方向大约为37格，总计约1443格，每格的平均尺寸大约为南北23米×东西20米，减去道路等宽度，大约为南北20米×东西17米。观海卫驻军数明清各代有所不同，根据明嘉靖《观海卫志》[①]记载，观海卫有旗军1339名，考虑到官署会占更大的用地，因此1400多格与观海卫1300多军户数是基本相符的。这样就可以得出卫所兵户均宅院用地大约为20米×17米的矩形，构成了卫城的基本模数。而这样的用地尺寸和面积与当地明代民居的宅院尺寸也是大致相符的。

三、卫所府县城内部功能构成要素

卫所城或守备级城堡等大型聚落是海防聚落体系的核心，是由核心的城池和周围的屯田、马场、校场等组成的城乡一体的聚落体系。它们并非只是单纯由外围的城墙、城楼和护城河等防御工事围合成的一座城池。还需与城内外具有各种功能的不同类型的建筑组合在一起，各司其责，才能发挥其应有的职能。在城池内部主要可分为军政建筑和平民建筑两大部分。军政建筑在海防聚落中占主导地位，主要包括：作为军事首脑机关的官署、作为士兵居住训练场所的兵营、作为精神信仰寄托的祠庙，还有仓储、匠作等军事服务型建筑。

例如，作为苏松太兵备道和海防道驻地的上海城，除了位于城中的民宅、民间祠庙等建筑外，还有海防厅署、苏松太兵备道署、参将署、守备署等官署建筑，城内外的兵营和教场，城内外的关帝庙（武庙）、城隍庙、晏公祠、东岳庙、天妃宫等祠庙建筑。

下面主要通过对明清舆图和地方志的解读结合实地调研，来了解大型海防聚落中的官署、兵营、祠庙这三类建筑（图5-6）。

[①] 王清毅，岑华潮编著. 慈溪市地方文献整理委员会编. 慈溪文献集成. 第1辑.（清道光）浒山志（明嘉靖）观海卫志.（民国）余姚六仓志 [M]. 杭州：杭州出版社，2004.

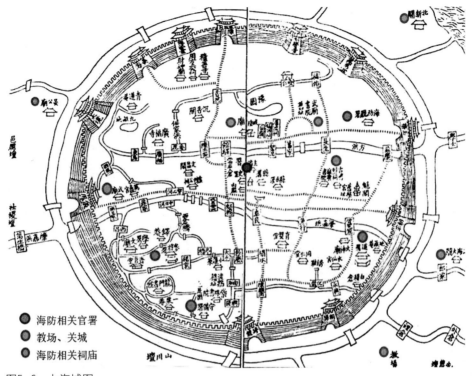

图5-6 上海城图
(资料来源：选自《上海县志》)

(一) 官署

官署建筑是大型海防聚落的指挥与行政管理中枢，通常根据级别都有相对固定的形制。具体又可分为：卫所体系的卫署、所署等；文官兼军体系的道署等；武官体系的参将府、守备署等。

1. 卫署

卫署，是卫城的行政官署，是卫城各级武官办理公务的地方。与中国古代各官署建筑类似，均为中轴对称的院落式布局建筑群。通常设有前厅、穿堂、后堂，并设仪门、鼓楼、东西廊等。中轴线上建筑为卫指挥等高级将领议事办公的场所；卫下辖的各千户所的所署通常在卫署建筑群内，也有各自的议事厅堂建筑，通常分居中轴两侧左右两路前部，并有独立的院门进入；而经历司、卫镇抚司通常也设厅于卫署建筑群的前部。建筑群后部还有居住、祠庙、仓储等建筑，中厅多有穿堂。[①]后堂常设有后巷，与后町所在的卫指挥使官邸相连。通常在后部院落会留出一块空地，作为练习射箭的箭道。有的卫署附近还设有专门的马房，并特设马巷相连通（图5-7）。

---

① 清毅，岑华潮编著. 慈溪市地方文献整理委员会编. 慈溪文献集成. 第1辑.（清道光）浒山志（明嘉靖）观海卫志.（民国）余姚六仓志[M]. 杭州：杭州出版社，2004.

第五章　长三角地区海防聚落及设施的防御性特征

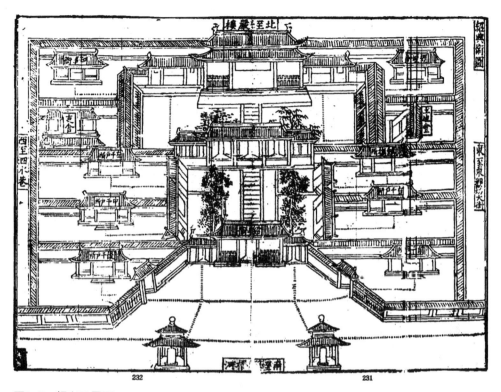

图5-7　绍兴卫署图
（资料来源：选自《绍兴府志》）

2．道署

道署，是指明清时期的兵备道或海防道的官署。上海就驻有苏松太道的道署。苏松太道，前身是苏松道、苏松常道。清初设兵巡道，管辖苏州、松江两府，驻地太仓州。雍正八年加兵备衔，分出太仓直隶州属太通道，改道名为苏松道，移驻松江府上海县，雍正九年（1731年）建道署于大东门内，乾隆六年（1741年）改道名为苏松太道，乾隆二十五年（1760年）改为松太道，嘉庆十六年（1811年）复旧。一般全称为分巡苏松太兵备道，或称苏松太仓道，因驻地在上海县并兼理江海关，又简称为上海道、沪道、江海关道、关道等。苏松太道的道署为四进、三路的中轴对称院落式格局建筑群。头门前南有照壁，东西各有辕门和牌坊；建筑群的东路院落有官厅、号房、土地祠、道房、帐房等；西路院落有承厅、科房、洁园、敬素堂、介石堂等。中路由南到北依次为头门、二门、大堂、二堂、上房。由道署的建筑布局和功能设置可以看到道署具有较大面积的道房和帐房，这与海防道偏重于监军和为一线部队后勤保障的职能是相一致的。而且作为监军文官的府署具有名为"洁园"的西花园和敬素堂、介石堂等具有文化意味的建筑，这与卫署和参将府等武将官署整齐划一的格局和完全功能化的房间设置明显不同（图5-8）。

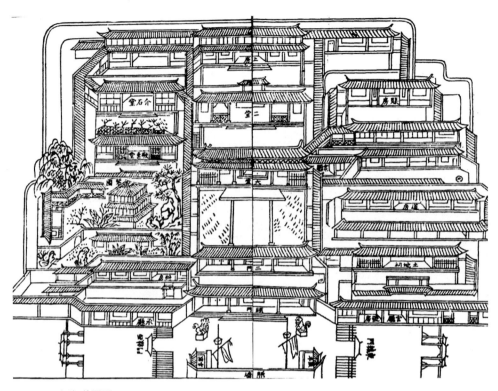

图5-8 上海道署图
（资料来源：选自《上海县志》）

3. 参将署（府）

参将位于总兵、副总兵之下，在明朝为分守一路的地方统兵官。长三角地区嘉靖时期共六位参将，分守盐城、扬州、常镇、苏松、杭嘉湖、宁绍各路。宁绍参将署遗址在现宁波镇海区胜利路的西北面，自明朝以来一直是驻镇海的最高军事机关的衙署。在明初，置有定海总兵府，统辖陆水两兵，管理浙东海防军务。在明万历二年（1574年），总兵府迁驻鼓楼北侧的卫指挥署内，此址改建为定海水师营参将署。清同治年间（1862～1875年），改为驻镇浙江外海水师统领署。这个水师，在光绪二十七年（1901年）归定海（此定海为现在舟山的定海）镇总兵吴杰统率。

明参将沈有容建，故又称参将府、有容府。万历十七年（1589年），以千户所署址（今街门前路80号）改建而成，时府前剑戟森严，旗帜飞扬，极其雄伟。万历四十七年（1619年）设定海水标三路，总游兵1000名，战船24艘，统以游击1员。崇祯间，又改游击为水福标参将，仍驻防定海。新署落成时，豫章熊明遇为之作记。清顺治初改设游击署。乾隆二年（1737年）遭台风圮，乾隆五年（1740年）修，后亦圮。门楼现已毁，仅存正厅1座，为封火墙式的古建筑，府前左侧有一块万历年间立的抗倭纪事碑。

第五章　长三角地区海防聚落及设施的防御性特征

（二）军营、教场

1．军营

军营作为军队平时驻扎和军人生活的地方，是军事聚落中的主要组成部分。根据驻扎位置不同，军营又分为城内驻营与城外驻营两种。无论城内、城外的军营通常驻扎在教场附近，以方便操练。城内的军营通常位于城中一定区域的街坊之中，为方便守卫城池和迅速出城作战，一般离城门较近（图5-9、图5-10）。

扬州卫东、西营，扬州卫所兵营分驻教场的东、西，称"东营""西营"，教场迁移西门外后，营地逐步成为民居，名称相沿未改，特别是东营街巷，从头巷到六巷仍然保持着整齐划一的排列格局。保留了其曾经作为军营的空间特征。

杭州八旗营，又称为满城。出于防卫的需要，设营于杭州府城内西北街坊，又再周围筑起砖墙，将八旗营与杭州其他区域隔开，形成了城中城。营城"周十里，凡五门"。砌筑高一丈九尺、宽六尺的界墙而建成，其"北至井字楼，南至军将桥，西至城西湖边，东至大街"，环城周长九里有余。满城城墙、城门、护城河俱全，俨然一座城中之城。满城中主要居住的是驻防杭州的八旗官兵及其家眷。另外，在杭州城的东北角和东南角还分别驻扎有头营、三拨营、莫衙营、陈衙营、雀儿营等绿营（图5-11）。

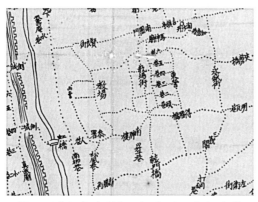

平面图1（选自《江都甘泉县治图》，扬州住建局提供）

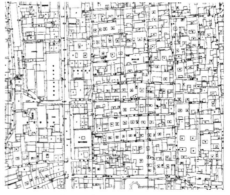

测绘图（扬州住建局提供）

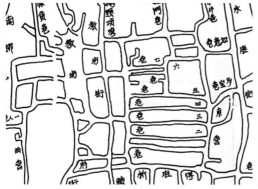

平面图2（选自《江都甘泉县治图》，扬州住建局提供）

Google卫星图

图5-9　扬州东、西营平面图

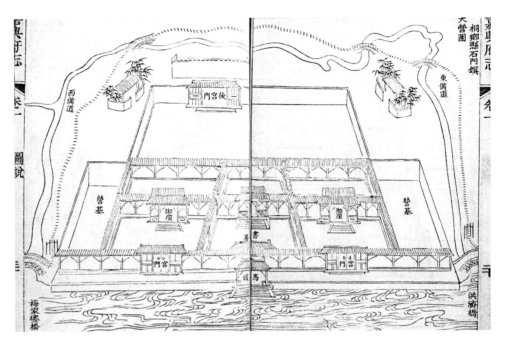

图5-10 桐乡石门镇大营图
（资料来源：《嘉兴府志》）

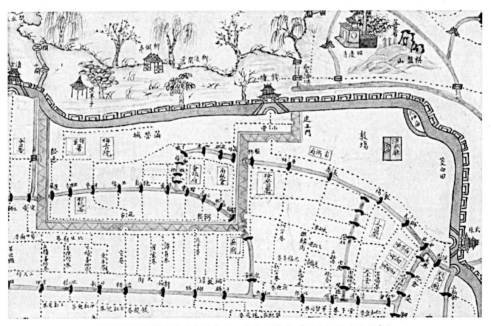

杭州八旗满营城图（资料来源：大英图书馆《西湖江干湖墅图》）

图5-11 杭州满城及各营图

第五章　长三角地区海防聚落及设施的防御性特征

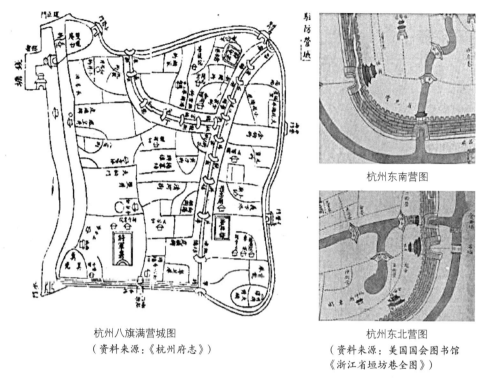

杭州八旗满营城图
（资料来源：《杭州府志》）

杭州东南营图

杭州东北营图
（资料来源：美国国会图书馆
《浙江省垣坊巷全图》）

图5-11　杭州满城及各营图（续）

2. 教场

教场，是古代操练和检阅军队的场所。教场并不只是一块空地，而是有一定形制的功能性建筑群。中型军事聚落的教场通常位于城外，大型军事聚落往往城内、城外均设有教场，教场经常与军营靠近建设以方便士兵操练检阅（图5-12）。

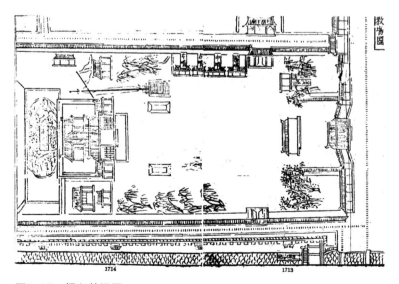

图5-12　绍兴教场图
（资料来源：《绍兴府志》）

（三）祠庙

《左传》云："国之大事，在祀与戎。"在海防军事聚落中，祠庙等宗教祭祀类建筑有着特殊重要的地位。这些祠庙包含儒、释、道三教，其中与海防相关的祠庙以儒、道为主，具体种类和数量很多，并各司其责，构成了海防军事聚落独特的信仰系统（表5-3）。

长三角地区与海防相关祠庙表　　　　表5-3

祠庙名	司职	具体职能	主司	主神
城隍庙	城池防御	保佑城墙和护城河的防御稳固	保佑防御工事	各地各代英烈
张神殿	堤墙稳固	保佑海防堤墙稳固、捍海灭倭		张夏
天妃宫	航海安全	保佑水军出海顺利避开台风巨浪	保佑航船安全	林默
晏公祠	行船安全	保佑水军、运军行船安全		晏公
东岳庙	悼念亡灵	对阵亡将士亡灵的祭奠悼念	悼念亡灵	泰山神
旗纛庙	祭旗检阅	保佑出师顺利、战阵严整、战船坚固灵活、武器锐利、铳弩精准、	保佑战斗胜利	各旗纛、军阵、战船、铳炮、弓弩等神
关帝庙	忠义神武	激励将士忠勇无畏、杀敌报国		关羽

1．祠庙种类

城隍庙，所谓城隍庙，"城"就是城池，"隍"指干涸的护城河，"城"和"隍"都是保护城市的军事设施。城隍神属道教之神，主司守卫城池，保佑城池安全。南北朝以后，"城隍神"一词屡现官编史书，历代帝王多重视它的作用，屡次给以加封。明代后，城隍信仰更盛，长三角一带军事聚落，大到卫城，小到寨城（如游仙寨）大多都建有城隍庙。城隍庙一般位于城寨的中心地带。城隍神原本没有姓名，自宋代后多以殉国而死的忠烈封为本城城隍。如：杭州的城隍是文天祥，苏州的城隍是春申君，上海曾有三位城隍神，最后一位为清末保卫吴淞英勇殉国的江南提督陈化成。

天妃宫，是供奉天妃娘娘的庙宇。天妃为江浙一带的通常称呼，在福建一代俗称"妈祖"。天妃崇拜是流传于中国东南沿海地区的传统民间信仰。明清时期，沿海军民在海上航行时，要先在船舶启航前先祭天妃，祈求保佑顺风和安全，在船舶上立天妃神位供奉。长三角地区沿海沿江各地都有天妃宫庙，天妃宫通常位于城外出海的港口岸边。①

关帝庙，在海防聚落中，关帝庙尊崇关帝"对国以忠、待人以仁、处事以智、交友以义、作战以勇"的精神德行，以起到激励和教化各级戍边将士，鼓舞

---
① 胡梦飞．明清时期京杭运河沿线区域的天妃信仰[J]．淮阴工学院学报，2015，24（2）：1-7.

他们保家卫国之民族精神的作用。又把关羽庙升格为"武庙",与文庙—孔庙并列。清代皇帝标榜关羽为"万世人极",封之为"忠义神武仁勇威显护国保民精诚绥靖翊赞宣德关圣大帝"。

东岳庙,东岳庙主祀泰山神,道教因袭民俗崇奉为东岳大帝。民间一般认为泰山是管辖鬼魂的地方,人死后魂魄会回归泰山。因为海防将士在战争中需要面对流血牺牲,殉国的忠魂也需要得到祭奠,东岳庙就成为祈求平安和悼念亡灵的地方。

晏公祠,晏公祠是祭祀水神的祠庙。职司平定风浪,保障江海行船,因而在东南沿海和江河湖泊沿岸地区信仰极为盛行。长三角地区,沿江海地带和运河沿岸的海防军事聚落很多都建有晏公祠。晏公祠与天妃宫都是长三角地区海防军事聚落常见的祠庙,相比较而言,天妃宫在沿海更常见,晏公祠在内河、沿海都很普遍,同时拥有这两种祠庙的聚落也非常多。①

张神殿,张神殿,有的称为张老相公殿。张神名夏,北宋时萧山人。朝廷授予工部郎中任浙江转运使,力主修筑石砌江海塘。后来被封为钱塘江江神,封号"靖江大帝"。张神殿主要分布在钱塘江两岸,以杭州、绍兴沿海一带为多,共有几十座。又因为张神为保佑海防堤墙之神,故张神殿都位于海防堤墙附近。

旗纛庙,旗纛,指军中旗幡,为军队之象征。明初在长三角地区各卫所开始设置旗纛庙,成为中央与地方常规的祠祀之一。旗纛庙及旗纛祭祀成为最具军事色彩的祠庙和祭祀。庙中祭祀的神有旗头大将、六纛大神、五方旗之神、主宰战船正神、金鼓角铳炮之神、弓弩飞枪飞石之神、阵前阵后神、五猖神等。为常设之祠。旗纛庙通常建于卫所、军营或校场附近。②重大军事行动或军事活动均要祭旗,同时也是一种阅兵仪式。

2. 祠庙在海防聚落中的分布

在海防聚落中普遍设置有与海防相关的祠庙,特别是较大的卫所城堡往往有多座这类祠庙,其分布也遵循一定的规律。以下以观海卫城和三江所城举例说明。

观海卫城,观海卫位于钱塘江南岸,位置重要,下辖龙山所城。其祠庙众多,与海防相关的城隍、天妃、旗纛、张神等祠庙一应俱全。最为特殊的是观海卫城里**晏公祠**的分布。观海卫城中,晏公祠不是一处,也不是几处,而是曾经有至少**四十一处**!而且这么众多的晏公祠是按照卫所军制排列。具体来说,观海卫下辖左、右、中、前、后共五千户所,而**每个千户所有十处晏公祠**,下辖的龙山千户所城也有十处晏公祠。由此可以推测,应该是千户所之下每一百户都各设有一处晏公祠。按此统计,观海卫晏公祠总数理应是五十处,但史料中,中千户所只有第十五有晏公祠记载,故至少总数是四十一处。每百户所均设一晏公祠,可

---

① 胡梦飞. 明清时期京杭运河沿线区域的晏公信仰[J]. 华北水利水电大学学报(社会科学版), 2015, 31(05): 11-14.
② 郭红. 明代的旗纛之祭:中国古代军事性祭祀的高峰[J]. 民俗研究, 2013(05): 90-96.

见观海卫驻军对于晏公的祭拜极为重视,是一种日常经常进行的仪式,且是官方行为。而晏公作为一方水神被卫所军有组织地祭拜,也从侧面证实了观海卫驻军以水师为重的特点。

三江所城,位于钱塘江南岸,为绍兴门户。从其现存祠庙位置可看出其建设地点并非是随意选定,而是遵循着一定的规律。大致分布情况如下:主要的祠庙在所城的四个方位城门附近和中心十字街附近各有分布。南、东、西三座瓮城各有祠庙把守,南城门为关帝庙,东城门为张神殿,西城门为天妃宫;北城楼未设瓮城,有晏公祠、东岳庙左右拱卫;中间十字街处为城隍庙坐镇。其中天妃宫位于西城门外,在通往曹娥江和钱塘江的出海河港岸边;张神殿则位于东门处,靠近海防堤墙。

祠庙靠近城门等防御设施分布主要是因为城门等防御设施是城池防御的重点要害,士兵更多在这里守卫,靠近可方便士兵前往祭拜。而且有祠庙坐镇可以起到提升士气、稳固军心的作用。这些祠庙体现了所城官兵对阵亡将士的祭奠和对忠义英烈之士的仰慕崇拜之情,祈望英雄、神灵保佑出航顺利、行船安全、城池稳固、战斗胜利的愿望(图5-13、图5-14)。

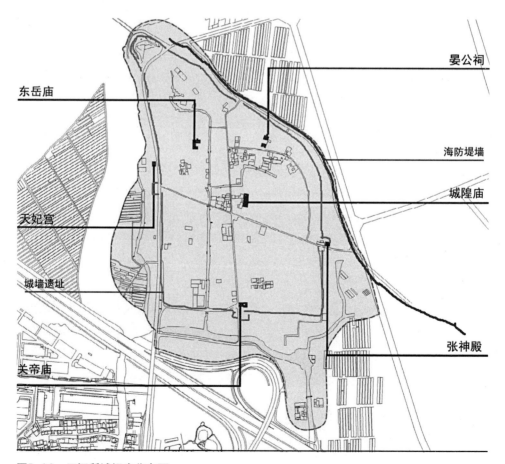

图5-13 三江所城祠庙分布图

第五章　长三角地区海防聚落及设施的防御性特征

图5-14　三江所城祠庙现状照片图
（资料来源：作者自摄于2019年3月17日）

三江所城现存的几处祠庙中，关帝庙、张神殿、东岳庙保存相对较好，晏公祠院落后部有明显损坏，而城外河边的天妃宫遭到较严重破坏，所城中心的城隍庙在不久前的火灾后几乎只剩下一片山墙和建筑基础、地坪。三江所城在整体拆迁后，随着居民迁出，原来保留的少数历史建筑中有很多也因无人看管，遭到日晒雨淋和寻宝人掀顶拆墙、掘地三尺的破坏，迅速损毁。所城原来保存较好的街坊、肌理破坏严重，因此急需将三江所城遗址整体纳入保护范围，考虑到现存保存较好的古建筑数量有限，以遗址公园的形式来保护应该是个比较可行的选择，这样可以较好地保护和展示其独特的城、塘相拥的军事聚落格局，海防堤墙、城墙遗址以及现存的历史建筑和传统风貌建筑也可拥有更好的保护和展示条件。

第二节　基层海防聚落

在长三角地区的海防军事聚落，已有的研究更多地关注于卫、所一城等较大的军事聚落，而烽墩、巡检司等基层聚落因其体量较小、保存情况较差，研究有一定难度，相关研究相对不足。但这些聚落数量众多，在海防体系中起到重要作用，这一节将通过历史文献、卫星照片和田野考察相结合，研究这些小型聚落的形制和保存现状。

一、巡检司聚落

（一）巡检司署与巡检司城

在长三角地区，巡检司是比所城小一级但具有特殊地位的海防聚落，一般由50人左右的地方军警武装驻防。巡检司在长三角北部的江苏和南部的浙江地区形制有所不同。长三角北部的江苏地区的巡检司是围墙围绕的一组官署建筑，功能特点类似于后来的警察署；在长三角南部的浙北地区巡检司则多以具有城池的小型城堡的形式存在。究其原因，主要是长三角北部的地域较宽阔、河网纵横，巡检司主要控扼腹地水陆要口，以防贼寇突破海岸防线后在广袤空间中流窜，同时还兼顾缉查贩卖私盐等职能。长三角南部的浙江北部地区多丘陵山地，沿海平原纵深较小，面临的海防压力却更大，因而更需要加强海岸的防御。这些巡检司城基本都位于各卫所之间的海防堤墙沿线，作为海防前沿的军事堡垒增加了沿海岸线的城堡密度，它与卫所城形成大、中、小三级城堡链共同守卫海岸。

（二）石墩巡检司城

石墩巡检司城是长三角地区保存较好的一处巡检司城遗址，已被列入省级文保单位。遗址位于浙江省海宁市尖山新区（黄湾镇）大临村附近，司城土城墙遗址保存较好，海防堤墙遗址为现翁金线公路路基。无人机拍摄照片可见：司城与堤墙隔塘河相拥、护城河与塘河相连通之格局保存完整（图5-15）。

司城留有一圈方形平面的2～3米高的夯土城垣遗迹；塘河与护城河基本保存完好，仅西护城河干涸。根据明代《杭州府志》记载："缭以土城，周回40丈，高2丈，有门2，门上有楼，外为池周回，阔2丈、深1丈5尺。"清代《钦定重修两浙盐法志·黄湾场图》中绘有石墩巡检司城，图中所绘司城有四门，这点与明代记载有所不同，或为清代增设。据现场测量，城址长、宽均为115米左右，因此《杭州府志》中记载应该有误，或应为"城方40丈"，即长、宽为40丈。根据明尺1丈等于今2.83米计，40丈等于113.2米，与实测值很接近。

第五章　长三角地区海防聚落及设施的防御性特征

司城与海防堤墙遗址无人机鸟瞰（作者自摄于2019年3月18日）

司城与海防堤墙遗址Google卫星图（2017年3月4日）　司城西城墙遗址（作者自摄于2019年3月18日）

司城与海防堤墙遗址锁眼卫星图（1970年12月6日）　东护城河遗址（作者自摄于2019年3月18日）

《钦定重修两浙盐法志》中司城　堤墙下的涵洞　塘河与海防堤墙（作者自摄于2019年3月18日）

图5-15　石墩巡检司城与海防堤墙遗址
（资料来源：锁眼卫星图片来源https://earthexplorer.usgs.gov）

（三）浙北巡检司城寻迹

卫所城已为海防聚落和文物方面的研究者所熟悉，相关研究也已较多。但巡检司城因体量较小，一般离府县城市有一定距离，位置较偏，有的被植物、建筑湮没，难以寻迹，相关研究还有待进一步加强。长三角地区现已有石墩山巡检司城等遗址被列为省市级文保单位或不可移动文物，也还有些巡检司遗址没有被找到或入库。本研究通过查阅《读史方舆纪要》和明清地方志了解各巡检司城大致方位和形制，然后在解密的美国锁眼间谍卫星照片里根据史料信息沿海塘搜寻，再与现今Goole卫星照片核对，最后经过实地勘察，基本确定了浙北沿海各巡检司城遗址的位置。

田野考察确定了各巡检司城的位置，也看到遗产保护现状令人担忧。松浦巡检司城遗址在2011年初，经慈溪市人民政府公布，成为市级文物保护点。但实地勘察发现，遗址范围被许多违章建筑侵蚀，破坏严重。而甬东巡检司城原址上早已盖上了住宅。浙江北部地区经济发展迅速，但山地丘陵多，建设用地不足的问题一直比较突出；一些单位和个人突破紫线，侵占文保单位或不可移动文物遗产区用地，违章建设、破坏遗址的情况并不罕见。海防军事聚落遗存的保护面临严峻挑战（表5-4）。

长三角地区巡检司城遗址对照表　　　　表5-4

美国锁眼卫星拍摄照片	Google地球卫星照片	巡检司名称、概况
（1969年2月11日拍摄）	（2007年7月17日拍摄）	松浦巡检司城（市保）：慈溪县西北四十里松浦西，城169丈，近些年遗址范围内不断被违章建筑侵蚀，司城遗址上现在已建有住宅等建筑
（1970年12月6日拍摄）	（2019年11月16日拍摄）	澥浦管界巡检司城：定海县西北六十里，灵绪乡，澥浦山，城184丈

第五章　长三角地区海防聚落及设施的防御性特征

续表

美国锁眼卫星拍摄照片	Google地球卫星照片	巡检司名称、概况
 （1970年12月6日拍摄）	 （2019年12月10日拍摄）	甬东巡检司城： 鄞县东五里，定海县崇丘竹山海口，城140丈5尺。 现址早已为居民区，通过锁眼卫星图和附近小河确定位置
 （1970年12月6日拍摄）	 （2018年3月4日拍摄）	三山巡检司城： 余姚县60里破山西南，城方350丈有奇，高1丈5尺，厚2丈，城门、城楼1座，窝铺4，女墙雉碟120。 实测城周460米左右，或应为城周150丈有奇
 （1970年12月6日拍摄）	 （2018年7月27日拍摄）	乍浦巡检司城： 位于独山西麓。明洪武十九年（1386年），乍浦巡检迁独山西麓，建巡检司城。清道光时尚有老屋数椽，有僧居之。俗呼戚老爷庙，今遗址尚存
 （1970年12月6日拍摄）	 （2019年8月17日拍摄）	澉浦巡检司城： 屯堡周围200丈，高2丈1尺；壕深5尺，涧3丈1尺；有门2
 （1970年12月6日拍摄）	 （2019年12月15日拍摄）	庙山巡检司城： 上虞县五都中堰东南，去余姚县60里。城方140丈，高2丈5尺，厚2丈2尺，城门、城楼1，更楼1，穴城2，窝铺4，女墙雉碟110

续表

美国锁眼卫星拍摄照片	Google地球卫星照片	巡检司名称、概况
（1970年12月6日拍摄）	（2015年2月19日拍摄）	眉山巡检司城： 去余姚县40里，湖海头东南。城方184丈，高1丈8尺，厚2丈，城门、城楼、更楼、望海楼各1，窝铺4，女墙雉碟120
（1969年2月11日拍摄）	（2019年1月24日拍摄）	白洋巡检司城： 城方110丈，高1丈1尺，厚1丈，城门1，谯楼1，窝铺4，女墙雉碟176

二、关城（敌楼）

关城也称敌楼，又称堞楼，多设在城外的水陆要道处。是古代一种砖石结构的防御建筑，上置弓弩、火铳、火炮等器械，用以守护及打击敌人，也可用于瞭望军情传递消息。其形状与长城上的方形城台相似，下有拱门，中可藏兵，上设女墙，多设有城楼。长三角地区的关城在军事布署上可分为两类：一类是设置于重要城池周边的要道口，如苏州的铁铃关、木渎敌楼等。另一类是设置于山岭的关键隘口，以控制敌人进入某一地区，如慈溪与观海卫之间控扼山岭，以防止海寇从沿海地区进犯运河沿线的杜湖关、丈亭关、长溪关等。另外，平望以南的胜墩东、西敌楼和长老桥敌楼也属于这一类，它们守护着苏州的南路，防止倭寇从浙江或水网密布的江浙交界地带向苏州进犯（图5-16、图5-17）。

苏州地处太湖平原腹地，且城池高大，在明中期以前并未重视在周边设置关城。明嘉靖年间，倭寇大举进犯。苏州周边及近郊损失惨重，苏州城也受到威胁。例如，嘉靖三十三年六月，倭寇从阊门烧劫至枫桥，三日后至横山焚掠殆遍；嘉靖三十四年五月，倭寇自娄门至阊门分为两路，北出浒墅关，南出枫桥、横塘，往木渎、胥口、东山、西山等处抢劫。于是开始在苏州周边，特别是之前防守薄弱的西、南方向的水陆要口设置关城，作为军事堡垒。关城在苏州后来的抗倭斗争中发挥了重要作用。明代为抵御倭寇在苏州地区修建的多处敌楼，遗留

铁铃关城（枫桥敌楼）历史照片①

Google卫星图（2019年7月29日）

铁铃关城（枫桥敌楼）现状照片（作者自摄于2019年2月6日）

铁铃关城（枫桥敌楼）内部现状照片

图5-16 铁铃关城（枫桥敌楼）历史与现状照片

木渎敌楼东侧历史与现址照片对照

木渎敌楼西侧历史与现址照片对照

图5-17 木渎敌楼历史与现址照片②

---

① 资料来源：https://www.sohu.com/a/134402838_670338。
② 资料来源：（苏州）《城市商报》2014年5月12日。

到近代的有三处：一在木渎镇；一在葑门外（1925年废毁）；一在枫桥，即现在的铁铃关。如今，仅存铁铃关。木渎敌楼位于木渎镇白塔桥南堍下，《木渎小志》记载的木渎敌楼"方广十三丈有奇，高三丈六尺有奇，下垒石为基，四面凳砖，中为三层，上覆以瓦，旁列孔，发矢石锐炮"。在1957年8月30日公布的江苏省第二批文物保护单位，木渎敌楼曾位列其中，后因历史原因吴江敌楼被拆除，平望境内的敌楼，曾经有三座之多。

三、驿站、急递铺

（一）驿站

长三角地区驿站格局有自己的特点。除建有驿站常规官署建筑的仪门、正厅、厢房、后堂、厨房、库房、浴室等外。驿站临路或临水处常设驿亭，以作奉迎侍客、官眷休憩之用。吴江平望驿"前临运河，后枕莺湖，湖之浒为亭"，苏州姑苏驿"右有皇华亭，左有月洲亭，相去百步，为使客憩息之所"。

高邮盂城驿，开设于明洪武初年，是明代南北两京之间的重要驿站，经过各朝的陆续加建，到明朝后期和清代已成为京杭运河沿线规模最大的古代驿站之一。盂城驿原为一功能完备的建筑群，有正厅五间、后厅五间、送礼房五间、库房三间、厨房三间、廊房十四间、马神庙一间、马房二十间、前鼓楼三间、照壁牌楼一座；驿站北面建驿丞宅一所，内有房屋十二间，夫厂一所六间房；驿站东面设秦邮公馆，有门楼一座、内正堂三间、后厅寝室三间、南北厢房八间；驿站西面运河堤上，另建迎宾皇华厅一座，厅三间、差房三间；驿站东面有饲养马匹供马匹喝水吃草的饮马塘一处（图5-18）。

嘉兴西水门驿，有重门、厅、穿堂、后堂、耳房、廨舍，额设站船17座，铺陈36副；嘉禾递运所，额设大小红船58座，铺陈58副。

（二）急递铺

急递铺为明、清时期专司传递官方文书的通信组织。接力传送，昼夜不停，是急递铺通信的显著特点。除传递官方文书外，并不担负驿站所承担的运送物资和接待过往官员的任务。其建筑格局可以沥海等铺为例，《上虞县志》卷三十二记载："沥海铺……按万历志，置铺所四，各有邮亭、厅廊、门房，缭以周垣。"《嵊县志》卷三中记载："总铺……馆有门，有厅三间，有屋十余间，缭以垣。五里铺……弘治十二年建东廊三间，西廊三间，邮亭、正门各一间，缭以垣……"《会稽县志》卷四中记载："俗呼曰急递铺，每铺厅屋二间，日暑一座。"长兴县急递铺，"各建邮亭一座、正屋三间、左右廊屋各三间、门道一座，缭以墙垣。

第五章 长三角地区海防聚落及设施的防御性特征

盂城驿建筑群模型

鼓楼

皇华厅

驿卒舍

庭院中的日晷

盂城驿航拍照片（扬州市文物局提供）

驻节堂

盂城驿老照片（扬州市文物局提供）

马厩

图5-18　盂城驿老照片、模型与现状图
（资料来源：除扬州市文物局提供照片外，其他均为作者于2020年8月23日拍摄）

铺司每铺一名,铺兵或四名、或六名。"①

四、烽墩、炮台

(一)烽墩

根据《青村营汛境舆图》等古舆图可知:烽墩并非只是单独的墩台,而是由2、3间营房,3~5个烟墩,1座望楼,1座旗杆组成,具有瞭望、传发军情消息、防守、住宿等较完备功能的军事聚落。长三角地区的烽墩大致可分为两种:一种是建于海防堤墙和沿海山丘上的墩堡,其望楼为砖石结构的烽楼;另一种是建于腹地水陆要口的烽楼(汛),其望楼为木结构的木楼(图5-19)。

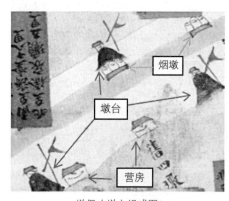

墩堡(墩)组成图　　　　烽楼(汛)组成图

图5-19　墩堡、烽楼对比图
(资料来源:大英图书馆《青村营汛境舆图》底图标注)

烽墩,又称烽堠、烽火台、墩台、墩堡,是用于点燃烟火传递军情的高台。长三角地区,烽墩主要沿海岸或江岸排列。当敌情发生时,烽墩白天施烟,夜间点火,台台相连,传递消息,是古老但行之有效的传递敌情的方式。烽墩外围堡墙,墩台高五丈左右,竖有旗杆,白天升旗,夜间悬灯,还配有信炮、火把、铜锣响器等以传递军情(图5-20)。

烽墩作为具有瞭望警戒功能的海岸军情信号传递系统,通常紧靠着海防边墙设置,沿海墙每1~3公里就修筑有一处。在海防边墙离海边有一段距离的地段烽墩通常修建于海墙外侧的沙滩上,而在海墙紧临海边的地段,墩堡则位于海墙内侧或者海墙之上。一旦发现有敌人企图登岸,烽烟递次启动,相互通报,顷刻间,敌情便可传至卫所城指挥部,在短时间内,守军在海墙上严阵以待,援军沿着海墙赶来增援。将距离倭寇集结地嵊泗列岛最近的江南海塘松江段和浙西海塘作为防御的

---

① (清)赵定邦等修. 丁宝书等撰. 长兴县志. 卷3. 公署. 据清同治十三年修,光绪十八年增补刊本影印//中国方志丛书[M]. 台北:成文出版社,1983:408.

第五章 长三角地区海防聚落及设施的防御性特征

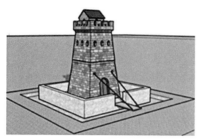
烽墩模型（作者根据史料及遗址建模）

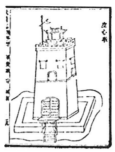
烽墩图（选自《武备志》）

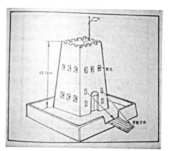
墩台图（选自《中国军事史》）

烽堠图（选自《万历绍兴府志》）

总台山烽火台点火坛（作者自摄于2019年3月14日）

郭巨总台山烽火台石屋（作者自摄于2019年3月14日）

周家山烽墩遗址（作者自摄于2017年10月4日）

周家山烽墩遗址2

图5-20　烽墩古舆图、模型与现状图

重点，较多地采用了高大的重型石砌海塘，且墩堡设置密度也最高（间距3～5里）；而浙东海塘和江南海塘苏州段石质海塘略少，墩堡设置密度较高（间距4～9里）；更远的江北海塘基本是以夯土墙为主，墩堡的设置密度也有所降低（间距8～15）。

　　明代在墩堡上配置的防卫武器以弗朗机等身管火器为主，其射程从数百米到2～3里不等。按照两个墩堡对射火力来测算，最远可以火力封锁3～5里的海岸范围。也就是说在墩堡设置密集的部分，基本可以通过墩堡上的火力封锁住海岸防线。对于位于长三角北部的江北部分区域，其墩堡间距较大，墩堡之上的火力不能实现完全覆盖，就需要有另外的应对布署。由于长江以北区域地势较为平坦，海防堤墙宽阔、平直（后来盐城等地的部分沿海省道和县道就是以海防堤墙为基础修建的），更是利于骑兵奔驰。而江北在明代有较多的马场，又有更多的从青州和徐州调来的骑兵。因此，可以通过骑兵快速增援和加强汛期巡逻来解决这一问题。

(二) 炮台

炮台，就是架设火炮的台基，古籍中常记作"礮台"，是随着火炮的发展而出现的一种战时工事。阵地为永备工事，比较坚固。炮台通常在海防、江防要塞中构筑。明代的炮台形制与墩台或敌台类似，多为砖石材质，只不过体量更大。清代的炮台受到西方军事技术的影响，材质更多地采用三合土等，且外形更低趴，防御敌方炮击的能力更强。长三角地区重要的炮台有江阴要塞炮台、宁波镇海炮台、舟山定海炮台、吴淞炮台、乍浦天妃宫炮台等。而清代的火炮武器性能受到西方技术影响也有所提升，其射程可以增加到5~10里，已经可以控制比较宽阔的水道。因此，清代在一些军事要地，如吴淞口、甬江口、七丫河口等地河口两岸，以及沿海的关键据点上都设置了炮台（图5-21、图5-22）。

天妃宫炮台，位于乍浦镇海塘街南，现汤山公园内，面临大海。据《平湖县志》记载："康熙五十六年（1717年），总督觉罗满保阅视沿海事宜题请增筑。雍正七年（1729年）总督卫题准在苦竹山麓累石为基，安设大炮四位，上建阅操官厅三间。乾隆四十六年（1781年），飓风大作，海溢圮。道光二十一年（1841年），巡抚刘章员珂阅视沿海防诸事宜，题请复建炮台，添设火炮，并建

南湾炮台Google卫星照片（2014年4月15日）

南湾炮台遗址西侧（作者自摄于2019年4月24日）

天妃宫炮台Google卫星照片（2014年4月15日）

天妃宫炮台遗址北侧（作者自摄于2019年4月24日）

图5-21　天妃宫炮台、南湾炮台现状图

安远炮台Google卫星照片（2019年11月15日）　　安远炮台遗址西侧（作者自摄于2016年10月2日）

镇海炮台布署图（镇海口海防历史纪念馆）　　安远炮台遗址西侧（作者自摄于2016年10月2日）

图5-22　安远炮台布署图、现状图

营房十间，安放铜铁炮十位。"另有南湾炮台位于天妃宫炮台东一公里处的乍浦镇山湾村汤山之上，遗存混合土浇筑炮台2座。

第三节　堤墙、水闸等防御设施

海防堤墙和运河是海防军事聚落联系廊道的主要组成部分。海防堤墙防守海岸，抗击敌人登陆；运河水道上的水闸和水栅防止敌人通过水路入侵。本节主要研究海防堤墙和运河水道上起关键防御作用的水闸和水栅的形制与遗产现状。

一、海防堤墙

海防堤墙并非只是单纯的一道海墙，而是一种由桩栅、海墙、壕堑、吊桥、烽墩等组成的完善而独特的军事防御工程体系。其组成和形制比较复杂，与单纯的海堤有很大不同，而与长城边墙和城池有类似的地方，同时具有自己的特点。

（一）堤墙外侧密置桩栅

桩栅，又被称为桩寨、滉柱或防浪桩，是密植于海墙外不远处海滩上的成排的木柱或石桩。《海防篇》载："松木择其小而长者，伐而植于其中，今潮上则没其应表，汐时只离水尺许，约所费不过万余株，足以御贼舟抛锚。"防浪桩分为海岸防浪桩与河口防浪桩两类，在海防的重要区段多有设置。其作用一方面可以阻碍敌船乘潮势靠近海墙登陆，另一方面还可以消减潮势。又有记载："塘外向有挡浪桩，参差林立，深入沙中，高出丈许。潮遇桩激而一回，其势稍杀；兼海舶不能停泊，亦修塘善后之策耳。"在明代《全修海塘录·塘图》中可以很清楚地看到，海盐海塘几乎全线在海墙外的海滩上都树立有成排的桩栅（图5-23）。清代《甲申浙东海防图》第三图画面则描绘了在水中打桩的场景，而且可以看到四艘打桩船在江面上同时作业的情形。在盐官等处的海塘外至今还能看到部分露出水面的桩栅。而海防堤墙和桩栅配合的做法与第二次世界大战时钢轨桩加堤墙的海岸防御工事非常类似。

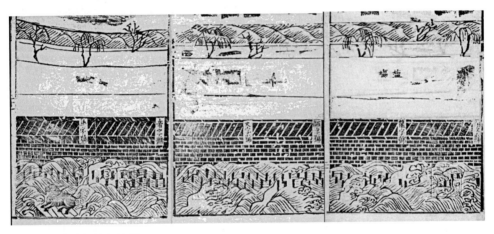

图5-23 海防堤墙与桩栅
（资料来源：《全修海塘录·塘图》）

（二）堤墙内外开挖双堑壕

海防边墙的壕堑分为外壕和内壕（图5-24），外壕又称护塘港，是类似护城河的海防工事，阔四丈左右，深一丈五尺左右。单纯的海堤是没有外壕的，出于海防的需要，在海墙外侧开挖壕堑将大大增强海防工程体系的效能。这也成为海防边墙不同于普通海堤的一项重要特征。根据《筹海图编》《江南经略》等古籍的记载，在明朝初年，汤和经略海防时，就在江南海墙内外都修筑了壕沟，用以防御倭寇侵略。但后来因年久失修，外壕与海岸合为一片，明嘉靖三十二年（1553年）倭寇入犯，采纳乔镗建议，命团练乡丁浚护塘外壕作为防卫。"为今之计，必须浚治堑塘……无容一贼等岸。"壕沟很快修成，从此"倭不能渡越"。乔镗主修的这段外壕就是现在的东运盐河，又称为御寇河。另据《江南经略》的记载，沿着海防边墙的外壕，每隔1~3公里就设一座吊桥，方便军民进出，一旦海寇迫近，就"以吊桥掣去，拒塘而守"。吊桥通常见于城池防御工事中，壕堑与吊桥相结合设置在海防边墙外侧，使得守军能攻能守，而敌人的登陆入侵将更加困难。

第五章 长三角地区海防聚落及设施的防御性特征

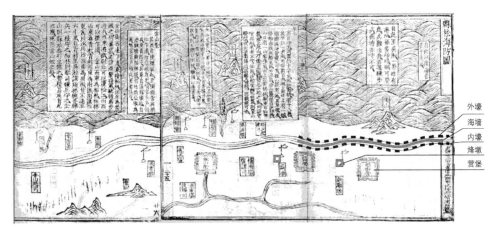

图5-24 海防堤墙、双堑壕与海防聚落分布图
（资料来源：选自《江南经略》）

（三）海防堤墙具有类似城墙的形制和设施

海墙是整个海防边墙工程体系的主体，其主要功能是派兵居高墙驻守，阻挡海寇登岸内侵。海墙的剖面形状为上窄下宽的梯形，据《海盐图经》记载，石塘底厚4丈，顶厚一丈4尺，墙高3丈，尺寸和比例都与城墙比较接近，而比通常的海堤要陡峻得多；最初的海墙与城墙一样，是垒土筑成的，取材方便、用费少、施工速度快，但存在不够坚固、耐久性差的缺点。后来发展的石制海墙则具有稳固、耐冲击等优点，但造价高昂，一般用在海防边墙的重点区段。明清二代，经多次改进形成的五纵五横鱼鳞石塘等重型石制海墙，高大、坚固，抗冲击能力很强，许多至今仍在发挥作用。比较清代上海城墙剖面图和海防堤墙剖面可以看到其做法和形制都很相似（图5-25）。海墙之上宽阔平坦，利于军队巡逻和骑兵迅速驰援。另外，除了海墙的主体结构，海防边墙上还有塘铺、闸坝、涵洞等附属建筑和女墙、雉堞（图5-26）等起到军事防御作用的构造。

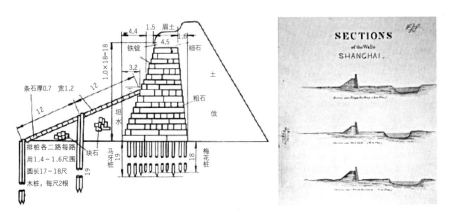

图5-25 清代海防堤墙剖面（左）与上海城墙剖面（右）对比图
（资料来源：http://www.zhonghuaren.com/Index/detail/catid/7/artid//（左）；
http://control.blog.sina.com.cn/myblog/htmlsource/（右））

二、水闸和水栅

水闸和水栅作为防止敌人从水路入侵的关键海防工程设施,它们影响了海防聚落的分布和部分海防聚落的格局。重要的水闸多由巡检司使带兵驻防或由千总、把总驻汛领兵把手守。

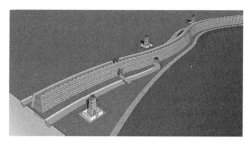

图5-26 海防堤墙、堑壕、烽墩与桩栅布局示意图

(一)水闸

水闸是修建在河道和渠道上利用闸门控制流量和调节水位的低水头水工建筑物。水闸虽不如海防堤墙和城池高大宏伟,但在长三角地区海防中发挥了重要作用。在长三角地区,海上敌人主要是乘船由水路入侵,设于各水道要口的水闸就成为防御敌船侵入的关键。正因为这样,明清时期在水闸附近还设置有所城、堡城、巡检司等各级军事聚落加强防守。如:绍兴北三江口的三江闸,其两端为三江所城和三江巡检司城控扼(图5-27)。

三江闸(作者自摄于2019年3月17日)

三江闸无人机鸟瞰(作者自摄于2019年3月17日)

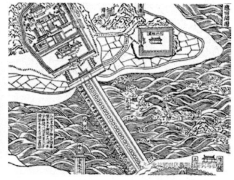

三江闸图(选自《万历绍兴府志》①)

图5-27 三江闸古舆图与现状图

---

① (明)萧良翰等修. 张元忭等撰绍兴府志. 卷17. 水利志2. 附图10. 据明万历十五年刊本影印//中国方志丛书,华中地方(520). 台北:成文出版社,1983:1277、1278.

三江闸，又名应宿闸，位于浙江省绍兴北35里处的三江口（钱塘、曹娥、钱清三江汇合地），为明代嘉靖年间绍兴太守汤绍恩所建，是一座桥闸结合的建筑，为省级文物保护单位。其下是28孔的水闸，闸顶端相连一起，可行人、走马、拉车，成一平坦大桥，并与海防堤墙相连接。闸桥全长108米，宽9.16米，其桥墩亦即闸墩，全是两头尖的梭子墩，每一墩由每块约千余斤的大石砌成，自下而上筑成，底层与岩基相卯，再灌注生铁，每层块石之间，用榫卯衔接，并以秫灰胶住。每隔五墩设置一个大梭墩，关键地段，仅隔三墩。每一闸洞下的基石上，置内外两槛，以承闸门。[①]

长安闸，位于浙江嘉兴海宁市长安镇，地处南来北往的"水陆要冲"，是江南运河交通和军事上的重要枢纽。长安闸是连接上塘河和崇长港水系的重要水利工程设施，是江南运河三大闸之一。长安闸采用三闸两澳复式结构，为古代江南技术含量较高的船闸之一。明清二代在长安闸设巡检司和汛派驻千总等武官管辖，有专门的闸吏和闸兵，负责巡视闸区，并控制启闭闸门（图5-28）。

历史上长安闸曾有上闸、中闸、下闸、老坝（以下统称为"长安堰"）、新坝（以下统称为"老坝"）等五座闸、坝以及作为水柜的两澳，现除长安堰外，其他各闸、坝均能确认位置，并留存有遗迹，两澳的位置也大致能够推断出其边界和范围。长安闸的基本格局尚存。

下闸遗址（作者自摄于2016年3月9日）

长安闸区遗址分布平面图（长安闸遗产展示馆提供）　　长安闸附近运河（作者自摄于2016年3月9日）

图5-28　长安闸遗址分布平面图、构成图与现状图

---

① 绍兴三江闸blog.sina.com.cn/s/blog_692c85e80102vuqt.html。

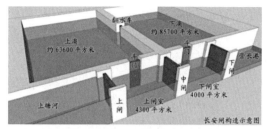
长安闸构成示意图（摘自《大运河申遗文本》）

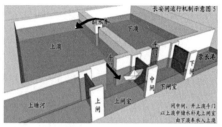
长安闸运行示意图（摘自《大运河申遗文本》）

图5-28　长安闸遗址分布平面图、构成图与现状图（续）

（二）水栅

水栅，就是设置于水中的栅栏，是江南水网地带特有的防卫功能建筑物。据《黎里志》载："新旧各栅，并列木通水，辰酉启闭。"江南地区水栅很多是设水城门洞于桥洞之下，或坝的水口处。通常利用桥梁结构设置在桥洞处，一般在河面密密麻麻打下三四层木桩，中间留下的水道钉下多层竹篾，船只出入可以擦着船底而过，到了夜晚再用铁链锁牢，早启夜闭。水栅旁边专有守卫房屋，专人看守。即使碰到盗贼抢劫，守卫可以奋力抵挡，如实在抵抗不住，早就派人从陆路向总部报警（图5-29）。

水栅与水闸类似之处是：都设置于水道要口。两者不同的是：水闸形制较复杂，工程规格较高，多为石砌，一般位于重要的江河或运河要口，在海防布局中往往具有战略意义；而水栅构造相对简单，常利用水城门洞或桥洞，多为竹木结构，通常分布于城镇周边，主要是起到保卫各城镇聚落的作用。其中，主要卫所府县城往往在水城门处设水栅门，其形制相对完善，尺寸也较大；江南各市镇则多在桥洞下设水栅，形制相对简单，尺寸也较小。

甪直镇水栅

甪直镇均为桥洞型水栅，水栅设于桥洞处。在江南六大古镇中，甪直的古桥数量较多，密度较高，甪直的水栅就设于镇外围主要水道要口的桥梁之下。主要有大通桥栅、正阳桥栅、通浦桥栅、北港桥栅、洋泾桥栅等九处桥栅。现存有正阳、大通等七处桥栅。其中正阳桥栅、大通桥栅桥洞处可见竹木结构的简易水栅，可限制船只进入镇内河道。这些栅，位于桥洞下，形式为木栅栏门，向一侧开以让船通过。甪直镇水栅明代主要由巡检司管辖，清代为周庄汛派驻的分防武官管辖。明代万历三十五年（1607年）设甪直巡检司，位于镇北富昌桥西南，寓于民居内，现已不存。清代设分防署在镇南陈家浜，建署后俗称衙门浜（图5-30）。

第五章 长三角地区海防聚落及设施的防御性特征

　　海宁硖石镇水栅门老照片①　　　　　乌镇西栅水栅门②

用直大通桥简易水栅（金立摄于2019年2月11日）　用直正阳桥简易水栅（金立摄于2019年2月11日）

图5-29　水栅历史照片与现状图

　　　　　用直镇桥栅分布图　　　　　　　　　　　从北港桥看北港　　　　　　　寿康桥

　　　洋泾桥　　　　　　　　　永安桥　　　　　　　　　金安桥

图5-30　用直镇栅桥分布图与现状图
（资料来源：分布图为作者以Google卫星图为底图标绘，现状照片为金立拍摄于2019年2月11日）

---

① http://blog.sina.com.cn/s/blog_a2e7588a0102y8rq.html.
② https://www.sohu.com/picture/286298706.

附 录

附录一 明清纪年表

朝	年号	庙号	姓名	元年	末年	在位年代
元末	至正	元惠宗	妥懽帖睦尔	1333	1370	30
	天祐		张士诚	1354	1357	4
明代	洪武	太祖	朱元璋	1368	1398	31
	建文	惠宗	朱允炆	1399	1402	22
	永乐	成祖	朱棣	1403	1424	22
	洪熙	仁宗	朱高炽	1425	1425	1
	宣德	宣宗	朱瞻基	1426	1435	10
	正统	英宗	朱祁镇	1436	1449	14
	景泰	代宗	朱祁钰	1450	1457	8
	天顺	英宗	朱祁镇（复辟）	1457	1464	8
	成化	宪宗	朱见深	1465	1487	23
	弘治	孝宗	朱佑樘	1488	1505	18
	正德	武宗	朱厚照	1506	1521	16
	嘉靖	世宗	朱厚熜	1522	1566	45
	隆庆	穆宗	朱载垕	1567	1572	6
	万历	神宗	朱翊钧	1573	1620	48
	泰昌	光宗	朱常洛	1620	1620	1个月
	天启	嘉宗	朱由校	1621	1627	7
	崇祯	思宗	朱由检	1628	1644	17
南明	弘光	安宗	朱由崧	1644	1645	2
	隆武	绍宗	朱聿键	1645	1646	2
	绍武	文宗	朱聿𨮁	1646	1646	1
	永历	昭宗	朱由榔	1646	1662	6

续表

朝	年号	庙号	姓名	元年	末年	在位年代
后金	天命	太祖	努尔哈赤	1616	1626	10
后金	天聪	太宗	皇太极	1626	1636	10
清代	崇德	太宗	皇太极	1636	1643	7
清代	顺治	世祖	福临	1644	1661	18
清代	康熙	圣祖	玄烨	1661	1722	61
清代	雍正	世宗	胤禛	1722	1735	13
清代	乾隆	高宗	弘历	1736	1796	60
清代	嘉庆	仁宗	颙琰	1796	1820	25
清代	道光	宣宗	旻宁	1820	1850	30
晚清	咸丰	文宗	奕詝	1850	1861	11
晚清	同治	穆宗	载淳	1861	1875	13
晚清	光绪	德宗	载湉	1875	1908	34
晚清	宣统	宪宗	溥仪	1909	1912	3

附录二 东台（中十场）防区军事聚落表

类型	聚落名称	建置		详情
所城	泰州守御千户所（两淮盐运司泰州分司）	军1085名，洪武五年包砌砖城。嘉靖三十三年设海防兵备道		周2003丈，计12里47步，高2丈7尺，址阔4丈、面2丈，城楼4座，北水关2座，濠深1丈、广52丈、表2380丈
营寨	李家堡备倭营	富安李家堡（今李堡镇），军100人		辖烽堠5座
	丁美舍寨	明嘉靖三十三年因倭寇皆由丁美舍登岸，乃设千人守汛，位于东台城东丰盈关，距东台场35里，万历二十八年裁减，以各色把总统兵200		建有衙舍、营房防海备倭
	拼茶备倭寨	嘉靖年间，拼茶寨置军100名；万历四十二年，在拼茶黄沙洋本场盐课司西，设百户1员，统扬州卫军50名		辖烽堠4座
	角斜寨	嘉靖年间，角斜寨置军100名；万历四十二年，在角斜场设备倭百户1员，统扬州卫军50名		辖烽堠2座
盐场（共10场，属泰州分司）	东台场城[明正德十五年两淮盐运司泰州分司移驻西溪镇（东台西）]	明嘉靖三十三年设置千总，分防海口，系属水师，操习南北十场百长灶勇以备倭患；明隆庆间，马会筑土城，以备倭警。内城开五门：东开迎春门，南开南屏门，西开西屏门（今新东桥东侧）、聚东门（今东亭二村41号楼处），北开奎拱门		城周5里余，为门4，水关2，外环水为濠，内濠为玉带形。总长1033.3丈（约合3444.33米），高5尺至12尺（约合1.67米至3米）不等
	草堰场	百长1人，灶勇80名	俱在东台场东门外操演	辖龙须、茅花2墩
	小海场	百长1人，灶勇40名		辖小海南烟墩1座
	丁溪场	百长1人，灶勇119名		辖丁溪、麻陟2墩
	何垛场	百长1人，灶勇92名		辖薛家舍墩1座
	东台场	百长1人，灶勇120名		辖丰盈墩1座
	梁垛场	百长1人，灶勇130名		辖梁垛墩1座
	安丰场	百长1人，灶勇150名	下灶月塘湾侧	辖安丰烟墩1座
	富安场	百长1人，灶勇130名	租民地操演	李家堡辖烽堠5座
	角斜场	百长1人，灶勇42名	场东	角斜寨辖烽堠2座
	拼茶场	百长1人，灶勇93名	场东	拼茶寨辖烽堠4座

续表

类型	聚落名称	建置	详情
烟墩 总计20座	龙须墩	在草堰场南团，离场50里（今南团村，龙须河边）	
	小海南烟墩	小海场南3里	
	茅花墩	在草堰场北团，离场60里，近海（今北团村）	
	丁溪烟墩	丁溪场北3里	
	麻墩	丁溪场，去场40里	
	薛家舍墩	何垛场离场35里，现薛舍居	
	丰盈墩	东台场丰盈关，去场35里	
	梁垛墩	梁垛场，离场20里	
	安丰烟墩	安丰场南	
	李家堡烽堠		共5座
	角斜寨辖烽堠		共2座
	拼茶寨辖烽堠		共4座
巡检司	海安巡检司	州南100里	
	西溪巡检司	州东120里	
	宁乡巡检司	州北60里	
镇城	海安镇城，设海安巡检司	明初常遇春筑城以绝张士诚部泰兴军通州粮道，州东120里	周围3里30步，高2丈5尺，砖甃表里，后千户、知州相继修理
		嘉靖年间，刘景韶重建海安城墙。嘉靖三十八年（1559年）于海安城下，斩敌120人	重筑土城墙，"周六里许，水关三座，城门三座"

附录三　长三角地区各府急递铺一览表

（一）扬州府急递铺一览表

急递铺方位		急递铺名称（合计112处）
扬州府	府前	江都在城总铺
	南通镇江	清凉铺、杨子桥铺、皂角林铺、花家园铺、瓜洲镇铺
	东通泰州	桐树铺、直口铺、分界铺、宜陵铺、韩家曲铺、横塘铺、斗门铺
	西通仪真	冻青铺
	北通高邮州	竹西亭铺、湾头镇铺、淮子河铺、白（八）塔铺、四里铺、马家渡铺、三沟铺、腰铺
	西北通天长	甘泉山铺、大仪镇铺
仪真县	县前	仪真总铺
	西通六合	曹村铺、陡山铺、岳家山铺、褚家堡铺
	东通江都	汊河铺、德明铺、朴树湾铺、石人头铺
泰兴	县前	泰兴总铺
	北通泰州	十里铺、马店铺、张家岸铺、口岸铺、刁家渡铺
高邮州	州前	高邮总铺
	东通兴化	盖楼铺、第一沟铺、第二沟铺、第三沟铺、王良沟铺、官沟铺
	南通江都	八里铺、露筋铺
	北通宝应	柴荘铺、塘头铺、张家沟铺、井亭铺、塘湾铺
兴化县	县前	兴化总铺
	南通高邮	十里亭铺、贾庄铺、孟家窑铺
	北通盐城	平望铺、火烧店铺、卢家坝铺
宝应县	县前	宝应总铺
	南通高邮	白田铺、槐楼铺、瓦店铺、范水铺、江桥铺
	北通淮安	子婴铺、白马铺、黄浦铺
泰州	州前	泰州总铺
	东通通州	城东铺、葛垱铺、流汗口铺、姜堰铺、朱家店铺、白米铺、曲塘铺、查家荘铺、潭口铺、海安铺
	西通江都	城西十里铺、祁家荘铺
	南通泰兴	南城铺、庙湾铺

续表

	急递铺方位	急递铺名称（合计112处）
如皋县	县前	如皋总铺
	北通泰州	丘家庄铺、孙公店铺、葛家溪铺
	东通通州	邢港铺、东陈铺、蒋婆铺、丁堰铺、刘师铺、林梓铺、白蒲铺
通州	州前	通州总铺
	东通海门	界沟铺、王灶港铺、丘灶港铺、瞿灶港铺、利和镇铺
	西通如皋	欧家坊铺、管家堡铺、马塘铺、王家庄铺、李家港铺
海门	县前	海门总铺
	西通通州	沈家铺、新桥铺、黄窑铺、新寨铺

（二）镇江府、常州府急递铺一览表

	急递铺方位	急递铺名称	数
镇江府	府前	镇江总铺	11
	南通丹阳	三里铺、流水巷铺、陆城铺	
	西通勾容	西门铺、七里店铺、乐亭铺、洪信铺、高资铺、炭渚铺、陶巷铺	
	北通瓜洲界铺	西津铺	
丹阳县	县前	丹阳总铺	17
	北通丹徒（属镇江）	丁庄铺、花埠铺、马林铺	
	南通武进（属常州）	长乐铺、圣墅铺、陵口铺、栅口铺、吕城铺	
	西南通金坛	横塘铺、东庄铺、珥村铺	
	西通勾容	堤口铺、口店铺	
金坛	县前	金坛总铺	3
	东达丹阳	三里铺、张庄铺	
常州府	府前	常州府总铺	9
	南通宜兴	陈渡铺、丫河铺、万塔铺、塘洋铺、寨桥铺	
	东通无锡	丁堰铺、载墅铺、横林铺	

续表

	急递铺方位	急递铺名称	数
江阴县	县东	江阴总铺	16
	西通武进（常州）	夏港铺、邵圩铺、中港铺、后梅铺、黄土铺、炎莊铺	
	南通无锡	后黄铺、萧崎铺、后马铺、寺莊铺、南闸铺、月城铺、青肠（晹）铺、石妆铺（明万历未设）	
	东通常熟	煅铺（明嘉靖中倭警煅铺含其东通常熟）	
无锡县	县前	无锡县总铺	9
	南通苏州	南门铺、东封铺、新安铺、马墓铺	
	北通常州	北门五里亭铺、潘封铺、洛杜铺、五牧铺	
宜兴县	县东	宜兴县总铺	14
	东北通武进	十里碑铺、草堂铺、官路铺、塘渎铺、桥头铺、锺溪铺	
	西南通广德	彭莊铺、拓场铺、潼渚铺（中兴铺）、上干铺、张渚铺、桥亭铺、分界铺	
	西通溧阳	彭莊铺、拓场铺、潼渚铺（中兴铺）、上干铺、张渚铺、薛家铺	
靖江	县南门	靖江县总铺	2
	南通江阴	澜港铺	
合计			71

注：史料不可辨认处，文字以"□"代替。

（三）苏州府急递铺一览表

	急递铺方位	急递铺名称	数
苏州府	府西	苏州总铺	25
	北通常熟	齐门铺、无量铺、周泾铺、罗坝铺、船场铺（钱长铺）、吴塔铺、潭塘铺（府北70里）	
	东通昆山（6）	利民铺（十里）、芦泾铺、萧泾铺、六市铺、真仪铺、尤泾铺	
	南通吴江（5）	盘门铺（府南5里）、白莲铺（府南15里）、尹山铺、柳胥铺、观澜铺	
	西北通无锡（6）	胥门铺（阊门外三里）、枫桥铺（府西10里）、射渎铺（府西北20里）、浒墅（墅）铺（府西北30里）、张公铺、白鹤铺	
昆山县	县前	昆山总铺	4
	东通太仓州	马泾铺、奡子铺、胜安铺（清代增设）	

续表

	急递铺方位	急递铺名称	数
太仓州	州前	太仓州总铺	8
	东通嘉定	胜安铺、张泾铺、小钱门铺（嘉定县西北20里）、黄泥泾铺（嘉定县西北10里）	
	东北通崇明	诸泾铺、井亭铺、新塘铺（到刘家港）	
嘉定县	县前	嘉定总铺	13
	东出吴淞江	苗泾铺、杨巷铺、月浦铺、吴淞江守卫御千户所急递铺、葛家嘴铺（吴淞铺东10里）、宝山所铺（葛家嘴铺东10里）（粗体为《万历嘉定县志》增）	
	西南达黄渡铺再西向上海	庙泾铺、方泰铺、黄渡铺	
	东南通上海（《万历嘉定县志》增）	马陆铺（总铺东南10里）、南翔铺（马陆铺南10里）、真翔铺（南翔铺南10里）	
吴江县	县前	吴江县总铺	12
	南达长老铺	徹浦铺、庙泾铺、袅腰铺、长老铺	
	长老铺向东	黎泾铺、双里铺	
	长老铺向南	朱家铺、道成铺、众安铺、思范铺、曹村铺（近湖州）	
常熟	县前	常熟县总铺（府北90里）	1
	南通苏州		
		合计	63

（四）松江府各朝代急递铺一览表

	急递铺方位	急递铺名称	数
元代	府前	松江府前铺（西距吉阳汇15里、东接张泾18里）	14
	南通嘉兴	风泾、泥滑桥、朱泾、九里庵、李塔汇、吉阳汇	
	北通上海	张泾、蟠龙、新坟、钱坟、龙华、淡井、上海	
明代	府前	松江总铺	35
	北通嘉定	通波铺、兴福铺、黄蛮泾铺、北簳山铺、郏店铺、青龙铺、艾祁铺（7处）	
	东通上海又东至中后所	车墩铺、胡婆铺、紫冈铺、八尺铺、华泾铺、乌泾铺、龙华铺、上海县前铺、周八铺、杨灰铺、南汇嘴千户所前铺（11处）	

续表

	急递铺方位	急递铺名称	数
明代	南至金山卫东南至中前所	莲花朵铺、杨胥铺、金山卫前铺、漕泾铺、袁浦铺、青村铺（6处）	35
	西路至嘉善界	吉阳铺、斜塘铺、滕港铺、西塘湾铺、陈泾铺、风泾铺（6处）	
	西北青浦（青龙镇）往昆山	白鹤铺、浦阙铺、徐公铺、江绿铺、葭浜铺（明中后期增设5处，见《清松江府志》）	
清代	府前	松江府前总铺	44
	华亭县（9处）	县前铺、车墩铺、胡婆铺、紫冈铺、八尺铺、莲花铺、前冈铺、钟贾山铺、三山界地铺	
	娄县（5处）	县前铺、吉阳铺、沈泾铺、广富林铺、斜塘铺	
	奉贤县（7处）	县前铺、高桥铺、柘林铺、漕泾铺、白带铺、杨胥铺、南桥铺	
	金山县（5处）	卫前铺、滕港铺、塘湾铺、陈泾铺、风泾铺	
	上海县（4处）	县前铺、龙华铺、华泾铺、乌溪铺	
	南汇县（4处）	县前铺、杨辉铺、周八铺、五团腰铺	
	川沙厅（1处）	厅前铺	
	青浦县（8处）	县前铺、浦阙铺、白鹤铺、陈泾铺、青龙铺、艾祁铺、北簳山铺、郏店铺	

（五）嘉兴府急递铺一览表

	急递铺方位	急递铺名称	数
	府前	急递总铺	
嘉兴县	县治东	常丰铺（县东十里）、团港铺（县东北二十里）、龙华铺（县东三十里）、魏塘铺（县东四十里）	10
	县治南（接海盐莫泾铺）	落绦（纤）铺、钟塘铺、马泾铺（每十里一铺，每铺司兵6人）	
	县治东南	十八里铺（县东南二十里）、新丰铺（县东南四十里）	
崇德县	皂林驿		4
	县治东三十步	县急递总铺	
	总铺南四里	南津铺	
	总铺北六里	上莫铺（又十里）、邵泾铺（每铺司兵6人）	

续表

	急递铺方位	急递铺名称	数
平湖县	县门西二百余步	县前急递总铺（司兵10名）	4
	总铺南	转塘铺（县南十里、司兵5名）	
	总铺东	惹山铺（县东南二十七里司兵8名）、梁庄铺（县东南三十里司兵8名）、乍浦东门铺（司兵12、县东南三十七里）	
嘉善	县治东二十步	县前急递总铺（司兵7名）	2
	县东、接松江风泾铺	张泾汇铺（县东十里、每铺司兵3名）	
秀水县	府前	府前铺（县东二里）	7
	县西	三塔铺（县西八里）、分乡铺（县西十八里）、赵墙铺（县西二十七里）	
	县北	杉青铺（县北十里）、金桥铺（县北十八里）、闻店铺（县北二十七里）	
	县东北	龙华铺（县东北三十里）	
海盐县	县治西三十步	县前急递铺（司兵7名）	10
	县西（北接嘉兴县界马泾铺）	朱公亭铺（县西十里、司兵4名）、周墩铺（县西北二十里司兵3名）、黄泥铺（县西北三十里司兵3名）	
	县南	蓝田铺（县南十里）、常川铺（县南二十里）	
	县西南	澉浦东门铺（县西南三十里）	
	县北（接平湖惹山铺）	九里亭铺（县北十里）、麦庄泾铺（县北二十里）	
桐乡	县西北	乌镇铺（县西北三十里）	4
	西出西门抵于县界	皂林铺、永新铺、西蒋铺（每铺司兵6人）	
	合计		41

（六）杭州府急递铺一览表

	急递铺方位	急递铺名称	数
杭州府			
仁和县	武林门外	北郭总铺	12
	东北出北郭总铺（东北抵海宁县、嘉兴府界）	东新铺、皇亭铺、百家湾铺、赤岸铺、桐扣铺、石目铺、莲花铺	
	东出庆春门外（东抵沿海卫所、盐场）	夏新铺、太均铺、汤镇铺、方家铺	

续表

	急递铺方位	急递铺名称	数
钱塘县	南出清波门	洋泮铺、进龙铺、范村铺、新砂铺、淳桥铺、社井铺	17
	北出北郭总铺（钱塘县北抵武康县界）	北新铺、板桥铺、良犬铺、宦塘铺、奉口铺、洛渎铺	
	西抵余杭县界	观音铺、蒋公铺、老人铺	
	自万松馆往东	万松馆铺、浙江铺（东抵萧山县界）	
海宁县	县前	县前铺	16
	西出安成门（西抵仁和县界）	松林铺、褚家铺、谈村铺、陈桥铺	
	西北抵仁和县界	夏村铺、许村铺	
	东出春熙门抵海盐县界	庙前铺、下管铺、柳家铺、谢家铺、蔡家铺、谈山铺	
	北出拱辰门抵德清县界	定海铺、费村铺、骆家铺	
富阳县	县前	县前铺	6
	东出晟平门抵钱塘县界	赤松铺、庙山铺	
	西出康阜门抵新城县界	步社铺、黄山铺、安道铺	
余杭县	县前	县前铺	11
	东出宾阳门抵钱塘县界	横漖铺、灵源铺	
	西出秩成门抵临安县界	丁桥铺	
	北出拱极门抵武康县界	三里铺、邵墓铺、曹桥铺、麻车铺、浮溪铺、松兑铺、古城铺	
临安	东出迎恩门抵余杭县界	五柳铺、青山铺	5
	西出惠政门抵于潜县界	郎山铺、凌村铺、潘村铺	
新城	东北出元始门抵富阳县	安道公馆、白塔铺、干坞铺	5
	西出利遂门抵桐庐县界	宦塘铺、上坞铺	
于潜县	市门	市门铺	6
	东出迎恩门抵临安县界	戴石铺、藻溪铺、横塘铺	
	西出锦江门抵昌化县界	方员铺、太阳铺	
昌化县	城下	城下铺	9
	东出趋京门抵于潜县界	接管亭、芦岭铺	
	西出三口门抵歙县界	下营铺、堪村铺、义千铺、诸柳铺、浦桥铺、云溪铺	
		合计	90

注：史料不可辨认处，文字以"□"代替。

（七）湖州府急递铺一览表

急递铺方位			急递铺名称、数量、官兵数量	
湖州府				
	南门界		府前总铺（铺司1名、驿司1名、铺兵6名）	
乌程县			13所	
	县南	里山铺（九里铺）	八都	（铺司1名、铺兵5名）
		罗湾铺	八都	（铺司1名、铺兵5名）
		许墓铺	六都	（铺司1名、铺兵5名）
		市山铺	三都	（铺司1名、铺兵5名）
		杨纽铺	二十七都	（铺司1名、铺兵5名）
	县西	龙湾铺	二十七都	（铺司1名、铺兵5名）
		云水铺	十都	（铺司1名、铺兵5名）
		八字铺	十五都	（铺司1名、铺兵5名）
	县东	孙老铺	二十八都	（铺司1名、铺兵5名）
		晟舍铺	二十九都	（铺司1名、铺兵3名）
		驿村铺	三十一都	（铺司1名、铺兵3名）
		兽墟铺	三十九都	（铺司1名、铺兵3名）
		三里铺	四十二都	（铺司1名、铺兵3名）
归安县			2所：侠村铺、塘头铺	
长兴县			11所：县前总铺、跨塘铺、卞村铺、陆卞铺、盛岗铺、四安铺、城头铺、上舍铺、独山铺、下源铺、月海铺	
	县前		县前总铺（驿司1名、铺兵8名）	
	东至乌程		跨塘铺、新桥铺	
	南至安吉		下源铺、贝山铺、独山铺	
	西至广德		卞村铺、盛岗铺、四安铺、城头铺（俱铺司1名、铺兵5名）	
安吉县			7所：县前总铺、□□铺、入安铺、定福铺、梅溪铺、荆西铺、北山铺	
	县东北接长兴		安福铺、梅溪铺、荆西铺	
	县南接孝丰		顺安、定福	
	县西接广德		北山、上舍、段村	
德清县			3所：县前总铺（香亭铺）、通榛铺（导臻铺）、乌鸢铺	
武康县			4所：县前总铺、黄山铺、大施铺、分水铺	
孝丰县			3所：县前总铺、移风铺（南接余杭）、灵奕铺（北接安吉）	
合计			共41所	

注：史料不可辨认处，文字以"□"代替。

（八）绍兴府急递铺一览表

	急递铺方位	急递铺名称、距离
山阴县	西北	青田铺、高桥铺、梅市铺、柯桥铺、白塔铺、钱青铺
	西南	鉴湖铺、金家店铺、赤土铺、洪口铺
	东北	昌安铺、鹿山铺、三江铺
会稽县	东	五云铺、织女铺、皇都铺、茅洋铺、陶家堰铺、瓜山铺、黄家堰铺、东关铺、曹娥铺
	东南	米堰铺、小江铺
	东北	桑盆铺、周家堰铺
萧山县		县仪门东为总铺
	东抵山阴界	十里铺、新林铺、白鹤铺
	西抵西兴关	凤堰铺、沙岸铺
诸暨县		谯楼西为县前总铺
	东	十里铺、张驼岭铺、新店湾铺、栎桥铺、枫桥铺、干溪铺、古博岭铺
	南	桐树岭铺、鲤湖桥铺、寒热畈铺、李家桥铺、湖头铺、罗岭铺
余姚县		县前总铺（县东四十步）
	东抵慈溪界	常山（家）铺（东十里）、桐下湖铺（东二十里）
	西抵上虞界	任渡铺（也称七里铺）、曹墅（桥）铺（二十里）、三十里牌铺
	西北抵上虞界	方桥铺（三十里）、化龙铺（四十里）、道塘铺（四十五里）、泗门铺（六十里）、临山卫前铺（六十二里）
	东北抵慈溪界	眉山铺（四十里）、担山铺（五十里）、蔡山铺（六十里）、洋浦铺
上虞县		县前总铺（谯楼东）
	东	通明铺（东十里）、查湖铺（东二十里）
	西	华渡铺（西十里）、蔡墓铺（西二十里）、新侨铺（西三十里）
	西南	昆仑铺、嵩陡铺、池湖铺、蔡山铺、十五板桥铺
	西北	乌盆铺、夏盖铺（西北六十里）、达浦铺、沥海铺（西北八十里）
嵊县		县前总铺（县前二十步）
	南抵新昌界	五里铺、天姥铺
	北	八里铺、禹溪铺、仙岩铺、楮林铺、上馆铺
新昌县		市西铺（西兴公馆连墙）
	西	三溪铺
	东	柘溪铺、小石佛铺、赤土铺、班竹铺、会墅铺、冷水铺、关岭铺
合计		101处

（九）宁波府急递铺一览表

	递铺方位	急递铺名称、距离
宁波府	府前	府前急递铺
鄞县	县东	城东铺（灵桥门外、东达象山、北达定海）、福明铺（县东10里）、盛店铺（县东20里）、汇纤铺（县东30里）、大涵铺、育王铺、三溪铺、画龙铺、邓家铺、大嵩铺、孤岭铺、庙墩铺、火扒铺
	县南	洞桥铺、新桥铺（原名栎社铺）、颜桥铺
	县西	新塘铺（县西3里）、夹塘铺（县西10里）、景安铺、新铺（县西10里，凡公文不入城者由此达洞桥、夹塘二铺）
	县北	砖桥铺（县北3里）
慈溪县		县前急递铺
	县东	夹田铺（县东5里）、西渡铺（县东15里）
	县西	桐桥铺（县西5里）、倪桥铺（县西15里）、夹山铺（县西25里、北至观海铺北35里）、罗家铺（县西35里）、蒋家铺（县西45里）、太平铺
	县北	松浦铺（县北45里）、观海铺（县北80里）
奉化县		县前总铺
	县东	尚田铺（县东20里）
	县南	龙潭铺（县南10里，大溪西）、尚田铺、双溪铺（县南30里）、方门铺（县南40里）、山隍铺（县南50里）、栅墟铺（县南60里）
	县北	南渡铺（县北20里）、陈桥铺、常浦铺
定海县		县前总铺
	县东南	浃港铺（县东南15里）、孔墅铺（县东南25里崇丘3都）、新奥铺（县东南25里灵岩1都）、长山铺（县东南40里）、陈画铺（县东南60里）、穿山铺（县东南80里）、竹岭铺（县东南90里）、慈奥铺（县东90里）、门堰铺（县东100里）、霹雳铺、康头铺、虾康铺、崑亭铺（县东南140里）
	县西	清水铺（县西20里）、永福铺（县西30里）、孔浦铺（县西40里）、官团铺（县西北35里）、曲塘铺（县西北50里）、徐家铺、龙山所前铺
	县东北	舟山铺（自穿山铺涉海约半潮）
象山县		县前总铺
	县东北	火烧铺（县东北10里）、杉木样铺（县东北25里）、钱仓铺（所城内）
	县北	三角铺（县东北20里）、湖头铺（县东北35里北渡海至鄞县火扒铺）
	县南	大井铺（县南10里）、姥岭铺（县南20里，至爵溪所15里）、应家铺、东溪铺（县南40里）、蛤堁铺、交绾铺、鸡鸣铺、卫前铺（县南80里卫城内）、玉女铺（县南90里，至石浦所）
	县东南	爵溪铺（县东南20里）
	县西	白岩铺（县西南40里）、方前铺（县西50里，西至宁海下崎铺15里）
合计		84处

参考文献

一、史籍方志

[1]（清）方观承．两浙海塘通志［M］．杭州：浙江古籍出版社，2012：11．

[2]（清）许瑶光修，吴仰贤等纂．（光绪）嘉兴府志．卷31．武备［M］．清光绪三年刻本．

[3]（清）金福曾修．（光绪）吴江县续志．卷1．天文经纬［M］．

[4]（清）仲廷机纂．（乾隆）盛湖志．十四卷本．卷1．分星［M］．民国十四年刻本．

[5]（清）张廷玉．明史［M］．北京：中华书局，1974：1682．

[6]（明）陈子龙．明经世文编［M］．北京：中华书局，1962：602．

[7] 中央研究院历史语言研究所编．明实录6．明太祖实录．卷166［M］．

[8] 清朝文献通考．卷182．铅印本．［M］．上海：商务印书馆，1936：6426．

[9]（明）申时行等修．（万历）大明会典．卷126．兵部九．镇戍一［M］．

[10]（明）郑若曾撰．李致忠点校．筹海图编．卷5．浙江防官考［M］．北京：中华书局，2007：300-301．

[11]（明）杨瑞云修．夏应星撰．盐城县志．卷2．兵防［M］．据明万历十一年刊本影印．中国方志丛书．华中地方（451）．台北：成文出版社，1983：91-93．

[12]（明）欧阳东凤修．严锜等撰．兴化县新志．卷3．城池．所署［M］．据明万历十九年手抄本影印．中国方志丛书，华中地方（449）．台北：成文出版社，1983：140-145．

[13]（清）张可立修．兴化县志．卷二．兵卫．营地［M］．据康熙二十四年抄本影印．中国方志丛书．华中地方（45）．台北：成文出版社，1983：107-108．

[14]（明）申嘉瑞等撰修．仪征县志．卷13．武备考［M］．据明隆庆刻本影印．天一阁藏明代方志选刊．上海：上海古籍书店，1963．

[15] 王之诰．论戎政疏［M］//明经世文编（卷287）．上海：上海书店出版社，2019．

[16]（明）盛仪撰．嘉靖维扬志．卷10．军政志［M］．据宁波天一阁藏明嘉靖残本影印．天一阁藏明代方志选刊．上海：上海古籍书店，1963．

[17]（明）陈善等修．杭州府志．卷36．兵防下［M］．据明万历七年刊本影印．中国方志丛书，华中地方（524）．台北：成文出版社，1983：2602-2605．

[18]（明）陈善等修．杭州府志．卷35．兵防上［M］．据明万历七年刊本影印．中国方志丛书，华中地方（524）．台北：成文出版社，1983：2582-2584．

[19]（明）申嘉瑞等撰修．仪征县志．卷13．武备考［M］．据明隆庆刻本影印．天一阁藏明代方志选刊．上海：上海古籍书店，1963．

[20]（明）申嘉瑞等撰修．仪征县志．卷6．户口考［M］．据明隆庆刻本影印．天一阁藏明代方志选刊．上海：上海古籍书店，1963．

[21]（明）陈善等修．杭州府志．卷36．兵防下［M］．据明万历七年刊本影印．中国方志丛书，华中地方（524）．台北：成文出版社，1983：2605-2606．

[22]（清）张可立修．兴化县志．卷二．兵卫．营地［M］．据康熙二十四年抄本影印．中国方志丛书．华中地方（45）．台北：成文出版社，1983：107-108．

[23] （崇祯）嘉兴县志. 卷15. 政事志. 兵防[M]//日本藏中国罕见地方志丛刊. 北京: 书目文献出版社, 1991: 631.

[24] （明）陈善等修. 杭州府志. 卷35. 兵防上[M]. 据清万历七年刊本影印. 中国方志丛书, 华中地方（524）. 台北: 成文出版社, 1983: 2592.

[25] （明）杨宏撰. 漕运通志. 卷4. 漕卒表[M]. 明嘉靖四年刻本.

[26] （清）赵宏恩等监修. 于成龙等创修. 江南通志. 卷19. 漕运[M]. 清康熙二十三年刻本.

[27] （明）杨宏撰. 漕运通志. 卷4. 漕卒表[M]. 明嘉靖四年刻本.

[28] （明）盛仪撰. 嘉靖维扬志. 卷10. 公署. 军政[M]. 据宁波天一阁藏明嘉靖残本影印. 天一阁藏明代方志选刊. 上海: 上海古籍书店, 1963.

[29] （明）杨宏, 谢纯撰. 漕运通志. 卷8. 漕例略[M]. 明嘉靖四年刻本.

[30] 王彬修. 徐用仪纂. （光绪）海盐县志. 卷10. 食货考二. 漕运[M]. 据清光绪二年刊本影印. 中国方志丛书, 华中地方（207）. 台北: 成文出版社, 1975: 1043.

[31] 江苏巡抚明德奏为沙地开辟日广请移设厅员以资吏治折（乾隆二十二年二月初七日），宫中档乾隆朝奏折第29辑[M]. 台北故宫博物院, 1984: 570-571.

[32] 吴宝瑜修. 庞友兰纂. 中国方志丛书. （民国）阜宁县新志. 22卷（卷9转高宗本《捍海堰记》. 华中地方 江苏省第2期[M]. 1934.

[33] 许瑶光修. 吴仰贤等纂. （光绪）嘉兴府志. 卷30. 海塘[M]. 清光绪三年刻本.

[34] 王彬修. 徐用仪纂. （光绪）海盐县志. 卷6. 舆地考三. 海塘[M]. 据清光绪二年刊本影印. 中国方志丛书, 华中地方（207）. 台北: 成文出版社, 1975: 661-688.

[35] 嘉靖吴江县志. 卷之四. 建置志一. 栅坝[M].

[36] （清）许瑶光修. 吴仰贤等纂. （光绪）嘉兴府志. 卷28. 邮传[M]. 清光绪三年刻本.

[37] 杨正泰. 明代驿站考[M]. 上海: 上海古籍出版社, 2006: 112-124.

[38] （明）盛仪撰. 嘉靖维扬志. 卷7. 公署[M]. 据宁波天一阁藏明嘉靖残本影印. 天一阁藏明代方志选刊. 上海: 上海古籍书店, 1963.

[39] （明）闻人诠等修. 南畿志. 卷24. 公署[M]. 据明嘉靖间刊本影印. 中国方志丛书, 华中地方（452）. 台北: 成文出版社, 1983: 1166-1170.

[40] （明）陈玉琪撰. 于琨修. 康熙常州府志. 卷12. 公署[M]. 据清康熙三十四年刻本影印. 中国地方志集成, 江苏府县志辑（36）. 上海: 江苏古籍出版社, 1991: 198-201.

[41] （清）李铭皖等修. 冯桂芬等撰. 苏州府志. 卷23. 公署三[M]. 据清光绪九年刊本影印. 中国方志丛书, 华中地方（5）. 台北: 成文出版社, 1970: 569-574.

[42] （明）林世远, 王鏊等撰修. 姑苏志. 卷25. 兵防[M]. 据明正德七年刊本影印. 北京图书馆古籍珍本丛刊（26）. 北京: 书目文献出版社, 1983: 380-382.

[43] （明）韩浚等修. 嘉定县志. 卷4. 营建. 邮舍[M]. 据明万历三十三年年刊本影印. 中国方志丛书, 华中地方（421）. 台北: 成文出版社, 1983: 320.

[44] （明）顾清等修撰. 松江府志. 卷14. 驿传[M]. 据明正德七年刊本影印. 中国方志丛书, 华中地方（455）. 台北: 成文出版社, 1983: 644-647.

[45] （清）宋如林等修. 孙星衍等撰. 松江府志. 卷19. 建置志. 馆驿[M]. 据清嘉庆二十二年刊本影印. 中国方志丛书, 华中地方（10）. 台北: 成文出版社, 1970: 413-414.

[46] （明）赵文华撰．嘉兴府图记．卷3．邦制2．县建置［M］．据明嘉靖二十八年刊本影印．中国方志丛书，华中地方（506）．台北：成文出版社，1983：186-191．

[47] （清）许瑶光修．吴仰贤等纂．（光绪）嘉兴府志．卷28．邮传［M］．清光绪三年刻本．

[48] （明）陈善等修．杭州府志．卷39．公署下［M］．据明万历七年刊本影印．中国方志丛书，华中地方（524）．台北：成文出版社，1983：2725-2730．

[49] （成化）湖州府志．卷13．公廨［M］．日本藏中国罕见地方志丛刊．北京：书目文献出版社，1991：153-162．

[50] （崇祯）乌程县志．卷2．馆递［M］．日本藏中国罕见地方志丛刊．北京：书目文献出版社，1991：228、243．

[51] （清）赵定邦等修．丁宝书等撰．长兴县志．卷3．公署［M］．据清同治十三年修，光绪十八年增补刊本影印．中国方志丛书，华中地方（586）．台北：成文出版社，1983：407．

[52] （明）萧良斡等修．张元忭等撰．绍兴府志．卷3．署廨志．边驿［M］．据明万历十五年刊本影印．中国方志丛书，华中地方（520）．台北：成文出版社，1983：287-290．

[53] （清）邹勷，聂世堂等撰修．萧山县志．卷4．署廨志．铺驿［M］．据清康熙十一年刊本影印．中国方志丛书，华中地方（597）．台北：成文出版社，1983．

[54] （清）沈桩龄等修．楼卜瀍等撰．诸暨县志．卷2．建置．驿传［M］．据清乾隆三十八年刊本影印．中国方志丛书，华中地方（598）．台北：成文出版社，1983：142．

[55] （明）新修余姚县志．卷6．建置一．署廨［M］．据明万历年间刊本影印．中国方志丛书，华中地方（501）．台北：成文出版社，1983：189-190．

[56] （清）唐煦春等修．朱士赋等撰．上虞县志．卷32．建置三．铺驿［M］．据清光绪三十年刊本影印．中国方志丛书，华中地方（63）．台北：成文出版社，1970：657．

[57] （明）杨实撰修．宁波郡志．卷5．廨舍考．铺舍［M］．据明成化四年刊本影印．中国方志丛书，华中地方（313-316）．台北：成文出版社，1983：287-290．

[58] （明）张实彻撰修．（嘉靖）宁波府志．卷9．邮舍［M］．嘉靖三十九年刻本．

[59] （清）光绪盐城县志．卷首图［M］．中国地方志集成（59）．南京：江苏古籍出版社，1991：21-23．

[60] （清）梁悦馨等修．李念怡等撰．通州直隶州志．卷7．军政志［M］．据清光绪元年刊本影印．中国方志丛书，华中地方（43）．台北：成文出版社，1970：303-304．

[61] （明）卢熊撰．苏州府志．卷14．兵卫［M］．据明洪武十二年钞本影印．中国方志丛书，华中地方（432）．台北：成文出版社，1983：565-569．

[62] （民国）王清穆修．曹炳麟撰．崇明县志．卷9．武备志．汛地［M］．据民国十三年修，民国十九年刊本影印．中国方志丛书，华中地方（168）．台北：成文出版社，1975：476-478．

[63] （明）郑若曾著．傅正，宋泽云，李朝云点校．江南经略［M］．合肥：黄山书社，2017：316-317．

[64] （明）林世远，王鏊等修撰．姑苏志．卷25．兵防［M］．据明正德七年刊本影印．北京图书馆古籍珍本丛刊（26）．北京：书目文献出版社，1983：367-370．

[65] （明）顾清等修撰．松江府志．卷14．兵防［M］．据明正德七年刊本影印．中国方志丛书，华中地方（455）．台北：成文出版社，1983：603-605．

[66] （明）万良斡等修．张元忭等撰．绍兴府志．卷23．武备制［M］．据明万历十五年刊本影印．中国方志丛书，华中地方（520）．台北：成文出版社，1983．

[67] （明）郑若曾撰．李致忠点校．筹海图编．卷5．浙江兵制[M]．北京：中华书局，2007：302-320．

[68] （明）施沛撰．徐必达领修．南京督察院志[M]．日本内阁文库藏明天启刻本．

[69] （明）盛仪撰．嘉靖维扬志．卷10．军政志[M]．据宁波天一阁藏明嘉靖残本影印．天一阁藏明代方志选刊．上海：上海古籍书店，1963．

[70] （明）申嘉瑞等撰修．仪征县志．卷13．武备考[M]．据明隆庆刻本影印．天一阁藏明代方志选刊．上海：上海古籍书店，1963．

[71] （嘉靖）江阴县志．卷8．兵卫记[M]．据明嘉靖刻本影印．天一阁明代方志选刊．上海：上海古籍书店，1974．

[72] （明）林世远，王鏊等撰修．姑苏志．卷25．兵防[M]．据明正德七年刊本影印．北京图书馆古籍珍本丛刊（26）．北京：书目文献出版社，1983：367-370．

[73] （明）郑若曾撰．李致忠点校．筹海图编．卷5．浙江事宜[M]．北京：中华书局，2007：367．

[74] （清）欧阳东凤修．严锜等撰．光绪泰兴县志．卷15．城池．所署[M]．据明万历十九年手抄本影印．中国方志丛书，华中地方（449）．台北：成文出版社，1983：132．

[75] （明）沈启，徐师曾撰修．嘉靖吴江县志[M]．卷4．城池．敌楼附．

[76] （民国）吴宝瑜修．庞友兰纂．阜宁县新志．卷首．大事记[M]．据民国二十三年铅印本影印．中国方志丛书，华中地方（166）．台北：成文出版社，1975：24．

[77] （民国）吴宝瑜修．庞友兰纂．阜宁县新志．卷8．军备志．兵事[M]．据民国二十三年铅印本影印．中国方志丛书，华中地方（166）．台北：成文出版社，1975：717．

[78] （清）何绍章等修．杨覆泰等撰．丹徒县志．卷20．武备[M]．据清光绪五年刊本影印．中国方志丛书，华中地方（11）．台北：成文出版社，1970：365、366．

[79] （清）刘浩等修．徐锡麟等撰．重修丹阳县志．卷10．兵防[M]．据清光绪十一年刊本影印．中国方志丛书，华中地方（409）．台北：成文出版社，1970．

[80] （清）于琨修．陈玉璂撰．康熙常州府志．卷6．兵御[M]．中国地方志集成，江苏府县志辑（36）．南京：江苏古籍出版社，1991：110-113．

[81] （清）李铭皖等修．冯桂芬等撰．同治苏州府志．卷28．军制[M]．据清光绪九年刊本影印．中国地方志集成，江苏府县志辑（7）．南京：江苏古籍出版社，1991：672-680．

[82] （清）张可立修．兴化县志．卷2．兵御[M]．据清康熙二十四年抄本影印．中国方志丛书，华中地方（450）．台北：成文出版社，1983：110-111．

[83] 华文书局股份有限公司．清世宗实录[M]．华文书局股份有限公司，1969．

[84] 凤凰出版社编．中国地方志集成·省志辑·江南1．康熙江南通志[M]．南京：凤凰出版社，2011．

[85] 钦定户部则例．卷36．漕运支给[M]．故宫珍本丛刊（284）：287．

[86] （光绪）桐乡县志．卷一．疆域志上．市镇[M]．光绪十三年刊本．

[87] （道光）浒山志．（明）嘉靖观海卫志．（民国）余姚六仓志[M]．杭州：杭州出版社．2004．

[88] 清毅，岑华潮编著．慈溪市地方文献整理委员会编．慈溪文献集成第1辑[M]．

[89] （清）赵定邦等修．丁宝书等撰．长兴县志．卷3．公署[M]．据清同治十三年修，光绪十八年增补刊本影印．中国方志丛书，华中地方（586）．台北：成文出版社，1983：408．

[90] （明）萧良斡等修．张元忭等撰．绍兴府志．卷17．水利志2．附图10[M]．据明万历十五年刊本影印．中国方志丛书，华中地方（520）．台北：成文出版社，1983：1277、1278．

[91]（清）瞿均廉撰．海塘录［M］．商务印书馆，1934．

[92] 盛康辑．皇朝经世文编续编．工政（江南水利、各省水利、海塘）［M］．文海出版社，1972．

[93]（英）韦更斯撰．海塘辑要［M］．宝善斋，1901．

[94]（明）张实彻撰修．钦定大清会典事例．卷920-928．工部．海塘、水利［M］．北京：商务印书馆，1908．

[95]（嘉靖）宁波府志．卷22．海防［M］．嘉靖三十九年刻本．

[96]（清）谷应泰著．明史纪事本末下．卷55．沿海倭乱［M］．商务印书馆，1934：03．

[97]（明）邱浚著．大学衍义补上．漕挽之宜［M］．北京：京华出版社，1999：275-288．

[98] 中央研究院历史语言研究所编．明实录8．明太祖实录［M］．卷222—257（卷255）．

[99]（明）林世远．王鏊等纂修．（正德）姑苏志．卷25．兵防［M］．北京图书馆古籍珍本丛刊，史部．地理类（26）．北京：书目文献出版社，1975：365-370．

[100]（明）曹一麟，李迁梧修．嘉靖吴江县志．卷4．建置志．栅坝［M］．刻本影印．中国史学丛书三编，华中地方（166）．台北：台湾学生书局，1987：276-283．

[101]（民国）吴宝瑜修．庞友兰纂．阜宁县新志．卷8．军备志．要塞［M］．据民国二十三年铅印本影印．中国方志丛书，华中地方（166）．台北：成文出版社，1975：180．

[102]（民国）王祖畲等撰．太仓州志．卷十三．兵防上．桩栅［M］．民国八年刊本．台北．成文出版社有限公司，1975．

[103] 周右修．蔡复午等纂．（嘉庆）东台县志．卷17．军政［M］．据清嘉庆二十二年刊本复印．中国方志丛书，华中地方（27）．台北：成文出版社，1970：688-689．

[104]（明）顾清等修撰．松江府志．卷14．兵防［M］．据明正德七年刊本影印．中国方志丛书，华中地方（455）．台北：成文出版社，1983：603-605．

[105] 郑端简公奏议（2册）［M］．北京：全国图书馆文献缩微复制中心，2009．

[106] 钦定明史．卷91．兵志3［M］．上海：上海民国第一图书局．

[107]（民国）王祖畲等撰．太仓州志．卷十三．兵防中．纪兵［M］．民国八年刊本．台北：成文出版社有限公司，1975．

[108]（明）宋濂等撰．元史．本纪［M］．卷17-19．南京：江苏书局刊版，1874．

[109]（明）宋濂等撰．元史．第8册．卷89-99．兵二．镇戍志［M］．北京：中华书局，1976．

[110]（明）宋濂等撰．元史．卷15．世祖本纪十二［M］．

[111] 台北故宫博物院编．宫中档乾隆朝奏折．第29辑．江苏巡抚明德奏为沙地开辟日广请移设厅员以资吏治折（乾隆三十三年二月初七日）［M］．台北故宫博物院，1984：570-571．

二、中文图书

[1] 邹身城，林正秋著．地方志和方志学［M］．杭州师范学院，1981．

[2] 候仁之著．天津聚落起源［M］．天津工商学院，1945．

[3] 云南省建筑工程厅设计院．少数民族民居调查之三 云南白族民居调查报告［M］．1963.08．

[4] 张恒秀著．北宋时代的天津聚落［M］．天津：天津史编纂室，1957．

[5] 吴良镛著．广义建筑学［M］．北京：清华大学出版社，1989．

[6] 彭一刚著．传统村镇聚落景观分析［M］．北京：中国建筑工业出版社，1992．

[7] 金其铭编著. 聚落地理 [M]. 南京师范大学地理系, 1984.

[8] 金其铭著. 农村聚落地理 [M]. 北京: 科学出版社, 1988.

[9] 中国建筑技术发展中心建筑历史研究所著. 浙江民居 [M]. 北京: 中国建筑工业出版社, 1984.

[10] 肖立军. 明代省镇营兵制与地方秩序 [M]. 天津: 天津古籍出版社, 2010: 28.

[11] 陆元鼎, 魏彦钧编. 广东民居 [M]. 北京: 中国建筑工业出版社, 1990.

[12] 张驭寰著. 吉林民居 [M]. 天津: 天津大学出版社, 2009.

[13] 冯维波著. 重庆民居上传统聚落 [M]. 重庆: 重庆大学出版社, 2017.

[14] 胡振洲著. 聚落地理学 [M]. 三民书局股份有限公司, 1977.

[15] 陈芳惠著. 村落地理学 [M]. 五南图书出版公司, 1984.

[16] 沙学浚编著. 国立编译馆主编. 城市与似城聚落 [M]. 国立编译馆, 1974.

[17] 郭肇立主编. 聚落与社会 [M]. 田园城市文化事业有限公司, 1998.

[18] 贺业钜. 中国古代城市规划史 [M]. 中国建筑工业出版社, 1996.

[19] 《中国军事史》编写组编, 赵秀昆等执笔. 中国军事史 第6卷 兵垒 [M]. 北京: 解放军出版社, 1991.

[20] 施元龙主编. 中国筑城史 [M]. 北京: 军事谊文出版社, 1999.

[21] 安田, 杨帆编著. 四川古城堡论集 [M]. 成都: 四川大学出版社, 2013.

[22] 陈名实著. 闽台古城堡 [M]. 厦门: 厦门大学出版社, 2015.

[23] 王绚编著. 传统堡寨聚落研究——兼以秦晋地区为例 [M]. 南京: 东南大学出版社, 2010.

[24] 罗建平著. 安顺屯堡的防御性与地区性 [M]. 北京: 清华大学出版社, 2014.

[25] 谭立峰, 刘建军, 倪晶著. 张玉坤主编. 河北传统防御性聚落 [M]. 北京: 中国建筑工业出版社, 2018.

[26] 浦欣成著. 传统乡村子聚落平面形态的量化方法研究 [M]. 南京: 东南大学出版社, 2013.

[27] 赵晓梅著. 吕舟导师. 中国活态乡土聚落的空间文化表达——以黔东南地区侗寨为例 [M]. 南京: 东南大学出版社, 2014.

[28] 王静文著. 聚落形态的空间句法解释 [M]. 北京: 中国建筑工业出版社, 2019.

[29] 施坚雅. 中华帝国晚期的城市 [M]. 北京: 中华书局, 2000.

[30] 吕思勉著. 吕思勉读史札记上 [M]. 上海: 上海古籍出版社, 1982.

[31] 顾朝林著. 中国城镇体系历史·现状·展望 [M]. 北京: 商务印书馆, 1992.

[32] 李嘎著. 古道悠悠 明清民国时期的晋城交通与沿线聚落 [M]. 太原: 山西人民出版社, 2016.

[33] 李甜著. 复旦博学文库 明清宁国府区域格局与社会变迁 [M]. 上海: 复旦大学出版社, 2016.

[34] 郝文军著. 明清时期晋东南堡寨聚落地理研究 [M]. 北京: 中国商业出版社, 2016.

[35] 罗东阳. 明代军镇镇守体制初探 [M]. 东北师范大学出版社, 1994.

[36] 靳润成. 明朝总督巡抚辖区研究 [M]. 天津古籍出版社, 1996.

[37] 李新峰. 明前期兵制研究 [M]. 北京大学出版社, 1999.

[38] 李严, 张玉坤, 解丹著. 明长城九边重镇防御体系与军事聚落 [M]. 北京: 中国建筑工业出版社, 2018.

[39] 刘建军, 张玉坤, 谭立峰著. 明长城甘肃镇防御体系与军事聚落 [M]. 北京: 中国建筑工业出版社, 2018.

[40] 曹迎春, 张玉坤著. 明长城宣大山西三镇军事防御聚落体系宏观系统关系研究 [M]. 北京: 中国建筑工业出版社, 2020.

[41] 魏琰琰, 张玉坤, 王琳峰著; 张玉坤主编. 明长城辽东镇防御体系与军事聚落 [M]. 北京: 中国

建筑工业出版社，2018．

[42] 金长城防御体系与军事聚落[M]．北京：中国建筑工业出版社，2020．

[43] 范中义，仝晰纲．明代倭寇史略[M]．中华书局，2004．

[44] 晁中辰．明代海禁与海外贸易[M]．人民出版社，2005．

[45] 马汉．海权论[M]．同心出版社，2012．

[46] 马汉．海权对历史的影响[M]．解放军出版社，2006．

[47] 杨金森，范中义．中国海防史[M]．海洋出版社，2005．

[48] 杨金森．中国海洋战略研究文集[M]．海洋出版社，2006．

[49] 谭立峰，张玉坤，尹泽凯著．明代海防防御体系与军事聚落[M]．北京：中国建筑工业出版社，2019．

[50] 李长传编．江苏 分省地志[M]．上海：中华书局，民国25年．

[51] 费孝通著．乡土重建[M]．长沙：岳麓书社，2012．

[52] 刘石吉著．明清时代江南市镇研究[M]．北京：中国社会科学出版社，1987．

[53] 樊树志著．明清江南市镇探微[M]．上海：复旦大学出版社，1990．

[54] 樊树志著．江南市镇 传统的变革[M]．上海：复旦大学出版社，2005．

[55] 高燮初主编．林留根编著．吴地古代聚落[M]．南京：河海大学出版社，1999．

[56] 满志敏主编．上海地区城市、聚落和水网空间结构演变[M]．上海：上海辞书出版社，2013．

[57] 李立著．乡村聚落：形态、类型与演变——以江南地区为例[M]．南京：东南大学出版社，2007．

[58] 姚建根著．陈国灿编．江南城镇通史 明代卷[M]．上海：上海人民出版社，2017．

[59] （日）森正夫编．江南三角洲市镇研究[M]．南京：江苏人民出版社，2018．

[60] 故宫博物院编．敕修两浙海塘通志江苏海塘新志[M]．海口：海南出版社，2001．

[61] 李续德，闫彦，王秀芝整理．道光朝东西两防海塘全纪[M]．北京：中国水利水电出版社，2016．

[62] 朱偰著．江浙海塘建筑史[M]．北京：学习生活出版社，1955．

[63] 张文彩．中国海塘工程简史[M]．北京：科学出版社，1990．

[64] 汪家伦编著．古代海塘工程[M]．北京：水利电力出版社，1988．

[65] 陈吉余著．海塘——中国海岸变迁和海塘工程[M]．北京：人民出版社，2000．

[66] 王大学著．明清"江南海塘"的建设与环境[M]．上海：上海人民出版社，2008．

[67] 定海县志编纂委员会编．定海县志[M]．杭州：浙江人民出版社，1994．

[68] 谭其骧主编．中国历史地图集 第7册 元．明时期[M]．北京：中国地图出版社，1982．

[69] 谭其骧主编．中国历史地图集 第8册 清时期[M]．北京：中国地图出版社，1987．

[70] 安吉县地方志编撰委员会．安吉县志[M]．杭州：浙江人民出版社，1990：234．

[71] 李东阳．明会典[M]．台北新文丰出版有限公司，1976：2085．

[72] 安涛著．中心与边缘 明清以来江南市镇经济社会转型研究——以金山县市镇为中心的考察[M]．上海：上海人民出版社，2010．

[73] 陈懋恒．明代倭寇考略[M]．北京：人民出版社，1957：6-7．

[74] 葛振家．崔溥《漂海录》评注[M]．北京：线装书局，2002：192-193．

[75] 毛亦可著．清代卫所归并州县研究[M]．北京：社会科学文献出版社，2018．

[76] （日）田中健夫．倭寇：海上历史[M]．武汉：武汉大学出版社，1987：5-6．

[77] （美）施坚雅主编．中华帝国晚期的城市[M]．叶光庭等译．北京：中华书局，2002．

三、中文期刊

[1] 王贵祥. 明代城池的规模与等级制度探讨[J]. 建筑史, 2009(01): 86-104.

[2] 周润垦, 高伟, 王清爽, 等. 江苏明清海防遗存调查报告[J]. 东南文化, 2017(06): 39-49+73-74+127-128.

[3] 陈磊. 长三角地区县域投资及经济增长关系比较[J]. 经济师, 2016(07): 23-24.

[4] 陆琦, 潘莹. 珠江三角洲水乡聚落形态[J]. 南方建筑, 2009(06): 61-67.

[5] 朱东华等. 大数据环境下技术创新管理与研究方法[J]. 科学学与科学技术管理. 2013(04): 173.

[6] 戴志坚. 闽海系民居建筑与文化研究[J]. 新建筑, 2001(04): 79-80.

[7] 徐枫. 从太通道到海门厅: 雍乾时期长江口沙务管理机构的变迁[J]. 史林, 2016(01): 84-93+220.

[8] 何珍如. 明代的道[J]. 中国历史博物馆馆刊, 1991(06).

[9] 徐永战, 邱旸民, 范占军, 杨科. 江苏石港古镇保护研究[J]. 小城镇建设, 2009(09): 99-104.

[10] 金其铭, 陆玉麒. 聚落服务范围与县级聚落体系[J]. 南京师大学报(社会科学版), 1984(02): 87-94.

[11] 朱一荣, 章墨. 海商活动影响下传统聚落体系特征研究——以明清时期即墨金口地区为例[J]. 建筑学报, 2020(05): 108-115.

[12] 佟宝全, 包玉龙, 杨兵兵, 阿荣. 锡林郭勒牧区聚落体系演化特征及其机制[J]. 地理科学, 2018, 38(03): 410-418.

[13] 张萍, 杨蕊. 制度与空间: 明清西北城镇体系的多元建构与经济中心的成长——以西安、三原、泾阳为中心的考察[J]. 人文杂志, 2013(08): 70-81.

[14] 俊辉. 明清时期汉水中游城镇体系的等级结构与空间结构——以襄阳府为例[J]. 设计艺术研究, 2013, 3(03): 87-91.

[15] 方修琦, 叶瑜, 葛全胜, 郑景云. 从城镇体系的演变看清代东北地区的土地开发[J]. 地理科学, 2005(02): 129-134.

[16] 江凌, 徐少华. 明清时南阳盆地城镇体系形成的人文地理基础[J]. 南都学坛, 2003(06): 28-32.

[17] 张维华. 明辽东"卫"、"都卫"、"都司"建置年代考略[J]. 禹贡半月刊, 1934(4).

[18] 谭其骧. 释明代都司卫所制度[J]. 禹贡半月刊, 1935(10).

[19] 张维华. 明代辽东卫所建置考略[J]. 禹贡, 1934(7).

[20] 解毓才. 明代卫所制度兴衰考[J]. 说文月刊. 1941, 卷2(9-12).

[21] 吴辑华. 明代延绥镇的地域及其军事地位[J]. 亚洲历史学家会议纪录, 1960(10).

[22] 张昊雁. 混沌的边缘: 明长城军事聚落体系自组织临界性研究[J]. 干旱区资源与环境, 2019, 33(07): 56-64.

[23] 刘昌龙, 张晓林, 黄培荣. 明清时期海防的历史嬗变及启示[J]. 军事历史研究, 2012, 26(02): 76-86.

[24] 赵树国. 论邢玠在援朝御倭战争中对中国海防的经营[J]. 山东青年政治学院学报, 2012, 28(03): 144-149.

[25] 黄尊严. 明代山东倭患述略[J]. 鲁东大学学报: 哲学社会科学版, 1996(3): 12-17.

[26] 王日根. 明代海防建设与倭寇、海贼的炽盛 [J]. 中国海洋大学学报（社会科学版）, 2004,（4）: 13-18.

[27] 时晓红. 明代的中日勘合贸易与倭寇 [J]. 文史哲, 2002（04）: 141-145.

[28] 史明星. 中国历代海防发展概览 [J]. 军事历史研究, 1992（04）: 103-112.

[29] 高新生. 海防的起源和海防概念研究述评 [J]. 中国海洋大学学报（社会科学版）, 2010（2）: 22-28.

[30] 卢建一. 从明清东南海防体系发展看防务重心南移 [J]. 东南学术, 2002（01）: 29-33.

[31] 宋烜. 明代海防军船考——以浙江为例 [J]. 浙江学刊, 2012,（02）: 50-58.

[32] 海防重心的阶段性 [J]. 暨南学报：哲学社会科学版, 2013, 35（9）: 93-100.

[33] 王日根, 黄友泉. 海防地理视域下的明代福建水寨内迁 [J]. 明史研究论丛, 2014（02）: 53-62.

[34] 张金玲. 遗产管理与旅游视角中的原真性——兼论浙南海防遗址蒲壮所城的保护性开发 [J]. 四川师范大学学报（社会科学版）, 2011, 38（02）: 51-57.

[35] 李国华, 贾亭立. 大鹏所城典型民居改造 [J]. 建筑学报, 2007（12）: 78-81.

[36] 谭立峰. 明代沿海防御体系研究 [J]. 南京林业大学学报（人文社会科学版）, 2012, 12（01）: 100-106.

[37] 王珍珍, 陆琦, 刘国维. 明代广东海防卫所规划方法与特征研究 [J]. 建筑学报, 2020（S1）: 147-153.

[38] 谢茂发. 清前期江苏江海防体系考略 [J]. 军事历史, 2015（05）: 61-65.

[39] 王心喜. 明代杭州抗倭史考 [J]. 杭州教育学院学报, 1999（05）: 63-65.

[40] 苏辰, 罗冬阳. 论明代南直隶兵防体制的演变 [J]. 西南大学学报（社会科学版）, 2016, 42（06）: 159-168.

[41] 郑宁. 清初江南的八旗驻防与地方应对——以杭州满营建设为中心 [J]. 苏州大学学报（哲学社会科学版）, 2019, 40（03）: 185-190.

[42] 刘庆. 明清（前期）浙江海防战略地位的演变 [J]. 军事历史研究, 2009（03）: 116-121.

[43] 鲁延召. 明清时期伶仃洋区域海防地理特征研究——基于海防对象的多样性与海防重心的阶段性 [J]. 暨南学报（哲学社会科学版）, 2013, 35（09）: 93-100, 163.

[44] 王日根. 清前期海洋政策调整与江南市镇发展 [J]. 江西社会科学, 2011, 31（12）: 5-11.

[45] 太田出. 清代绿营的管辖区域与区域社会——以江南三角洲为中心 [J]. 清史研究, 1997（02）: 36-44.

[46] 傅衣凌. 明清时代江南市镇经济的分析 [J]. 历史教学, 1964（05）: 9-13.

[47] 覃丽君, 金晓斌, 蒋宇超, 薛樵风, 成一农, 龙瀛, 杨绪红, 周寅康. 近六百年来长江三角洲地区城镇空间与城镇体系格局演变分析 [J]. 地理研究, 2019, 38（05）: 1045-1062.

[48] 胡勇军, 徐茂明. "施坚雅模式"与近代江南市镇的空间分布 [J]. 南通大学学报（社会科学版）, 2012, 28（03）: 28-34.

[49] 游欢孙. 从市场到区划：清至民国江南市镇区域变迁——以盛泽镇为例 [J]. 学术月刊, 2013, 45（09）: 151-168.

[50] 凌申. 历史时期江苏古海塘的修筑及演变 [J]. 中国历史地理论丛, 2002（12）: 45-54.

[51] 马湘泳. 江浙海塘与太湖地区经济发展 [J]. 中国农史, 1987（03）: 38-44.

[52] 王大学. 政令、时令与江南海塘北段工程[J]. 史林, 2008 (05): 58-69, 186-187.

[53] 王大学. 皇权、景观与雍正朝的江南海塘工程[J]. 史林, 2007 (04): 116-136, 191.

[54] 冯贤亮. 城市重建及其防护体系的构成——十六世纪倭乱在江南的影响[J]. 中国历史地理论丛, 2002 (01): 12-30, 159.

[55] 陈晓燕. 镇戍监官古制存——江南市镇的起源[J]. 浙江档案, 2004 (04): 40-41.

[56] 赵思渊. 明清苏州地区巡检司的分布与变迁[J]. 中国社会经济史研究, 2010 (03): 33-48.

[57] 苏锰, 张玉坤, 谭立峰. 明清江浙地区"海塘—墩堡"海岸防御体系时空分布与体系研究[J]. 中国文化遗产, 2019 (02): 19-26.

[58] 王洪波. 明清苏浙沿海台风风暴潮灾害序列重建与特征分析[J]. 长江流域资源与环境, 2016, 25 (02): 342-349.

[59] 张丽, 龙翔, 苏晶文, 甘义群. 长江三角洲经济区工业用地地质环境适宜性评价[J]. 水文地质工程地质, 2011, 38 (03): 124-128.

[60] 祝太文. 清代浙江省行政区划变动的海防因素[J]. 求索, 2015 (03): 158-162.

[61] 徐萌, 陈双辰. 余姚古城"一水双城"历史格局演变探析[J]. 城市建筑, 2017 (18): 64-70.

[62] 胡梦飞. 明清时期京杭运河沿线区域的天妃信仰[J]. 淮阴工学院学报, 2015, 24 (02): 1-7.

[63] 胡梦飞. 明清时期京杭运河沿线区域的晏公信仰[J]. 华北水利水电大学学报(社会科学版), 2015, 31 (05): 11-14.

[64] 郭红. 明代的旗纛之祭: 中国古代军事性祭祀的高峰[J]. 民俗研究, 2013 (05): 90-96.

[65] 梁静. 水网·圩网·村镇网影响下的江南市镇空间形态——以千灯古镇为例[J]. 建筑与文化, 2018 (12): 221-222.

[66] 江伟涛. 民国1:10万地形图及其所见江南市镇数量——兼论常熟、吴江市镇数量的巨大反差[J]. 中国历史地理论丛, 2017, 32 (03): 56-69.

[67] 何峰. 明清淮南盐区盐场大使的设置、职责及其与州县官的关系[J]. 盐业史研究, 2006 (01): 47-53.

[68] 周致元. 明代京操制度[J]. 历史档案, 2002 (02): 85-90.

[69] 樊铧. 明初南北转运重建的真相: 永乐十三年停罢海运考. 历史地理[J]. 2008. 00: 190.

[70] 胡勇军, 徐茂明, "施坚雅模式"与近代江南市镇的空间分析[J]. 南通大学学报(社科版), 2012, 28, (03): 28-34.

[71] 綦岩. 清代黑龙江地区的城镇与城镇体系[N]. 中国社会科学报, 2019-10-14 (008).

[72] 周振鹤. 行政区划史研究的基本概念与学术用语刍议[J]. 复旦学报(社会科学版), 2001 (3): 32.

四、学位论文

[1] 王飒. 中国传统聚落空间层次结构解析[D]. 天津: 天津大学, 2012.

[2] 贾卫娜. 明代急递铺的研究[D]. 西安: 陕西师范大学, 2008.

[3] 程嘉芬. 汉代司隶地区聚落体系的考古学研究[D]. 吉林: 吉林大学, 2015.

[4] 张生. 清代南阳县聚落地理研究[D]. 郑州: 河南大学, 2019.

[5] 白斌. 明代朱纨海禁举措研究[D]. 宁波: 宁波大学, 2009.

[6] 牛传彪. 明代巡洋会哨制度刍探[D]. 北京: 中央民族大学, 2011.

[7] 李辉. 明代基层海防战区地理研究[D]. 北京：北京大学，2012.

[8] 鲁延召. 明清时期广东中路海防地理研究[D]. 广州：暨南大学，2010.

[9] 罗一南. 明代海防蒲壮所城军事聚落的整体性保护研究[D]. 杭州：浙江大学，2011.

[10] 尹泽凯. 明代海防聚落体系研究[D]. 天津：天津大学，2016.

[11] 毕建业. 威海地区明海防军事聚落体系与空间分析[D]. 天津：天津大学，2012.

[12] 刘文斌. 明辽东地区海防聚落工程体系研究[D]. 天津：天津大学，2012.

[13] 王刚. 清代前中期江南军事驻防研究（1645-1853）[D]. 南京：南京大学，2014.

[14] 王刚. 顺治朝的江南控制策略[D]. 西安：陕西师范大学，2009.

[15] 李慧. 明清长江三角洲地区城镇化及城镇体系研究[D]. 天津：天津大学，2007.

[16] 方欣. 雍正朝江浙海塘研究[D]. 苏州：苏州大学，2015.

[17] 黄聪芳. 晚清钱塘江海塘研究[D]. 杭州：浙江大学，2015.

[18] 张昊雁. 清代长城北侧城镇研究[D]. 天津大学，2016.

[19] 胡仲恺. 清代钱塘江海塘的修筑与低地开发[D]. 广州：暨南大学，2013.

[20] 田戈. 明清时期今慈溪市域的海塘、聚落和移民[D]. 上海：复旦大学，2012.

[21] 刘丹. 杭州湾南岸宁绍海塘研究[D]. 杭州：宁波大学，2011.

[22] 李菁. 明代南直隶地方城防与行政建筑研究[D]. 北京：清华大学，2016.

[23] 李家涛. 清代江南地区水驿制度研究（1660-1911）[D]. 上海：上海社会科学院，2014.

[24] 陈嘉璇. 明南直隶地区海防军事聚落体系研究[D]. 天津：天津大学，2018.

[25] 沈胜群. 清代漕运旗丁研究[D]. 吉林：吉林大学，2017.

[26] 陆希刚. 明清江南城镇——基于空间观点的整体研究[D]. 上海：同济大学，2006.

五、论文集、会议论文

[1] 南炳文. 明初军制初探[C]. 南开史学（1983年第1期）. 南开大学历史学院，1983：140-160.

[2] 段希莹. 明代海防卫所型古村落的保护与开发研究[C]. 中国城市规划学会. 城市时代，协同规划——2013中国城市规划年会论文集（11-文化遗产保护与城市更新）. 中国城市规划学会：中国城市规划学会，2013：527-537.

[3] 金钟博. 明末清初江南市镇的构造及其特性——以苏州府吴江县为例[C]. 中国明史学会、东北师范大学、吉林大学、吉林师范学院、通化师范学院、吉林省社会科学院. 第七届明史国际学术讨论会论文集.

[4] 王清毅，岑华潮编著. 慈溪文献集成第1辑（清）[C]. 慈溪市地方文献整理委员会.

六、报纸、报告

[1] 綦岩. 清代黑龙江地区的城镇与城镇体系[N]. 中国社会科学报，2019-10-14（008）.

[2] 中国大运河申遗文本[R]. 中国文化遗产研究院.

七、外文文献

[1] David M Carballo, Thomas Pluckhahn. Transportation corridors and political evolution in highland Mesoamerica: Settlement analyses incorporating GIS for northern Tlaxcala, Mexico[J].

Journal of Anthropological Archaeology. 2007, 26: 607-629.

[2] Elleman B A. The Chinese People's Liberation Army Navy and the History of Coastal Defence [M] // The Maritime Defence of China. Springer, Singapore, 2017: 105-127.

[3] Connolly P, Antony R J. 'A Terrible Scourge': Chinese Piracy and Coastal Defence in Broad Historical Perspective [M] //The Maritime Defence of China. Springer, Singapore, 2017: 43-58.

[4] Brook T. Trade and Conflict in the South China Sea: Portugal and China, 1514-23 [M] //A Global History of Trade and Conflict since 1500. Palgrave Macmillan, London, 2013: 20-37.

[5] Zhang D D, Zhang J, Lee H F, et al. Climate change and war frequency in Eastern China over the last millennium [J]. Human Ecology, 2007, 35 (4): 403-414.

[6] Bao J L, Gao S, Ge J X. Coastal engineering evolution in low-lying areas and adaptation practice since the eleventh century, Jiangsu Province, China [J]. Climatic Change, 2020: 1-19.

[7] Sun L, Bi S B, Chen C C, et al. Typhoon frequency sequence reconstruction and characteristics analysis in the Southeast Coastal Area over China during the Ming and Qing dynasties [J]. Natural Hazards, 2020, 100 (3): 1105-1116.

[8] Wang C J, Ducruet C, Wang W. Evolution, accessibility and dynamics of road networks in China from 1600 BC to 1900 AD [J]. Journal of Geographical Sciences, 2015, 25 (4): 451-484.

八、网络资源

[1] http://www.gscloud.cn/ 地理空间数据云

[2] http://www.ngcc.cn/中国国家基础地理信息中心（NGCC）

[3] https://earthdata.nasa.gov/ NASA EARTH DATA

[4] https://blog.csdn.net/mrib/java/article/details/78541334 中国历史地理信息系统（CHGIS），复旦大学历史地理研究中心，2003年6月

[5] https://earthexplorer.usgs.gov 美国地质勘探局（USGS）

[6] http://dy.163.com/v2/article/detail/DJHHGEN20515WBDQ.html

[7] http://www.zjww.gov.cn/news/2011-12-27/442478232.shtml浙江省文物局网站

[8] http://www.toutiao.com人文北仑地名大有来头，99%北仑人不一定知道！2016-02-21 09:01

[9] http://www.sohu.com/a/225750253_100117298《吴淞江如何变身"苏州河"》

[10] http://www.ngac.cn/125cms/c/qggnew/index.htm全国地质资料馆

[11] https://blog.csdn.net/Leo00000001/article/details/70237532

[12] https://www.sohu.com/a/134402838_670338（苏州）《城市商报》2014年5月12日

[13] http://blog.sina.com.cn/s/blog_a2e7588a0102y8rq.html

[14] https://www.sohu.com/picture/286298706

[15] http://www.guoxuedashi.com/gjtsjc/2273nn/方舆汇编 职方典 镇江府部汇考十一（第七百三十五卷）镇江府兵制考

后 记

　　海防军事聚落体系是明清边疆防御的重要组成部分，是为保卫东南沿海免受海上侵略而在明清时期组织起来的重要军事防御工程。长三角地区地跨江浙，位居海防线的中部，是我国东部沿海重要而独特的地理区域。本书以明清长三角地区为时空范围，对海防聚落体系的史地背景、组织结构、空间格局、体系演化、海防聚落与防御设施形制和特点等方面进行了综合分析；在历史文献分析和田野考察的基础上，利用GIS等分析平台，以定量和定性分析相结合对问题进行研究；并探讨了明清长三角地区海防聚落演化的过程和对江南城镇体系的影响。

　　从古罗马的营寨城到中国的大运河，再到现代的高速公路和互联网，很多耗资巨大的基础设施建设和发明创造最初都是基于军事的目的和战争的需要。战争结束后这些建设和发明却对经济、社会的发展起到巨大的推动作用。明清时期长三角地区海防聚落体系的建设也是这样：沿海、沿江军事聚落的建设促进了沿海沿江地带的开发，海防堤墙的建设为沿海地域提供了安全保障，驿路网的建设和运军向专业化运输机构转化促进了长三角地区交通运输体系的发展。因此，对这一规模宏大的人类文化遗产的研究与保护有着重要的学术和现实意义。

　　本书中提出了：明清海防建设促进了江南城镇体系重心东移，影响了上海周边城镇格局的观点；海防军事聚落沿江海沿省府边界部署的特点影响了江南重要市镇的空间分布聚集特征；基层营汛的防区划分出江南城镇的镇域空间范围等观点。但限于篇幅和时间还没有充分展开和深入研究，这些方面还亟待后续的专门研究来予以完善。

　　感谢江苏、浙江、上海各地的文物局、文保单位、博物馆等部门的领导和专家学者对本研究实地调研和资料收集工作的大力帮助和支持。感谢扬州大学的学生们在田野考察和资料整理上所做的基础工作。特别感谢扬州市文物局孙明光处长和绍兴市文物局马峰燕博士的大力支持。还要感谢在调研中遇到的各地文史专家、历史爱好者、当地居民的热心帮助，他们为本研究提供了很多宝贵和有价值的信息。本书作为纯学术性文字，其中有较多体现明清海防聚落地理位置的图片，除已注明出处的以外，多数为作者以天地图或google地图为底图标绘。所有图片仅用于与书中文字有关的图形参照，借以帮助读者理解书中文字所叙述内容，并无任何其他商业性目标。在此谨作说明，并向图片提供者，致以真诚的感谢。